U0687188

20世纪中国图书馆学文库·56

图书馆现代化技术

黄万新　编著

圙　国家圖書館出版社

本书据书目文献出版社 1988 年 5 月第 1 版排印

目　次

第一章　新技术革命与图书馆现代化

第一节　时代背景

在科学技术发展史中，十六世纪以前，是古代科学技术时期，从十六世纪到十九世纪，是近代科学技术发展时期。在近代科学技术发展的历史时期中，西方世界经历了两次技术革命：第一次是从十八世纪六十年代开始到十九世纪中期发生的工业革命。这次技术革命的主要标志是蒸汽机的发明和应用，以煤为能源的动力机代替了人的体力。第二次是从十九世纪七十年代到第一次世界大战前的工业技术革命。电力的应用，电机的生产是它的主要标志。这两次技术革命使资本主义工业获得了重大的发展，形成了垄断的工业化社会。

在这同一个时期里，科学（包括自然科学和社会科学）取得了一系列新的进展，到十九世纪末已进入到现代科学的发展阶段。

从本世纪四十年代开始，先是 1942 年核反应试验成功，原子能科学的新成就揭开了第三次技术革命的序幕，接着是 1946 年第一代电子计算机的问世，从此开始了新技术革命的全面发展时期。第三次技术革命或称新技术革命，是第二次世界大战后到七十年代所形成的技术革命。原子能的利用、电子计算机的诞生和发展、外层空间的探索和开发、新合成材料的广泛运用等，便是这次新技术革命的主要标志。这次技术革命的深度、广度和速度，以及对于现代社会经济、社会生活的影响,都是前两次技术革命所无法比拟的。新技术革命实质上是以微电子学为核心,通过自动化、计算机化、微型化使人类知识生产与机器系统紧密结合,从而延伸和强化了人的脑力活动和神经活动,为社会信息交换和信息作业提供了新的物质技术手段。因此,新技术革命必将导致社会的变革,使人类社会逐渐地从工业社会向"新社会"过渡。按马克思主义原理,工业社会实质上就是资本主义生产方式的社会,因此,比工业社会更高的"新社会"就应该是共产主义社会。当然,西方资本主义的卫道者们是不会这样认为的。如美国哈佛大学社会学家丹尼尔·贝尔就把未来的这个"新社会"称为"后工业社会";《第三次浪潮》的作者阿尔温·托夫勒则称为"超工业社会";《大趋势》一书的作者约翰·纳斯比特称为"信息社会";日本人称为"信息垄断社会"等等。西方学者们认为像美国这样的国家早在六十年代以前就开始进入了"信息社会"。他们的根据是:到1956年,美国的白领工人的人数已超过了蓝领工人的人数。据美国麻省理工学院专家大卫·伯契的调查统计,美国目前只有13%的劳动力从事制造业,而从事信息方面工作的人员已超过60%。

根据一些技术发达国家目前的社会实况来看,所谓信息社会的主要特点是:①在这种社会里起决定作用的不是资本而是信息知识。信息知识是信息社会的战略资源,急待开发的是智力资源而不是物质资源。②在信息社会里,价值的增长不是靠劳动,主要是靠知识。知识已成为生产力、竞争力和经济成就的关键。当前,一些技术发达国家正在大量出售工业技术专业知识和管理技术。③为了使科学技术知识真正成为生产力,在信息社会里只有生产知识的能力是不够的,还需要有会使用知识的能力。这就是说,不但在科学研究单位要有高级研究人员,而且在生产组织和企业里,也要有大量的掌握专业知识的工程技术人员和管理人员。而且,随着新技术成就的广泛应用,生产操作工人也需要一定的智力和

2

专业知识。这样,脑力劳动和体力劳动的矛盾就可以逐渐解决了。实际上这是一项共产主义社会原则。④信息社会生产知识的周期,也就是知识更新的速度空前加快;科学和技术高度结合,科学与科学之间的界限逐渐打通。据美国国家科技局报道,目前的物理学、化学、生物学等基础学科的新成就,90%是本世纪五十年代以后取得的。英国著名科学家詹姆士·马丁的统计材料表明:科学知识的数量,在十九世纪里每五十年增加一倍,本世纪中期每十年增加一倍,七十年代每五年增加一倍,现在接近每三年就增加一倍。《大趋势》这本书中曾提到:现在科学技术信息每年增长13%,很快会上升到每年增加40%。面对这种新形势,西方一些人士便惊呼,现在世界已进入了"信息爆炸"或"知识爆炸"的时代,并认为世界"正处于一场新的社会革命——信息革命的边缘"。

从上面揭示的材料来看,西方人士把这种新的社会发展情况说成是"信息社会"、"后工业社会"或"超工业社会",其出发点和涵义各不相同,但由此可以使我们想到,在本世纪末到下世纪初,或者几十年之后,将会有这么一个新情况:现在已经被突破和将要被突破的新技术,运用于生产,运用于社会,并将带来社会生产力的新的飞跃,相应地会带来社会生活的新变化。这个动向值得我们重视,需要认真加以研究。并且应当根据我们的实际情况,确定在我们今后十年、二十年的长远规划中,特别是科技规划中,应当采取的经济战略和技术对策。上面的论述,阐明了我国现代化建设的世界历史背景,当然,也是建设我国图书馆现代化的历史背景。现在,我们应当主动地迎接这次新技术革命,充分利用新技术革命的各项成果,为我国社会主义"四化"建设服务。我们迎接新技术革命的到来,不能离开我们的国情和馆情,一定要立足当前,要在搞好我们当前现实工作的基础上,面向未来,高瞻远瞩,研究出切实可行的对策。根据我国图书馆事业的现状,我们面临的迫切任务,就是要群策群力,探索出一条迅速而有效地发展我国图书馆现代化的道路。

第二节 新技术革命向我国图书情报工作的挑战

从图书馆技术的发展史中可以发现,在前两次技术革命过程中,图书馆技术的发展与当时的技术革命的成就基本上没有发生直接的关系。也就是说,当时的技术革命产生的技术成果(蒸汽机、电动机、发电机、内燃机等),对图书馆技术的发展,既没有提出什么新的要求,也没有产生明显的影响。

以往,图书馆技术的发展一直是落后于科学技术的发展的。技术史的记载说明,新技术在图书馆工作中的应用,一般总要落后于相应技术发展五年到十年时间。作为图书馆常规工具的打字机(指西文),是1885年发明的,但图书馆应用打字机编目,却是1900年的事,至于把打字机应用到图书馆教育方面,则还要晚几十年。缩微照相技术早在1870年德法战争期间就已应用于军事,但把它应用到图书馆工作却是在1944年前后。1843年英国人就研究成功了传真技术,而作为情报传输装置引进到图书馆工作,则是本世纪七十年代的事。

但是,这次新技术革命与图书情报部门的关系,特别是与情报工作的关系,却完全是另外一种情况。早在五十年代,新技术革命刚兴起的时候,科技情报工作者面对迅速增多的文献情报,就开始寻求实现情报检索机械化的新途径了。所以,在第一代电子计算机(ENIAC)诞生后的第五年,即1950年,在美国某些军事科技情报部门或图书馆里,就把早期后组式标引——单元词组配标引技术与电子计算机的应用结合起来,开辟了情报科学研究和图书馆新技术应用的新路。接着,1954年美国海军军械试验站图书馆利用 IBM701 型计算机进行机检试验,建立了美国早期情报检索自动化系统"NOTS"。1953 年,M. 陶伯和 C. D. 古尔在叶温达勒(Evendale)建立了一个单元词索引系统。1958 年通用电气飞行器汽轮机管理局利用 IBM704 取代了 IBM701,建立了一种新的检索系统。从五十年代中期到六十年代末,已经形成了情报检索技术发展的脱机批式处理阶段。在这个阶段里,美国建立了三个重要的机检系统,即:美国国防部技术情报局于 1959—1963 年建立的"ASTIA"系统;美国国家航空航天局于 1962 年开始服务的"NASA"系统;美国国家医学图书馆 1964 年建立的医学文献分析与检索系统"MEDLARS"。"MEDLARS"系统是世界上最早使用电子计算机控制光电翻排机,从而编排了文摘刊物《医学索引》的。

实际上,六十年代在以批式处理为主要机检服务形式的同时,联机检索的方式也开始试验了。不过,联机情报检索正式投入运用和服务,主要是七十年代的事。七十年代建立的主要联机检索系统有:1970 年建成的美国洛克希德(Lockhead)火箭公司的 DIA-LOG 系统和同年系统开发公司(SDC)建立的 ORBIT 系统,还有美国国家医学图书馆的 MEDLINE 系统及 1976 年美国建立的书目检索服务公司的 BRS 系统。目前世界上有三个最大的科技情报联机系统,除上面的 DIALOG、ORBIT 外,还有西欧共同体的 ESA/IRS 系统。

上面讲的是情报检索与新技术革命的核心技术——电子计算机技术相结合的情况。至于图书情报管理工作的电子计算机化,则比情报检索稍晚一些,不过,随着计算机技术的发展,它的进展速度也是很惊人的。1962 年开始建立电子计算机化的文献流通系统,1963 年有了期刊管理系统,1964 年美国宾州大学图书馆开始实现图书馆采购工作电子计算机化。到了 1969 年,美国国会图书馆就开始正式发行 MARC Ⅱ 型机读目录,目前,每年能发行约二十万种图书的 MARC 磁带。1971 年美国图书馆自动化研究与咨询委员会的调查表明:在五百零六个实现电子计算机化的图书馆中,有二百一十五个馆的采编工作采用了电子计算机,二百一十六个馆采用电子计算机实现连续出版物管理自动化。图书馆电子计算机化不仅是在美国发展很快,在西欧,如英国、西德等一些国家也都从六十年代中期或后期就开始实现图书馆电子计算机化。进入七十年代,出现了馆际协作的网络化系统,如美国的俄亥俄学院图书馆中心(OCLC)网,研究图书馆的 RLIN 网,华盛顿州的 WLN 网,英国伦敦与东南地区图书馆协作网(LASER)等。

在新技术革命中,图书情报工作与新技术成果的结合不仅限于电子计算机,光学、电子学、缩微技术、复印技术、视听设备、文献保护以及馆内传送自动化装置等新的科学技术都已被不同程度地应用于图书馆工作。所以,我们说新技术革命一开始就和图书情报工作发生关系,向图书情报工作提出了挑战。下面概略介绍一下新技术革命给图书情报工作带来的影响。

一、新技术革命向图书馆职能提出挑战

新技术革命的一个突出特点,是利用现代化物质手段延伸和强化人的脑力和神经活动,使人利用信息、交换信息、处理信息的能力产生了飞跃。信息可以看作是特定的知识,所以新技术革命的实质就是大量生产知识。知识生产能力的提高,也就是人类精神财富的创造能力的提高,其结果自然是社会信息量"爆炸式"的增长。现在,"信息爆炸"已成为现代西方国家的四大危机之一。据预测,目前世界上每天有六千到八千篇科学论文发表,每隔二十个月,论文数量就增加一倍。目前世界上的科学技术信息每年增长 13%,据推测,很快就会上升到每年增长 40%。这种迅猛增长,使巨量的知识信息以各种文献形态,洪水般地涌向图书情报部门,要求它们迅速而准确地进行信息处理,其中包括及时采集、大容量

录存、迅速交换处理和控制等信息作业环节,以便使知识信息高速度、高效率地转入社会整个生产体系的各个结构中去,变为生产力。并且要求图书情报部门及时地准确地收集反馈信息,使信息社会的战略资源——知识和智力加速循环和再利用。

在这种知识信息生产力化的运动中,图书情报部门承担着一种从来没有过的新的职能,那就是图书情报工作作为社会信息交流的一种中介部门,要通过复杂的信息作业,发挥情报交流中心的作用。近年来,一些技术进步的国家在社会情报交流方式方面已形成了一种新的体系,它包括情报——知识信息生产系统、出版发行交流系统、中介系统和应用系统。现代图书情报工作在这个体系中,既是情报生产(指二次情报)部门,也是中间媒介部门,又是采集筛选和交流服务部门。

由此可见,传统的图书馆职能作用已经远远适应不了新技术革命形势的需要,从而要求图书馆的职能及作用必须来一个飞跃。现在,我们提出发展或加速实现我国图书馆现代化和自动化的目的,就是要为这种飞跃创造条件。

二、直接影响图书馆现代化的因素

1. 情报源——知识信息的变化。

现代科学知识的学科划分很细,学科种类纷繁,不同学科领域互相交叉渗透,从而使学科之间的界限越来越不明显,甚至逐步在消失。这就是现代科学技术向综合性发展的特点。这种特点在现代文献中的反映,是文献的内容结构日趋复杂化,出现了文献的多主题化和主题综合化。这就使传统的科学分类体系越来越适应不了科学技术发展的新变化。现行的图书文献分类法受到了严重的挑战。这是第一个变化。

其次,现代科学技术知识的更新速度空前加快。如作为新技术革命主要标志的微电子学、生物工程、光纤通讯、新合成材料等

7

新技术群,都是在第二次世界大战以后发展起来的,现代基础科学的物理学、化学、生物科学等的新成果,其中90％也是五十年代以来取得的。十九世纪末期,人类认识的化学物质只有一千二百种,到本世纪五十年代初就达到一百万种,而到1983年1月为止,美国化学学会已记录到第六百万种,三十年增加了六倍。又如:七十年代末期还处于设想和议论阶段的电子计算机声频输出问题,到1984年已成为生活的现实。据英国报导,超级市场已装备这种仪器,用声音向顾客报告结算结果。在图书情报界,近年来也有人在研究用电子计算机终端进行用户检索声频对话的问题,并取得了很快的进展。知识更新的加快,直接向图书情报部门的信息存贮技术、信息处理速度、文献库存最佳周期控制等方面提出了挑战。如果还采用我们现在的图书馆藏书方式和只知收藏不知更新的传统做法,无论如何也是行不通的。

第三,科学不断取得革命性的突破,促进新技术革命的发展,新技术革命反过来向科学革命提供新的手段,在科学技术互相促进的过程中,使科学与技术高度结合,使基础研究与应用之间的时间大大缩短。有些科学研究和技术应用的发展几乎是同步的,有时很难把它们截然分开。这种情况,无疑是要向现行的图书馆藏书建设原则和方法提出挑战。1983年华中工学院邓聚尤副教授根据系统论的原理,对图书馆藏书建设提出了一种"灰色系统"理论,并建立了藏书建设的数学模型。这实际上就是对这种挑战的反映。

2. 文献载体的变化。

各种文献载体就是知识信息的物化形式。自从活字版印刷术发明以来,纸质的印刷出版物一直是信息物化的主要形式,是信息传递的主要手段。从本世纪四十年代开始,随着照相技术、电子技术以及光学技术的发展,知识载体发生了很大的变化,除传统的印刷型文献外,非印刷型文献的品种越来越多,缩微型、声像型、磁带型、全息型、电子型等文献不断出现，日新月异。近年来发展最快的是电子型文献。目前，有的国家已开始试验发行"电子出版物"（Electronic publication）。这种新型"出版物"将会随着激光印刷技术的发展，很快发展起来。

上述这些新型知识载体的出现和迅速发展，使进入图书馆藏书体系中的文献形体，除长期以来占统治地位的以文字、符号、表、图为主体的传意载体外，又增加了以声频、视频为传意媒介的载体。知识载体的新变化，无疑要对现有的图书馆藏书建设的内容结构、存放的空间设施及藏书组织形式等，提出一系列新问题。如传统的印刷型文献与非印刷型文献，能否同放在一个库里？如果不能同放一库，那么文献的提供服务体系又该怎样建立？又如，电子计算机的文献存贮在整个藏书体系中，与其它载体文献应如何合理配合？数据库与文献库应怎样配合？等等，都是新的课题。

3. 情报用户的变化。

随着新技术革命的发展，人类社会益趋知识化。这就会使图书情报部门的潜在用户数量越来越大，范围越来越广。这是因为：科学技术不断发展，需要强大的科学技术研究开发队伍，而且，有了科技成果，若是没有会运用的社会力量，也不能发挥生产力的作用。这就是说，不但在科学技术研究单位有大量的专家和科研人员，而且在生产部门、管理部门、服务行业都要有相当数量的有水平的工程技术人员、研究人员和管理专家。同时，直接从事第一线生产的工人也必须知识化。钱学森同志在《评第四次工业革命》一文中指出："生产工人也不同了，他们的劳动技能不是主要以体力为基础的，而是以智力和知识为基础的，他们也是'专家'，也是知识分子。"过去，图书馆的主要读者对象是脑力劳动者，今后生产第一线工人也都是情报资源的享用者。这样，绝大多数社会成员就都是图书情报的用户了。

其次，用户利用图书情报的方式也出现了新的变化。过去，人

9

们进行研究活动往往是以个人为主,按选定的课题,到图书馆查阅一定范围内的资料,直接和一次文献打交道。现在,由于一次文献(或一次情报)"爆炸"式的增长,单靠个人一本本地阅读原始文献,猎取自己所需的情报,是很困难的。据统计,一位化学家仅仅浏览一下世界一年内发表的化学文献,如果每周阅读四十小时,得四十八年才能看完。实际上,我国目前在机检不普及的情况下,科研人员一般要用三分之一或二分之一的科研时间去查阅资料。从这个意义上讲,现代图书馆的一项重要职能,是承担着节省科学家精力和科研时间的重任。如何通过图书情报工作节省科研精力和时间,是实现图书馆现代化的重要目的。无论图书馆现代化程度多么高,要是不能有效地解决这个问题,也是不可取的。

实践证明,利用电子计算机检索情报,能使用手检几天、几个月的工作量只用几分钟就可完成,而且可以取得比手检更好的检索效果。我们无妨用数字来说明这个问题:我国目前大约有八百万科技人员,如果都有条件实现机检,其结果就相当于增加了七、八十万科技人员。这不能不说是一个可观的数字,其能够产生的效益也是不难设想的。

新的情报用户还有一个值得注意的特点,即随着科学——教育——生产联合体制的发展,科学技术人员的知识结构将发生很重要的变化,其知识将不像过去那样的专业化的"单打一",如学医的可以不懂经济问题,学经济的可以不懂数学,学数学的不用了解生物学知识等等,而是一个专家同时具有多方面的学科知识,如一个化学家,往往还是有名的生物学家或数学家。美国化学家鲍林获得诺贝尔奖金的作品是《普通化学》,这部作品的内容却解决了一系列有关生物工程的问题。这种特点,反映在新的知识产品上是多义性的、交叉的;反映在图书情报的新的服务手段上应该是多提供后组式的"二次情报"。

4. 情报来源的变化。

目前,电子计算机系统网络、联机检索终端在世界上许多国家和地区已经普及。据报道,到1983年底国际上已经建立了一千八百多种数据库,其中文献数据库就存贮文献八千万条。目前世界上的三个最大的科技情报联机系统——美国的 DIALOG、ORBIT和西欧经济共同体的 ESA/IRS,拥有的文献量占世界科技文献总量的80%。这是迎接新技术革命,发展我国现代化建设不容忽视的情报源。能否有效地利用这种情报资料,是向图书馆现代化的程度的挑战,具体地讲,是向情报提供服务能力的挑战。

5. 向图书情报工作者挑战。

面临新技术革命的新形势,每个图书情报工作者都肩负着适应"信息时代"要求的新任务。新任务向图书情报工作者提出了新要求:图书情报专业人员必须拥有丰富的知识,特别是专业知识。如前所述,现代图书馆工作者担负着文献情报的采集、显现加工、存录、传输、交换和控制等重要任务,显而易见,如果没有广博的专业知识,想承担这样的重任是根本不可能的。正如国际文献工作联合会(FID)所提出的:对于情报工作人员的专业知识教育或再教育,应当特别强调,而且怎样强调也不为过分。国际文献工作联合会对文献情报工作者提出了这样的要求:"一个能够适应现代图书情报工作要求的专业人员应当具备:①一定的科学专业知识;②情报检索语言知识;③数学和统计学知识;④电子计算机基础知识;⑤程序设计和数据库知识;⑥图书情报的实践知识。"

6. 现代图书馆为适应上述的一些新变化,对于它的管理体制的科学化、管理技术的标准化,以及建筑设施的现代化等方面,也都要相应地提出一些新要求。如图书馆运筹学的产生,就是管理科学化的具体反映。

当前的新技术革命对于我们来说,既是一种"挑战",也是可被利用的好"机会"。利用这个机会的上策,就是根据我们的国情和馆情,研究制定切实有效的对策。而对策的积极意义,在于主动地充分地利用新技术革命给人类带来的成功的东西、先进的经验，制定出一种有益于我们"四化"建设的战略措施。正如钱学森同志所说的，我们的战略应当是"要充分利用一切的科学革命、技术革命和国外几次产业革命以及将要到来的产业革命，吸取它们这一套生产体系的组织结构和经济结构的成功经验"。

第三节 我们的对策——建设现代化的图书馆事业

依上述，新技术革命确实给我国图书情报工作带来了一系列新的问题，提出了一系列需要改革的要求。实际上，充分利用新技术革命提供的有利条件，结合我国的国情和馆情进行改革，就是我们的对策。改革的核心问题，就是加快发展我国图书馆的现代化。所以，我们的任务就是群策群力探索出一条适合我国国情的建设现代化图书馆事业的道路。

一、图书馆现代化与传统业务的关系

就图书馆现代化的内容而论，应当包括三部分含义：一是对原有的工作，包括人员结构、机构体系、管理体制、基础工作及现行的业务手段等，进行适当的调整和改革，使它们在现有基础上更加合理化，更能适应现代化的发展；二是对现代化技术和设备的配备和引进、专业智力的开发、新技术队伍的建设等；三是为图书情报工作未来的发展准备足够的现代化条件。因此，图书馆现代化决不是脱离现实工作而孤立于原有图书馆业务之外，去另搞一套新旧对立的或互相排斥的现代化业务体系，而是要在原有工作和条件的基础之上发展和实现图书馆现代化的。从对原有工作进行现代化改造的程度和范围来看，建设图书馆的现代化一般可分为下列几种情况或类型：

第一种类型是全面现代化,就是把原有的技术设备全部废除或彻底更新。例如,全部废止目录卡片,改用缩微载体。这种类型实际上是很难实现的,因为一下子把整个设施和作业环节全部更新,是不可能的。就目录来说,虽然可以用 MARC 磁带代替手检的目录卡片,但想百分之百地排除传统业务的影响是不可能的。MARC 磁带的记录格式,某些地方仍然受着手工著录的影响。

第二种类型是量力而行,即对那些已具备现代化条件的部分工作和设施采用现代化的技术设备,其它部分仍沿用传统的方式。实际上,在一定的业务系统中,现代化和传统的技术设备是配合使用的。例如,编目工作中的"查重"这道工序,可用电子计算机实现自动化操作,但在整个编目工作流程中,如文献主题分析、定类、拟草片等作业,仍然是传统的手工作业。就整个图书馆来说,像静电复制、缩微技术、声像设备等现代化技术,则可根据各馆的具体条件,作为现代化的先行项目。这是实现图书馆现代化的比较实际的步骤。

第三种类型是对传统做法的补充,不是代替。如在进行用户教育时,除使用传统的教法和教具外,可以增添幻灯片和电视录像等,就属于这种类型。这种类型的特点是,一般不改变传统工作的基本程序,所以选用现代化技术设备比较灵活。

第四种类型是由传统的技术逐步蜕变或改装成新技术设备,逐步实现现代化。例如,从切口穿孔卡片演进为窗口缩微卡片,从传统样式的钢制书架,演进为手摇式轨道密集书架或电动书架等,都属于这种类型。这种方法能提高局部的或某项操作的效能,对现行的业务体系没有影响。

二、掌握趋势,研究对策

1. 图书馆发展的总趋势。

现代图书馆正面临新技术革命的挑战。为迎接新技术革命,为充分有效地利用技术革命的有利因素,图书馆必须顺应潮流,彻底进行改革。而改革的方向就是建设图书馆工作的现代化和自动化。这就是图书馆发展总的必然趋势。

2. 图书馆基本职能的演变。

图书馆现代化的最终目的,是为我们加快实现社会主义四个现代化服务。这个伟大的时代的需要,就是决定现代图书馆职能的基本依据。信息化社会的发展,要求今后的图书馆必须成为社会信息资源的基地,成为情报的中心。这就要求图书馆彻底摆脱传统的"藏书楼"式的办馆方针和服务方式,建立"以藏保用"、"以用为主"的业务体系和服务体系。今后评价图书馆的根据,不再是馆藏量的大小和珍善本的多少,而主要是看其能否高效率、高速度、高质量地满足用户的需要。这种趋势随着国家"四化"建设的深入发展将日益明显。所以,发展我国图书馆现代化,首先必须真正认识到这个新趋势,从而把实现现代化的主要力量用在提高服务质量和服务水平上,充分利用新技术革命提供的现代化技术成果,变过去那种被动的服务为主动服务;改变过去那种只管流通不问效果的单向服务方式,采取效果反馈的复向服务方式。这应该看作是图书馆改革的基本方针,是实现现代化的当务之急。

3. 加速实现图书馆现代化的进程是我国图书馆界的共同要求,是大势所趋。在实现现代化过程中必须立足当前,结合现实。应当看到,我国图书馆事业的发展是很不平衡的,不同地区、不同馆发展现代化的起步和范围,不应当强求一致。所以,作为对策考虑,应当因地制宜,分别情况,有步骤、有重点地发展现代化。这样,可以充分发挥各馆的积极性和它们的优势。

当然,图书馆现代化并不是指某一项新技术得到应用而言,而是使构成图书馆整个业务体系的各基本部分都得到新技术的改造,包括运用新技术的智力在内,都适应现代化发展的要求,并收到现代化的技术效果,才能算作图书馆的现代化。作为发展图书

14

馆现代化的方针,应当是先易后难,结合实际条件,有步骤、有重点地实现图书馆现代化。

日本在实现大学图书馆自动化系统过程中,是由文部省统筹规划,有步骤、有重点、有计划地进行的。例如,他们从 1975 年开始,逐年由国家资助二、三所国立大学图书馆建立电子计算机化的自动化系统。这既是一种经验,也是一种对策。

4.图书馆基础工作出现的新趋势。

图书馆工作发展的总趋势是加速实现现代化。在总的趋势推动下,一些基础工作也出现了新趋势。例如:在藏书建设方面,过去是以图书为主,现在由于新知识更新加快,而图书的知识周期较长,所以,近年来大型馆的藏书成分,连续出版物、技术报告等特殊出版物的比例日益上升,有的科研图书馆连续出版物的入藏量已超过了普通图书。在图书文献组织整理方面,线性的系统分类法越来越适应不了新科学技术发展的要求,组配型分类法有受宠的趋势。另外,常规的检索工具中,文摘、索引越来越受到用户的欢迎,这是社会智力开发的必然结果,因此在一般图书馆目录中,分类目录逐渐失去了它的长期统治地位,主题字顺目录在目录体系中日益取得重要位置。由于微机的发展(性能逐年提高、售价逐年下降),使图书馆建立电子计算机化的业务管理系统的速度越来越快。这已成为我国图书馆现代化发展的必然趋势。

三、我国图书馆现代化的方针与任务

1.发展我国图书馆现代化的方针。

现代化是个很具体的历史概念。我们现在所说的"现代化",具体指的是在我们这样一个幅员广大的国家里建设有中国特色的社会主义现代化国家。图书馆现代化是我国整个现代化建设的不可缺少的一部分。所以,发展我国图书馆现代化的基本方针,就应当是坚持四项基本原则,从我国的国情和馆情出发,充分利用"新

技术革命"带来的有利因素,统筹规划,分别情况,有步骤、有重点地发展我国图书馆现代化。我们不能抛开现实条件,既要面向未来,又要立足于当前,切忌一哄而上,只要现代化的"速度",而忽视现代化的质量,这绝不是我们应当采取的道路。我们要处理好实现图书馆现代化的几个关系问题,即处理好图书馆现代化和"四化"建设的关系、现代化与传统(或原有)业务的关系、现代化与图书馆现有条件的关系、现代化与新科学技术成果的关系,以及图书馆现代化与用户的关系等问题。

图书馆现代化就是要在上面这些关系的合理解决和有效调整中前进。

2. 我国图书馆现代化的主要任务。

(1)抓人的因素。发展图书馆现代化,首先应当抓人的因素。这里包括着观念范畴和教育范畴。前者主要是指人(特别是领导人,决策者)对图书馆的社会作用和地位的认识的现代化;后者则是指原有图书情报人员结构的改革和图书情报专家的培训和再教育。情报专家的教育和培训是当前各国都急需解决的问题。对我国来说,更是直接影响图书馆现代化发展的关键问题。有了新技术或引进了新技术,并不等于现代化,还必须有掌握和运用新技术的人,才能实现现代化。如前所述,适应现代化要求的图书情报人员,应具备科学专业知识、外语知识、数学和统计学知识、电子计算机知识、程序设计与数据库知识等。在目前情况下,落实教育措施是抓人才培养的关键。

(2)为适应国家现代化建设速度的需要,图书馆要积极采用新技术、新设备,稳步而有秩序地改造原有的工作手段。各图书馆应根据可能条件,各尽所能,逐步采用新技术、新设备,并力争采用以电子计算机为核心的新技术,以带动其它机械化和自动化技术的采用。

(3)充分利用新技术革命的成果,馆内外结合,馆际之间结合,有规划地形成网络。例如,电子计算机设备,大学图书馆就可利用校内计算中心的设备,先形成校内情报信息网络,再进一步连成地方性网络或地区性网络,最后形成国家一级中心网络。日本大学图书馆的阅览服务系统就建立了馆际联机系统。

(4)针对我国图书馆技术基础薄弱的特点,可采取新技术引进和技术革新相结合的方式,推行现代化。技术基础较好的图书馆可双管齐下,既抓紧引进新技术和设备,又不放松对原有技术或工作手段的革新。基础差的图书馆,可少引进新技术,多搞技术革新,从技术革新入手创造条件,加速现代化技术改造的步伐。

(5)发展图书馆现代化,除要有先进技术和掌握先进技术的人力以外,还要对原有的图书馆组织机构和管理体制进行必要的改革,使它能够适应现代化发展的需要,使它更能促进现代化的发展。例如,过去的读者服务方式和手段是手工式的,比较简单的,无需专门技能和知识即可操作,在采用新技术以后,就有了新要求,对内产生了"扫盲"(如电子计算机"盲")的迫切性,同时,对用户也需要进行辅导。针对这种新的需要,设置相应的新机构就显得非常必要。

图书馆管理体制是保证现代化能否顺利进行的重要条件,也是我国当前图书馆改革效果好坏的重要标志。原有的管理体制多半来自"泰勒制",如岗位责任制、考核制和奖惩制等。现在,随着新技术的发展,一个新兴的数理统计学分支——运筹学(OR)已被引进到图书馆管理工作中来了。目前,在国外已形成一门新学科,称为图书馆运筹学。我们应该开发这门知识。它是定量管理的新的数学手段。

(6)图书馆建筑设计也是发展图书馆现代化必须考虑的问题。现在,由于知识载体的新变化,读者服务体系的新要求,以及新技术设备的配置等都对现有传统式设计原则(如三大空间理论)提出了挑战,因而图书馆馆舍建筑,就不能被单纯看作是向图书馆业务活动提供一种空间设施,而应当把它作为情报中心整体结构的一个重要组成部分来考虑。图书馆建筑设计将成为图书馆现代化新技术群中的一个不可缺少的成员,应当作为图书馆现代化的一个新课题,由建筑专家、图书情报专家共同进行深入研究。

本章主要参考文献

〔1〕《世界经济导报》1981.10.31,赵紫阳总理在一次有关我国社会主义现代化建设的座谈会上讲话。

〔2〕《世界经济导报》1983.10.10,钱学森:《评第四次世界工业革命》。

〔3〕FID/Education and training,Occasional paper2,1980.

〔4〕《人才》1983年第一期,钱学森:《科学革命、技术革命与社会进步》。

第二章　图书馆现代化技术与电子计算机

第一节　图书馆现代化技术体系

一、图书馆现代化技术基本涵义

图书馆现代化是个综合的概念,它包括人的因素和物的因素。本书的任务主要侧重于阐述后者,即侧重于图书馆现代化的技术设备方面的一般知识。实际上,图书馆工作本来就带有技术性质,就有物质的手段,不过,现代化的信息处理或作业又增加了一种新的过去任何技术都无法比拟的手段,这就是电子计算机。特别是从1975年以来,由于微处理机和微型机的飞速发展,更使这种新的手段获得广泛应用的可能。我国图书馆现代化的时间范畴,基本上是和以电子计算机为核心技术的"新技术革命"的时代背景相一致的。这一点应当看做是图书馆现代化技术的一个突出特点,也是和以前图书馆技术发展明显不同的地方。由此可见,发展我国图书馆现代化技术的实质内容,不外是以电子计算机为核心的技术恰当而充分地利用新科学技术成果,对原有的图书情报工作手段(技术、设备)进行有步骤、有计划、有重点地更新和改造。这些更新和改造的实际效果,目前应当首先落实到服务质量和服务水平的重大提高上面。根据我国图书馆的传统特点,实现图书馆现代化就应当从这里开始。

新技术革命给图书馆技术改革带来了许多可用的新技术。以前,图书馆技术的发展都是零散的,而现在可被采用的却是一个技术群。这个技术群的核心技术就是电子计算机技术。如前章所述,电子计算机的出现,"确实是人类的一种最复杂的、最惊人的成就"。它具有特殊的功能:第一,它是人的大脑功能的延伸;第二,它与任何技术性活动相结合,都会使这种技术发生革命性的变革或发展。美国一位早期的情报学家贝克尔(J. A. Becker)曾说过:"随着数字电子计算机的出现,不管怎么说,它也标志着情报检索系统机械化问题的革命解决成为可能。"二十多年来的实践证明,电子计算机与图书馆工作相结合,已使图书馆工作真正从传统的落后的技术环境中解放出来而形成一种结构严密的现代化系统工程成为可能。国外把这种系统工程称为电子计算机化的图书馆系统或图书馆自动化系统。不过,在图书馆电子计算机化的过程中,最初只是解决文献检索自动化问题,稍后才用于图书馆内务管理方面,使图书馆的业务管理实现自动化。所以,图书馆电子计算机化这个概念,实际上包括两个意义:一是指电子计算机与图书馆内部业务管理和操作相结合,形成图书馆自动化系统,一般包括采购、编目、期刊管理和流通阅览等自动化子系统。所以,严格讲来,平常所说的图书馆自动化就是指这个系统说的。二是指电子计算机与文献检索操作过程相结合,而形成通常所说的"情报检索"(Information Retrieval)。最早提出"情报检索"这个术语,是在四十年代末五十年代初。情报检索系统包括:定题情报提供(SDI)或称定题服务和追溯性检索;按检索方式可分为脱机批式检索和联机检索等。

二、图书馆现代化技术体系的形成

如上所述,图书馆现代化的时间范畴,基本上是和新技术革命的形成和发展的时间相一致的。第二次世界大战以后,特别是进入六十年代之后从美国国会图书馆发起机读目录(MARC)研究以来,世界范围内的图书情报工作的发展进入了一个新的历史时期,也就是图书馆现代化时期。

图书馆现代化时期主要表现了两方面的特点:一方面是以现代新科学技术更新和改造图书情报工作手段,发展图书情报工作现代化技术装备,培养能够管理运用新技术的专业队伍;另一方面是通过现代化的图书馆科学、情报科学方法和管理科学,使现代图书情报工作发生新的革命性的变革。变革的基础,就是建立在以电子计算机为核心的新技术的应用上面。

充当核心技术的电子计算机技术与图书情报工作相结合,发挥了两个方面的重要作用:

第一方面是电子计算机直接与图书馆传统工作相结合发挥的作用:①通过自动和半自动数据处理机器,代替人工完成诸如采购查重、编印订单、编排目录、借阅登记、编印催书单、预约通知等传统的图书馆工作。②通过电子计算机将传统的图书馆各工作系统变成图书馆自动化总体的各子系统。按《图书馆、情报科学百科全书》的"图书馆自动化"条目所述,图书馆自动化系统分为四个主要范畴:A、采购系统;B、编目系统,C、连续出版物系统;D、流通系统。③用电子计算机代替人工进行"情报检索"编制书目索引等。

第二方面是电子计算机作为图书馆现代化技术的中心环节,与图书馆其它现代化技术相结合,带动并加强对其它技术的应用:①电子计算机与缩微技术相结合,可以输出缩微胶片或缩微胶卷,即所谓"电子计算机输出缩微制品"(COM);可以输入缩微胶片或缩微胶卷,即所谓"电子计算机输入缩微制品"(CIM)。②与视听资料数据库相结合,形成视听资料联机数据库(AVLINE)。③与书库传送装置相结合,建立书库传送自动化系统。④电子计算机与现代通讯技术相结合,实现图书馆网络化,使馆际之间、馆与用户之间、馆与出版发行部门之间联成综合情报网和联机检索网,实现广泛的信息交流,使资源共享,突破传统式利用图书馆的时间、空间的限制。⑤电子计算机可将馆内、外的各种有关的情报(字符、数字等)都存放在它的"脑子"(存贮器)里,形成一种机器记忆的特种仿生形态,这种复杂结构的存贮系统就是数据库。人们利用电子计算机从数据库中检索所需要的数据,从而形成情报联机检索系统。将来,计算机还可将一些重要的专业刊物全文存贮在数据库里,形成一种完全新型的"书库"。⑥电子计算机与激光印刷技术相结合,可随时根据用户需要印制各种文献实物。⑦电子计算机与现代印刷技术相结合,可实现自动排版,可以编制二次文献。人们称这种新技术为"索引文摘编制的技术革命"。目前,国外已有许多文摘刊物和索引是采用电子计算机编制的,如驰名世界的美国《化学文摘》(CA)的全部编制工作,都实现了电脑化。⑧利用电子计算机进行自动分类、自动标引等。⑨利用电子计算机编制叙词表。

综上所述,电子计算机在图书情报工作中的应用可以形成一个图书馆现代化技术体系。

第二节　电子计算机是怎样应用于图书情报工作的

一、第一篇建议图书馆应用电子计算机的研究报告

根据技术发达国家的经验,图书馆应用电子计算机是沿着两个方向发展的:第一,是着眼于用户利用图书馆的方便而设计电子计算机在文献检索方面的应用;第二,是为提高图书馆传统工作效率而建立电子计算机化的自动化系统。

电子计算机问世后不到五年,即1950年就开始被图书情报界所看中。第二次世界大战后,世界经济很快地发展,知识更新加

速,知识生产能力也日益加强,知识载体数量猛增,无疑,向传统的文献工作提出了严峻的挑战。因此,从本世纪四十年代开始,图书情报工作,主要是情报工作受到人们的重视。第一次世界大战期间,文献情报工作还没有被看做是军事上不可缺少的工作。第二次世界大战就不同了,它使所有参战国的军事决策者敏锐地感觉到,决定战略战术胜负的一个突出的重要因素不是传统的作战经验或兵书战策,而在于看谁先拥有新式武器以及有关新式武器发展的情报。现代的新式武器的发明,必须以现代的新科学技术为前提。所以,重视知识、重视科学技术便成为第二次世界大战期间一个重要的战略特点。也正因为此,当时的著名的发明家、科学家竟成了国际间谍的重要工作对象。事情很明显,新武器的发明,新科学技术的突破及应用和传播,主要靠两个因素:一是人(科学发明家),二是文献(情报载体)。后一种因素往往要通过图书馆或情报部门把它活化成有用的情报。因为,一些重要的科学技术成就是要靠图书馆或情报部门来收集、加工、交流和提供的,所以图书情报部门也就引起了人们前所未有的重视。可以说,这是当代情报科学发展如此之快的重要历史根源之一。

1945 年,二次大战的战火基本熄灭。从 1946 年开始到五十年代初期,国外掀起了文献情报科学研究的高潮。这当中,情报研究发展的原因,有的是战争期间情报工作的继续,有的是鉴于文献工作发展的需要,有的是迫于大量军事资料亟待整理的压力。如有名的四大技术研究报告(AEC、AD、NASA、PB)就有上百万篇的科技文献等待整理,美国军事技术情报局(ASTIA)就需要尽快处理十万篇军事科学技术研究报告和有关资料。正是在这种背景下面很快地形成了情报检索理论的研究高潮,而且这些研究已波及到其它学科领域。早在四十年代末期,美国数学家穆尔斯(Mooers)、萨尔通(G. Salton)等人就用数学的理论和方法研究情报处理的新途径,如叙词或叙词法(Descriptor)、情报检索(Information

Retrieval)及标引理论(Theory of Indexing)等一些新概念都是他们最先提出来的。为迎接时代的挑战,也只有在情报检索方面探索新的出路。由于电子计算机的出现,使研究方向更加清楚了,使人们认识到,必须实现检索机械化、自动化,这才是适应新形势的唯一出路,别的路是走不通的。当时的 M. 陶伯(M. Tauber)、H. P. 卢恩(H. P. Luhn)、F. W. 兰开斯特(F. W. Lancaster)等都是情报检索理论方法研究高潮中的代表人物。到五十年代后期,在英美等国家相继建立了一些研究试验系统。例如:1975 年开始建立的英国 Cranfield 试验系统,1961 年美国萨尔通(G. Salton)领导的情报检索 SMART 系统,F. W. 兰开斯特领导的试验系统等。

1950 年,美国研制成功的第一台电子计算机问世后不到五年,世界上第一篇建议图书馆应用电子计算机的研究报告写出来了。报告的作者是美国海军机械试验站(NOTS)图书馆的 H. E. 泰利特(H. E. Tillitt),报告的题目是"利用 IBM701 型计算器进行情报检索试验报告"。这篇报告在 1954 年纽约恩梯卡特 IBM 计算方法讨论会上正式发表。这是一篇最早的研究电子计算机与图书馆工作结合的文章,是图书馆电子计算机化发展史上一篇值得纪念的作品。

泰利特的试验,是在美国海军军械试验站图书馆进行的。所以,这个试验系统被称为"NOTS"系统。NOTS(Naval Ordance Test Station)系统是早期模拟人工单元词(Unit term)检索而设计出的一种机读文档。这一系统刚一问世,就引起图书情报界的重视,因为它比起原有的机械化检索有很大的改进。首先,它能够自动地按一定的程序增减信息,并能通过文档的匹配作用,检出所需的情报。实际上,它实现了有选择的情报输出功能。这就是图书情报工作电子计算机化的开始。

二、情报检索技术和图书馆自动化的迅速发展

NOTS 系统的建立打开了图书情报工作电子计算机化的新技术的大门。从五十年代中期开始,情报检索技术与图书馆自动化分别得到了迅速发展。

图书情报工作应用电子计算机,早期是从文献检索服务开始的。这个电子计算机化的主流称为"情报检索"。进入六十年代以后图书馆管理工作电子计算机化才开始,在六、七十年代也以高速向前发展。这个主流称为图书馆自动化系统。

1.情报检索的发展。

自从 1954 年美国海军军械试验站(NOTS)图书馆建立了NOTS 系统以来,情报检索(包含着电子计算机化概念)的发展已经历了两个大的发展阶段:第一阶段是从五十年代中期开始到六十年代末期。这一阶段的特点是采用脱机批处理情报检索方式。第二阶段是从七十年代开始,进入联机情报检索阶段。

1954 年建立了 NOTS 系统以后,随着电子计算机科学技术的发展,到 1957 年,IBM701 型机器被 IBM704 型机器所取代。1958年 9 月,美国普通电力飞行器汽轮机管理局采用 IBM704 型计算机建立了一个类似 NOTS 的新系统,称为 GE 系统。这种新系统的信息处理已利用了布尔代数的逻辑运算。1959 年,美国马里兰州 Sliver Spring 海军军械实验室和美国军事技术情报服务局建立了 ASTIA 系统,并于 1963 年开始检索服务。1962 年,美国国家航空和航天局建立了 NASA 系统,并开始服务。1964 年,美国国家医学图书馆创建了有名的 MEDLARS 系统,建立了医学文献索引机检系统。MEDLARS 系统首次使用电光照排机,实现了文摘刊物《医学索引》编排的自动化。

到六十年代末期,情报检索系统及其服务方式开始出现新的进展。1969 年第一个大规模联机检索系统——美国 NASA 的 RECON

系统全面投入使用。1970年建成了美国洛克希德火箭公司的DIA-LOG系统,同年,系统发展公司(SDC)的ORBIT系统也建立起来。从1970年开始,上述的MEDLARS也开展了联机系统服务。不久,欧洲航天局ESA系统和美国"纽约时报"情报库联机系统也投入运行。1976年,美国书目检索服务公司又建立了BRS联机系统。

上述的这些联机检索系统,主要是通过TYMNET和TELENET国际数据通讯网络,使联机网络覆盖于北美、加拿大、墨西哥、巴西,以及欧洲、澳大利亚、北非、伊朗、日本、南朝鲜等国家和地区。进入八十年代后,计算机的联机网络和联机检索终端已遍及世界许多国家和地区。到1984年,全世界已建立了一千八百多种供联机检索用的数据库。其中的文献数据库就存有八千万条文献。目前,世界上有三个最大的科技情报检索系统,除上述美国的DIA-LOG、ORBIT之外,还有西欧共同体的ESA/IRS。这三大系统的文献存贮量占世界科技文献总量的80%以上。

为了适应"四化"建设的需要,发挥科技情报工作的能动作用,在我国,国务院所属有关部委(建工部、铁道部、一机部、交通部、煤炭部、地质部、石油部、化工部、电子工业部、冶金部等)经国家计委和科委批准,从1980年4月起,联合在香港安装了一台DTC-382型国际联机情报检索终端机,通过香港大东电报局,联接国际通讯卫星(TYMNET或TELENET)网络,与美国的洛克希德公司的DIALOG情报检索系统和美国系统发展公司的ORBIT情报检索系统联机,借以检索这两大系统数据库的科技文献资料。

DIALOG和ORBIT这两大国际情报检索系统,是当前世界上最大的商业性国际联机检索系统。其中,DIALOG与世界七十多个国家和地区的二百多个城市的一千五百个终端机、一百二十五个数据库联机,其中《化学文摘》、《工程索引》、《金属文献/合金索引》等文档(Files)是我国有关科研部门常用的情报资料。DIA-LOG存有二次文献(文摘和题录)约四千五百多万篇,几乎占世界二次文献机存总量的二分之一。ORBIT 拥有六十多种数据库,但其中有二十三种是和 DIALOG 重复的,使用时应当注意。

上述两大检索系统数据库的内容范围十分广泛,包括自然科学和社会科学各个专业领域,有工程技术、经济管理市场行情、政府文件、专题研究报告、学位论文、专利文献、学术会议录和其它统计资料等。

2. 自动化系统的发展。

图书馆电子计算机化发展的另一个方面就是图书馆管理工作电子计算机化。它在图书馆电子计算机化的发展中稍晚于情报检索,是六十年代才开始发展起来的。不过,从美国国会图书馆研制成功机读目录以后,到七十年代,图书馆管理系统的电子计算机化发展也是很快的。

图书馆管理系统实现电子计算机化大致可分为如下四个阶段:

①采用电子计算机以前的准备阶段;

②利用电子计算机进行脱机批处理阶段;

③利用电子计算机进行联机检索阶段;

④形成电子计算机综合系统阶段。

上述的过程在各国的情况不尽相同,但大体上是相似的。第一阶段,也就是准备阶段,在有的国家里分为四步走:第一步,为应用电子计算机创造条件,首先是改革原有传统工作中的所有不合理的工作程序;第二步,开始把单项或局部业务工作从手工操作改为机械化;第三步,将几项业务联合起来实现机械化;第四步,开始建立图书馆自动化系统。

经过准备阶段,就可以开始建立某项子系统,也就是图书馆自动化开始起步了。图书馆自动化究竟应从何起步? 没有统一的模式,各国做法也不一样。日本和西德的多数图书馆是从管理工作开始的。在美国,多数图书馆则是从编目工作开始的,先把电子计算机应用于编目工作和目录编排工作。例如,美国耶鲁大学从 1965

年开始,直接用电子计算机的快速打印机,生产大、小字体的目录卡片;芝加哥大学从 1968 年开始也用高速打印机打印卡片,编辑新书通报等;俄亥俄图书馆中心(OCLC)从 1971 年开始,组织了五十所图书馆进行联机编目和编制联合目录,并逐渐形成电子计算机化的图书馆协作中心和网络。美国最大的协作网络是 OCLC 网络,在美国已有四十六个州、一千二百多个图书馆参加了 OCLC 的联机编目协作。OCLC 已成为美国图书馆编目、协调采购、馆际互借、参考咨询等管理业务的综合自动化网络中心。进入八十年代以后,日本也把注意力从流通管理自动化转向目录业务的自动化。

第三节　电子计算机基础知识

一、电子计算机的发展概况

人类在长期的社会实践中创造了各种计算方法和工具。我国远在春秋时期就有了"筹算法",到唐朝末年发明了算盘,南宋时又有了珠算算法口诀。

在欧洲,到十七世纪开始有人注意计算工具的研究。这时正处于科学技术突破古典思想束缚,向着一个新的智力境地发展的时期,人们在科学、工程、航海等问题上迫切需要计算的工具,各种数学用表就应社会的急需而产生了。1600 年,英国数学家纳斐尔(John Napier)发明了对数,1624 年布莱格斯(Briggs)制成了十四位小数的对数表。1642 年,十九岁的巴士加(Paseal)发明了世界上第一台机械计算机(加法器)。1673 年,哲学家、数学家、德国北威州州立图书馆首任馆长莱布尼兹(William Von Leibnitz)在巴士加的加法器基础上,设计出一台能进行乘法运算的计算机。1887年又制成了手摇式计算器,后来又发展成电动计算机。

机械计算的现代时期是从1925年开始的。当时,美国麻省理工学院的布什(Bush)博士制成了第一台模拟计算器。1935年布什博士设计了第二台计算器,并于1942年投入运行。1937年哈佛大学的艾肯(Aiken)教授研制了一种自动序列可控计算机(Automatic Sevies Controled Computer),这就是MARCI计算机,是世界上第一台用继电器作成的数字通用计算机。

1943年,宾夕法尼亚大学电工系接受了为陆军计算炮击表的任务,用的是布什的模拟计算机。由于使用效果不理想,于是工程师伊克尔特(J. P. Eckert)和物理学家J. M. 牟赫莱(J. M. Mauchly)提出一篇关于电子计算机制造可能性的报告。报告得到陆军方面的支持,于是1946年研制成功了世界上第一台每秒五千次运算的电子计算机(ENIAC)。1945年,宾州大学电工系的设计小组开始设计程序内存计算机(EDVAC),并于1950年研制成功,投入运行。这就是通常所说的第一代电子计算机。

1958年晶体管取代了电子管,第二代电子计算机诞生了。二代机比第一代计算机的运算速度快近百倍,而体积却是前者的几十分之一。1965年以后,中、小规模集成电路又逐渐取代了晶体管,产生了以小规模集成电路为逻辑元件的第三代电子计算机。从1970年以后,大规模集成电路发展很快,电子计算机开始使用大规模集成电路,这就是通常所说的第四代电子计算机。在这一代的电子计算机中,还出现了别具一格的微处理器(Microprocessor)和微型计算机(Microcomputer)。

当前,一些技术发达的国家,正在争相研制采用超大规模的集成电路的第五代计算机。日本的一篇报道说:第五代电子计算机的"最大特点在于开发近似于人类大脑的计算机"。现在出售的计算机大部分都是顺序处理给予的指令,而第五代电了计算机是属于可以有效进行并列处理、推理处理和联想处理的非诺埃曼公式型计算机,将重点放在开发其中可"问一知十的,以联想功能为主的计算机"。

二、电子计算机的基本结构

1. 硬件和软件。

电子计算机的基本结构,可分为硬件和软件两大系统。

①硬件系统,也叫机械系统。它指的是电子计算机作为一种精密机器的物理素材结构系统。从这个系统来看,电子计算机不外乎是由电阻、电容、晶体管和芯片或其它"记忆"材料等元器件组成的一种机器,通常称为硬件或硬设备(Hardware)。

硬件系统由三大部件组成:输入装置、输出装置和中央处理机(CPU)。中央处理机还可分为三部分:

a.具有记忆功能的内存贮器,也叫主存贮器;

b.具有运算、比较、判断功能的运算器;

c.具有控制功能的控制器。

硬件系统中的中央处理机以外的其它部分,如输入/输出装置、辅助存贮装置,统称之为外部设备。所以,电子计算机基本上是由中央处理机和外部设备所构成的。请看下图:

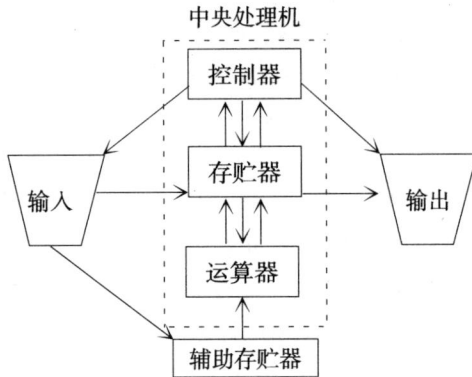

图2.1　硬件结构框图

②软件系统,也叫程序系统。电子计算机有了硬件系统,还必须由人预先给它安排一定的运行步骤、操作方法等,它才能进行工作,否则计算机本身是不会自动地执行和完成预期任务的。像这样由人预先设计或安排的操作步骤和方法的指令,称为程序(Program)。一台电子计算机的各种程序总括起来称为软件或软设备(Software)。因为软件的内容是各种程序,所以,又称为"程序系统"。

只有具备了硬、软设备的配合,才能构成一个完整的电子计算机系统。图书馆实现电子计算机化,如果建立图书馆专用系统,则要求馆员必须具备程序设计的知识和技能,如果利用馆外大型机,馆内只设有终端机,程序由主机配备,管理终端机则不需要较高的业务条件。不过,为了适应图书馆现代化的要求,电子计算机基础知识、程序设计知识、建立数据库知识,应当成为图书馆专业人员的必修科目。

2.中央处理机(CPU)。

中央处理机是控制和指挥整个电子计算机运行作业的中枢系统。它通过存贮器、运算器和控制器三大部件来实现或执行数值运算、数据处理和逻辑分析等功能。现将它的三大部件分述如下:

(1)存贮器(Storage)。

存贮器是电子计算机的"大脑",是计算机发挥"记忆"功能的部件。以往四代电子计算机的更新,包括正在研制的第五代电子计算机,其主要换代标志就是存贮部件的更新。当前,在微电子技术发达的国家里正在进行着"世界芯片"战。西德最大的电子公司西门子公司计划1985年继续投资五百万英镑,研制一百万位存贮芯片和256K存贮芯片。存贮器已成为开发新型电子计算机的主体部件。

存贮器的主要功能是用于存贮程序和数据。其具体作用是:①接收、存放由输入装置输入的程序(或指令)和数据;②进行运算时,控制器要不断从存贮器中提取指令,按指令执行一定的控制功能;③运算器要从存贮器中随时取出需要参加运算的数据,经常要把运算的中间结果送回存贮器;④把运算或处理的最后结果从存贮器中取出,送给输出装置;⑤当主存贮器容量不够时,把数据调出送入辅助存贮器,或者把暂时不用的数据或运算(处理)结果,暂存放在辅助存贮器里,需要时可再从辅助存贮器中调出数据,送回主存贮器,以备参加运算或处理。存贮器处理这些工作的速度是很快的,目前,一般在一百毫微秒到一、二个微秒之间即可完成。

图书馆的数据处理,特别是情报检索时的数据处理,就是通过主、辅存贮器频繁地交换数据来进行的。因为图书馆业务存贮的数据量大,单凭主存容量不够,必须利用辅助存贮器。这是图书馆利用电子计算机的一大特点,它要求计算机具有足够的主、辅存贮器的容量。一般情况下,超过二十万条记录时,需要 256KB 以上的主存贮容量和几百兆(M)到上千兆(M)字节的辅助存贮设备(磁盘、磁鼓等),所以,图书馆自建专用系统时,首先就要考虑机器的主、辅存贮容量。

(2)运算器(Arithmetic Unit)。

运算器是用来完成运算操作的装置。它可以作算术运算(四则运算)和逻辑运算("与"、"或"、"非")。图书馆的数据处理,主要是使用逻辑运算。早期的计算机每秒运算几千次,日本于1981年产的快速大型机为每秒一千七百万次,到目前,最快的运算已达亿次以上。

(3)控制器(Control Unit)。

控制器是用来指挥整个计算机按照编好的指令运行作业的装置。控制器往往被人称为计算机的中枢神经,它控制着存贮器、运算器、输入/输出装置和通讯系统。

控制器的操作过程,一般分为取指令和执行指令两个阶段。

32

这两个阶段是交替着进行的。取指令就是从存贮器中取出要执行的指令,先送到控制系统的寄存器中,在这里经过自动审查和解释,接着进入执行指令阶段。当执行部件完成操作任务以后,便向控制器发出信号,控制器又进入取指令阶段。为防止下错指令,控制系统中还有一个监视装置,称为控制监视器。请看下图:

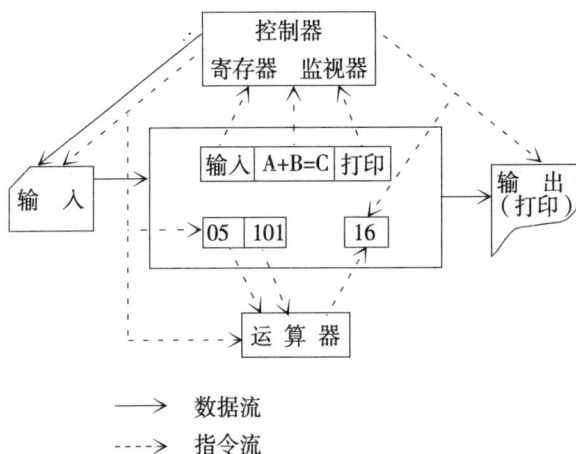

图2.2　控制器与指令流动示意图

3.辅助设备(或称外部设备)。

除上述的中央处理机之外,电子计算机还有一些外围设备和器件,主要包括信息输入输出设备和辅助存贮设备。这些设备统称之为外部设备。外部设备的功用,是把待处理的数据、文字、符号、指令、图形等信息,通过输入设备输入到存贮器、寄存器或辅助存贮器存贮起来,经过中央处理机加工处理之后,由输出设备用人们所习惯的信息表示方式向用户报告(输出)处理的结果。下面简单介绍几种主要的外部设备和器件。

(1)人机直接信息交流设备。

我们知道,电子计算机内的一切信息都以二值代码表示,但用户都要求用人们习惯的语言与计算机对话,以进行信息交流,为此,必须有一种设备能在人与计算机之间实现信息表现形式的转换。这种设备是电子计算机最基本的输入输出设备。输入输出设备就是把信息输入电子计算机和从计算机输出信息的装置,达到信息传递的目的。其作用实际上是实现信息表示形式的转变。例如:向计算机输入字母"A",而 A 在机器中必须用一串 0 和 1 表示,按标准二值代码,"A"应为 1000001。因此,当输入装置接到输入信息"A"的时候,在把它送进计算机的存贮器之前,先要把它转变成 1000001 这样的二值代码。同样,当计算机要输出运算结果 $x = 126$ 时,在未输出之前的二值代码为 1011000、0111101、0110001、0110010、0110110,当输出装置输出这个信息时,必须把它们转换为 $x = 126$,即人们所习惯使用的符号。

目前,最常用的能够实现这种转换信息表示形式的输入输出设备是"终端键盘显示器"或"终端键盘打字机"。请看下图:

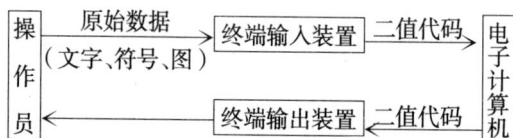

图2.3　终端设备示意图

键盘打字机和键盘显示器是两类基本的输入输出装置。它包括三种不同的设备:第一种是键盘,是两种终端所共有的;第二种是打字机;第三种是显示器。

①键盘(Keyboard)。

键盘是操作员直接向机器传递信息的输入装置。目前我国生产的电子计算机键盘,一般采用标准的七单位编码,即用七位二值代码来表示二十六个大写字母和小写字母,0—9 十个数字,各种符号以及通讯控制指令,共一百二十八个不同的代码。

下图是典型的键盘布局。

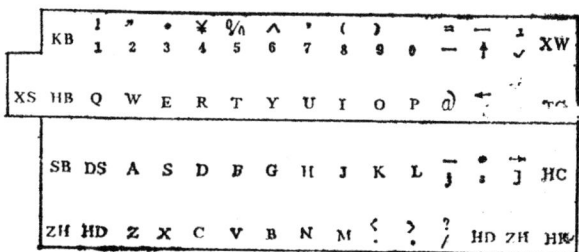

图2.4 键盘布局

键盘控制字符编码表

产生条件	输出代码		控制字符	
键面字符	二进制表示	八进制表示	名称	符号
@	0000000	000	空白	KB
A	0000001	001	序始	XS
B	0000010	002	文始	WS
C	0000011	003	文终	WZ
D	0000100	004	送毕	SB
E	0000101	005	询问	XW
F	0000110	006	承认	CR
G	0000111	007	告警	GJ
H	0001000	010	退格	TG
I	0001001	011	横表	HB
J	0001010	012	换行	HH
K	0001011	013	纵表	ZB
L	0001100	014	换页	HY

键盘的作用就是把人的击键操作变为二值代码的形式发送给

电子计算机,以实现输入功能。

②打字机或打印机(Printer)。

终端打字机在信息转换过程中的作用是把计算机内的二值代码转换为它所代表的文字符号的形式,并打印出来。

终端打字机最早使用的是击锤式(拍电报式)电传打字机,近年来被电子式打字机所代替。目前我国生产的专供计算机用的打字机是半电子式的菊花瓣打字机和针式打字机。

③字符显示器(CRT)。

字符显示器也称为阴极射线管(Cathode – Ray Tube)。它是利用对扫描显像管荧光屏的高速电子束强度的控制把代码转化为字符的。字符显示器和键盘组合在一起,称为键盘显示器或显示终端。目前的字符显示器也和普通电视机一样,通过 X 方向和 Y 方向的偏转扫描和亮度控制用点阵方式显示字符。例如:屏幕第一行头三个字符是 ABC,为把这一行字符显示出来,就要对每个字符读出七次。第一条光栅扫过时,点阵中有点的位置加亮,从缓冲存贮器中读出第一行的第一个字符的代码,经过横向扫描,再读出第二个字符的代码,这样第一条光栅扫到头,使屏幕上出现一排断续的亮点。请看下图:

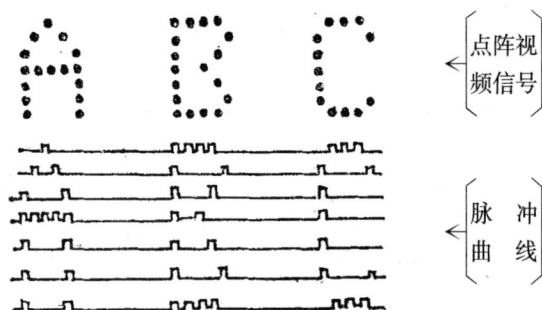

图2.5 字符显示器工作基本原理示意图

36

以上简要地介绍了关于人和电子计算机直接交流信息的设备的基础知识。但是,人们利用电子计算机不能总是进行直接对话,而且,经过验证的程序也不应当只用一次,为此,应当备有一种信息载体,通过这种载体既能迅速接受输出的信息,又能在必要时送回电子计算机中去。目前常用的这种信息载体,有穿孔纸带、穿孔卡片、磁带、磁盘、磁鼓、软磁盘和光盘等。

④穿孔纸带的输入/输出。

纸带是从电报收发演变而来的,是用得比较早的信息传递载体。

目前使用的穿孔纸带主要有两种:五单位穿孔纸带和八单位穿孔纸带。前者原为电报的收发载体,后来也用于电子计算机的输入输出。用于电子计算机的主要是八单位穿孔纸带。八单位穿孔纸带,是指纸带每排可穿八个孔,代表八个二进制数位,有孔表示1,无孔表示0。用穿孔纸带存放字符文本时,纸带上每排孔代表一个七单位编码表的字符,一排孔代表一个字符。

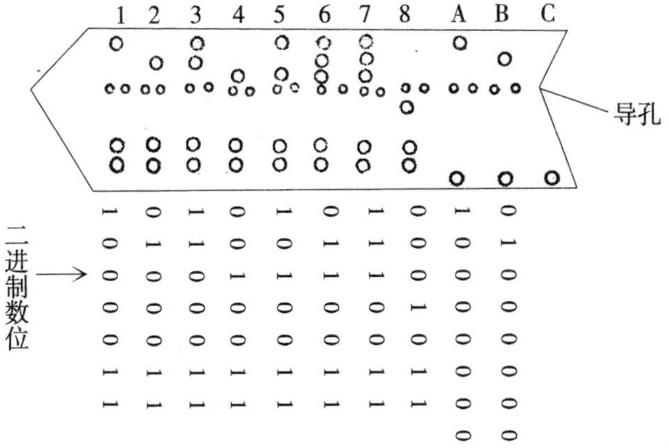

图2.6 八单位穿孔纸带编码

用八单位纸带表示七单位编码字符,每排只用七个孔,第八个孔往往用作奇偶校验位。

穿孔纸带输入设备包括:纸带、纸带穿孔机和纸带输入机。

⑤穿孔卡片的输入输出。

作为信息传递载体穿孔卡片,比上述的穿孔纸带使用起来更方便。因为卡片是离散型载体,校订、替换都比较灵活,而纸带是连续型载体,改正错误十分困难。不过,由于卡片穿孔机比较复杂,造价高,所以国内多喜欢利用穿孔纸带。

穿孔卡片最常用的是 80 列穿孔卡片。一张卡片可记录八十个文字符号,有九百六十个孔位。每一列穿孔位置称为一栏,每一栏有十二个穿孔位置,下部十个位置为数字穿孔区,上面两行称为标志穿孔区。这种穿孔卡片,就是利用这两个不同区的孔来表示数字和文字符号的。

(2)辅助存贮装置(外存贮器)。

随着电子计算机技术的发展,上述两种信息传递载体的几个共同的缺点就越来越明显了:写出后不能立即读出;输入输出信息的速度太慢;记录信息只能是一次性的;体积太大而信息密度小。磁带、磁鼓、磁盘、软磁盘等却能够避免这些缺点。它们采用的是数字表面磁化记录方法,所以具备下列优点:读和写是在同一台设备上进行的,读和写可随意重复、交替和改正错误;读写速度高;同一载体可以反复使用;存放信息密度极大,而且,电流和磁场的转换可以高速度进行。

①磁带(Magnetic tape)。

磁带外形类似录音带。它记录信息的方式类似纸带,不过,纸带用孔的有无表示二值代码,磁带则用有无磁化或磁化的方向、磁化方向的变化来记录一个信息位是 0 还是 1。磁带分七磁道和九磁道两种。前者用并行的七个磁道记录信息,即每排记录七位信息(二值代码);后者用并行的九个磁道记录信息,其记录格式很

38

接近于八单位纸带。磁带的读写是通过磁带机来完成的。国产的磁带机有上海电子器材四厂生产的 ZDC - 202 型中速数字磁带机,其规格适用于九磁道,0.5 吋摆杆式,记录格式符合"反向不归零制"国际标准。它能与其他符合国际标准的磁带机互换,进行同步读写。磁带机阅读速度可达十三万字节/秒。

磁带的记录密度,通常为 800BPI(纸带密度为 10PBI/英寸或 1600BPI),目前已达 6250BPI。由于磁带具有体积小、重量轻、存贮容量大、存取速度快等优点,所以,它是目前电子计算机之间脱机交换信息的主要载体。

②磁鼓(DRUM)。

磁带属连续型载体,被称为顺序存取存贮设备。它的缺点是查找所需要的信息必须从头搜索,需占用较多的时间。为克服这种缺点,需要随机存取的存贮设备。这种设备的特点在于只要给出信息的"地址",就可以很快查到所需的信息。

磁鼓和磁盘就是随机存取型的存贮设备。磁鼓存贮器是把信息记录在"鼓"的圆筒面上。"鼓"的表面涂以磁性材料(如铁氧体磁粉或镀镍钴合金等)。工作时磁鼓朝一个方向高速旋转,其速度是每秒钟二十到八十米。磁头安在磁头架上,磁头架与鼓轴平行(图 2.7)。磁头与鼓面接近。磁头在鼓面上划过的轨迹称为磁道。磁头越多磁道也越多,记录信息也越多。国产 G - 3 型磁鼓安有二百三十二个磁头,每个磁道可记录六千二百八十个二进制位,所以,它的最大容量可达一百四十万位。

按照磁头与鼓表面相对距离的调整方式,磁鼓分为固定磁鼓与浮动磁鼓两种。距离固定的磁鼓存贮器,称为固定磁鼓;磁头与鼓表面间隙不固定的称为浮动磁鼓。

磁鼓比磁带提高了信息存取速度,但存贮容量比磁带小得多。为此,在磁鼓之后出现了磁盘,扩大了信息存贮的表面积,增大了存贮容量。

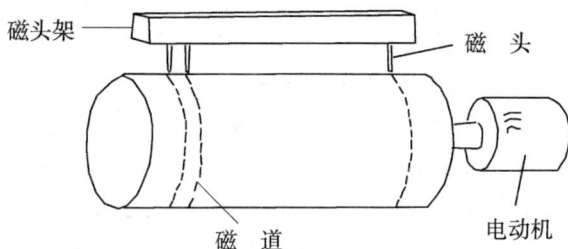

图2.7 磁鼓

③磁盘(DISK)。

磁盘是一种扩大磁鼓的有效存贮表面的信息载体。这种载体的形状是圆盘片,记录信息的磁性材料涂在圆盘的一面或双面上。一台磁盘存贮器往往拥有十几个盘片。因为磁盘的存贮量远远超过磁鼓,所以,磁盘已逐渐取代了磁鼓,是目前发展最快的磁性表面存贮器。

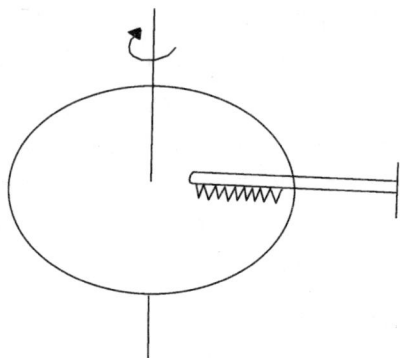

图 2.8 固定头磁盘示意图

磁盘的分类:按磁头的活动方式区分,可分为固定头磁盘和移动头磁盘;按磁盘与驱动器的关系来区分,可分为可卸磁盘与不可卸磁盘;按盘片的数量来区分,可分为单片磁盘与组式磁盘;按磁盘基片所用的材料来区分,可分为硬磁盘和软磁盘。

由于固定磁头产生的磁道有一定的间距(见图2.8),从而影响信息在盘片上的存贮密度,且造价较高。移动头磁盘就是为克服这一缺点而设计的(见图2.9)。

40

单片盘不论存贮容量或读写速度都不如多片盘组,用得较少。多片盘组有九片、十一片和十三片等。十一片盘组就有二十个记录面,二十个磁头读写存贮信息(见图2.10)。

④软磁盘。

微型机的发展刺激了磁盘存贮器制造工艺的发展。软磁盘就是在这种刺

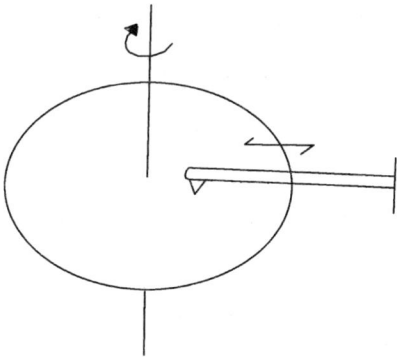

图 2.9　移动头磁盘示意图

激下发展起来的。它所以被称为软盘是因为通常的盘片是以铝合金为基体的,而软磁盘则是以塑料薄膜为基片的。其直径较小,可以拆卸。软磁盘片转速较慢,容量不大,价格便宜,目前主要用于小、微型电子计算机,或在大型电子计算系统中代替纸带或卡片等穿孔载体。目前,软磁盘的容量为256KB,传输速率为125位/秒。现有八寸的和五寸的两种软磁盘。

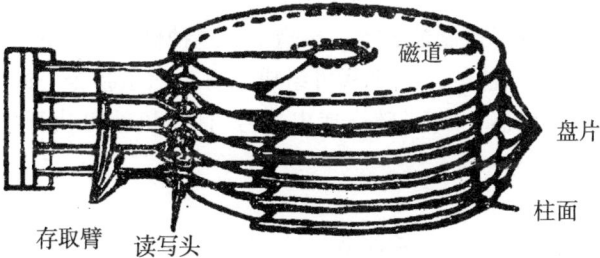

图2.10　多片盘组示意图

近年来,辅助存贮设备发展很快,除上面所述及的以外,还有磁泡存贮器(Magnetic Bubble memory – MBM)、激光存贮器(Laser memory）、磁光存贮器（Magnetooptical memory）等。

三、电子计算机软件

1. 程序与程序语言。

人们利用电子计算机进行数值运算或处理问题时，必须事先把自己的意图、运算和处理问题的步骤、作业的方法和执行指令的次序等"告诉"给机器，指挥机器按照人的意图进行操作。像这样用来指挥计算机进行有秩序的操作的"指令"集合，称为"程序"（Program）。所以，"程序就是一串有逻辑顺序的并能为电子计算机所接受的指令的集合"。构成程序的每条指令有数字的、文字的、符号的及图形的等等形式。这些不同信息形式统称为"程序语言"。

由于电子计算机不能直接识别自然语言，所以，最初人们便采用了二进制的二值代码"0"和"1"充做程序语言，因为这种语言可供机器直接阅读，所以被称为机器语言。它是通过 0 和 1 的排列组合来发挥语言表意作用的。可以用它表示各种指令或信息。至于用多少二进数位表示一条指令，各种型号的机器不完全相同。如 DJS – 130 型计算机是用十六位二进制数，而 DJS – 21 型计算机则用四十二位二进制数表示一条指令。这种机器语言的表意性是很大的，如十六位的二进制就可组成二百十六条指令。最后将这种二进制的机器"语言"转变成电信号，计算机就可执行指令，按此作业。

例如：

①要求十六位计算机执行一次加法，其二进数制的形式为：1011011000000000。

②要求十六位计算机执行一次减法，其二进数制的形式为：1011000101000000。

像这样指令计算机按照人的意图执行某种功能的代码或符号

形式,称为机器指令。按照一定的逻辑规范把成千上万条机器指令组织起来,成为供计算机进行运算或处理问题的工具。这些有组织的指令集就称为程序。表示程序的数值、代码、文字、符号等称为程序语言。用一定的程序语言编写程序的过程称为程序设计(Programming)。

六十年代以前的程序语言主要是 0 和 1 的二进数制。后来,为了用较短的位数能够表达较大的数量,除二进数制外,有时采用八进数制,即以八为基数,十进制的八就是八进制的十;有时采用十六进制,用数码和文字混合表示,如 0、1、2、3、4、5、6、7、8、9、A、B、C、D、E、F。关于不同数制间的换算,我们将在后面介绍。

程序语言的发展方向,是使机器语言不断接近于自然语言。根据接近自然语言的程度,将程序语言分为低级语言和高级语言。低级语言是程序语言的初级形态,所以也称为初级语言。初级语言包括:机器语言和汇编语言。机器语言正如上述,汇编语言就是为改进二进制机器语言的难写、难认、难记、难校,以及与自然语言差别过大等缺点,而于五十年代创造出来的一种符号化的程序语言。汇编语言"是一种为解决和改进机器语言编写程序的困难而设计的程序语言"(《电子计算机科学百科全书》)。

汇编语言作为一种"例行程序"(Routine)的主要特点,首先是每一条指令的汇编语言都对应一个机器语言(一对一的关系)。其次,指令和数据的存放地址都可以直接用符号表示,如表示"相加"的指令,就用英语"Addition"的首字母"A",显然比机器语言方便多了。不过,汇编语言不是机器直接可读的语言,必须通过编译程序进行编译而后才能成为机器可读的语言。汇编语言的缺点是它的不通用性和多样性,不同机型往往采用不同的汇编语言,所以它不能成为标准化的程序设计语言。实际上对用户来说,它仍然是很难掌握的工具。为此,更高级的程序语言产生了,这就是一般所说的高级语言,或称编译语言。

高级语言的主要特点：首先，它比汇编语言更接近于自然语言，一般用普通英语就可以编写程序，不懂机器语言的人也可用这种语言编写程序；其次，它与机器语言不是一对一的，而是一条简单的高级语言往往需要几十条机器语言来完成。

现在，高级语言已有一百多种，比较通用的有以下几种：

FORTRAN = Formula Translator

ALGOL = Algorithmic Language

COBOL = Common Business Orinted Language

BASIC = Beginners All – purpose Symbolic Instruction code

PL／1 = Programming Language

以上几种高级语言中，ALGOL 和 FORTRAN 两种语言其初是为进行科研而设计的，但实际上这两种语言已应用于图书馆；COBOL 原是为商业管理设计的，在国外也有很多图书馆采用这种语言。国内外比较普遍采用的是 BASIC 语言。因为这种语言比较简单，最适于初学的人使用。

高级语言为程序设计提供了方便，但对于机器来说，还必须把它"翻译"成机器语言方能识别。这样，用高级语言编写的程序称"源程序"（Source Program），转译成机器指令的程序称为"目的程序"（Object Program）。

源程序翻译成目的程序有两种方法：

①编译方法。

事先编好一种"编译程序"，并将这套指令程序输入计算机。待源程序输入时，机器便按照"编译程序"的指令，把源程序一次译成目的程序。如下图：

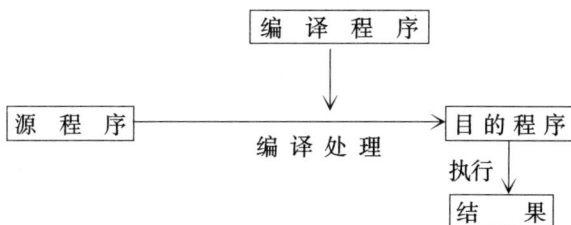

图2.11　编译程序

②解释方法。

把事先编好的一种"解释程序"作为指令程序存入计算机中,待源程序输入时,解释程序则指令机器逐句翻译,并边解释边执行。这种方法比前一种多费机器时间,但少占内存贮单元。如下图:

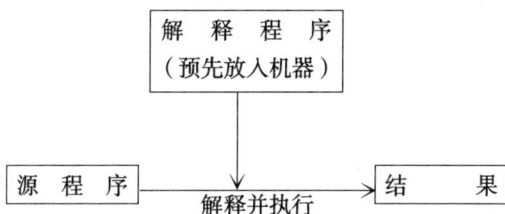

图2.12　解释程序

编译方式的程序用:FORTRAN 语言、ALGOL 语言和 COBOL 语言,而 BASIC 语言则采用解释方式。

2. 程序设计。

程序设计(Programming)就是用一定的高级语言编写程序。也就是用特定的格式、符号或文句组成的计算机执行作业的每个详细步骤。编写程序的一般方法:

(1)确定程序规格。

这一步工作包括:输入/输出文档的设计及处理过程的主要步

骤,选定计算公式,确定文档之间的关系等。这些都要在编写程序之前规定清楚。

(2)计划程序分析,绘制流程图。

这一步主要是分析和选择处理问题的最佳方案和步骤。借助流程图表明解题或信息处理的过程细节、逻辑结构和次序等。流程图是系统分析的主要工具,它可以直观地表示整个程序操作系统的关系和次序。程序流程图有两种:

①系统流程图。

这种流程图可揭示处理问题的关键性步骤,是计算机执行指令的基本环节。现在我们举"借书"的程序为例予以说明:

读者确定情报需求的目标范围之后,首先要进行咨询或查目,其次是按查目所得填写借书单,随后是到书架找书(通过馆员),找到书后办理借阅登记手续,最后是管理人员排档统计等。这个过程的系统流程图如下:

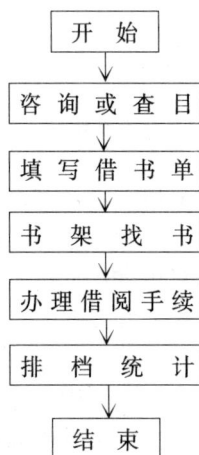

图2.13　系统流程图

②计划(战术性)流程图。

计划流程图是在系统流程图的基础上,使程序更加具体、详细,以及预计操作过程中可能碰到的选择性的途径或步骤。这种流程图是编写程序的必备工具。现在用计划流程图把"借书"程序表达如下:

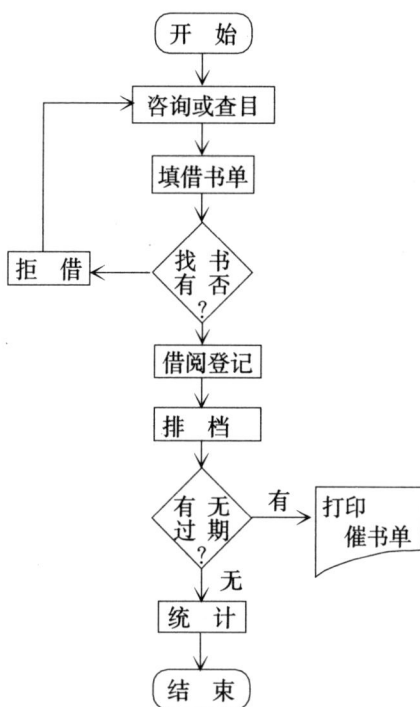

图2.14 计划流程图

③流程图形。

图 2.14 表示系统流程的各种关系和顺序,用不同的几何图形作为标志。这些标志实际上起着符号的作用。常用图形如下:

起止符:表示流程图逻辑上的开始和结束。

处理符:表示数据处理和运算。

输入／输出符:表示数据的输入和输出。

选择符:表示抉择下一步应走的路线。

文档符:表示打印文档。

磁带符:表示以磁带为信息载体。

磁盘符:表示以磁盘为信息载体。

磁鼓符:表示以磁鼓为信息载体。

纸带符:表示以穿孔纸带为信息载体。

穿孔卡符:表示以穿孔卡片为信息载体。

显示屏幕符:表示信息显示装置。

流向符

连接符:表示计划流程图的连接点。

图2.15　系统流程图形标志

（3）编写程序。

编写程序指的是利用一定的程序语言按照规定的方法,依流

48

程图的逻辑顺序,逐条逐句地把指令写在程序单上,最后把程序单打在穿孔卡片上,或者录在磁带上,或者直接通过终端键盘输入存贮装置。

（4）测试与校对。

程序产生之后,一般不宜立即投入使用,因为书写程序时难免有差错,须通过编译程序让机器自动改错,改正后再进行测试,直到产生预期效果时,才能正式上机操作。

（5）编写程序说明书。

程序设计人员将所编程序进行测试校验后,就要编写程序说明书,说明程序已经编好,可正式上机作业。说明书应包括:指明操作人员应如何使用和控制程序的运行;说明程序的性质和特点;说明程序规格、流程图、原始程序列表、测试资料和补充说明等。

程序设计一般由程序员编写,但实践证明,关于图书馆业务活动的程序设计必须有图书馆工作者参加,否则往往是不适用的。为此,程序设计也是图书馆专家必须具备的知识。

下面利用 BASIC 语言,举个流通管理系统的程序设计实例（此例引自 L. A. Tedd：《An Introduction to Computen Based Library Systems》,1977,London）：

①问题:设某大学图书馆的读者包括在校大学生、研究生和教职工。这三种读者分别以 7、8、9 三个数字开始,各分配给四个数字。现在要求算出近期教职工借书数的百分比。

记录的文档形式有读者编号、图书编号,记录清单末尾的读者编号为 5555。

②处理方针:赋予下式中分子和分母的值,并算出它们的%。

$$\frac{教职工借书数}{图书借出总数} \times 100$$

③指令清单:

A　使"全部借书计数"为 0;

B 使"全体教职工借书计数"为0；

C 读入一个记录；

D 如果它是最后一个记录,就到(9)项去；

E 给"全部借书计数"加上一个数(1)；

F 如果这个记录不是教职工借书,就到(3)项去；

G 给"全体教职工借书计数"加上一个数(1)；

H 到(3)项去；

I 计算所要求的百分比；

J 打印出百分比；

K 结束。

④流程图:(见图2.16)

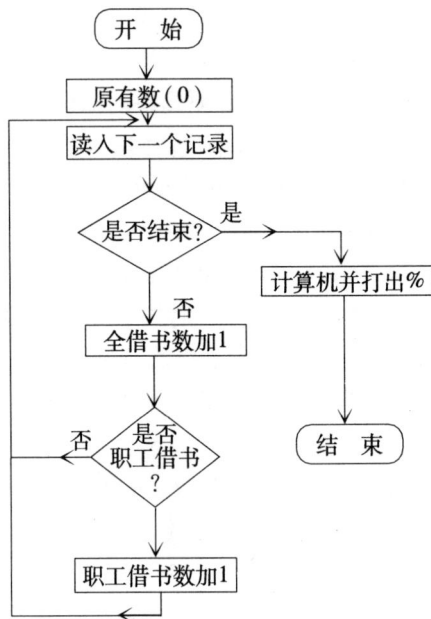

图2.16　流程图

50

⑤程序:这一步就是把上述这些指令转译成程序设计语言。采用 BASIC 语言,对程序的流程用"REM 语句"加以解释(此程序适于英文情报处理)。

5	REM	L 为全部借书数
7	REM	S 为教职工借书数
10		LET L = 0
20		LET S = 0
25	REM	读下一个记录
27	REM	B 读者编号,C 图书编号
30		INPUT B,C
35	REM	检验是否结束
40		如果 B 为 5555 则到 90
50		LET L = L + 1
55	REM	检验是否职工借书
60		如果 B > 9000 则到 30
70		LET S = S + 1
80		GO TO 30
85	REM	计算%
90		LET P = S/L * 100
100		PRINT P
110		END

说明:上列程序中所用的语句注释如下:

INPUT 输入语句,即把数据从外部读入计算机存贮器。

PRINT 打印语句,即把存贮器中的内容用自然语言形式输出。

LET   赋值语句,即把一定的值赋给一定的变量。

GOTO 转向语句,即指明从一个语句去见下一个语句。

REM 解释语句,即对程序加以解释说明。

END　结束语句,表示一个程序的完了。

3. 上机操作(计算机运行)。

编好程序之后,上机执行这些程序被称为程序运行或上机操作。不同类型的机器,操作系统不同。现在,我们以 CROMENCO 16K 小型机为例,说明操作过程。

(1)开机。终端(屏幕)响应符为 A. ,等待操作系统(CDOS)下命令。此时,键盘打 BASIC[CR],BASIC 磁盘从外存调入内存,红灯亮。终端显示"》"——BASIC 指令的响应符。表示等待 BASIC 的指令。

这时,可将编好的 BASIC 程序逐条打入。

(2)两种工作方式:

①立即执行方式。即打入无行号的语句,按[CR]后立即执行。

②程序执行方式。

第一步:先打入命令 SCR[CR],即清除用户区。

第二步:逐句打入 BASIC 程序,执行中遇改字时,按 DELETE 键,以改正错字。删去一行时,按 CTRL－U 两个键。

第三步:打完整个 BASIC 程序后,用 LIST[CR]语句,列出程序清单,以便检查修改。

需要打印出来,按 CTRL－P,打印机开始工作。

第四步:修改程序。

第五步:执行程序,按命令键 RUN[CR]程序执行。

本章主要参考文献

[1]《Encyclopaedia of Library and Information Science》Vol. 14 , p. 338 – 343.

[2] I. A. Tedd:《An Introduction to Computer – based Library Systems》, 1977,
p. 1 – 36.

[3]《世界经济导报》1983 , 8 – 10 月。

[4]《现代の図書館》1983 , 9。

第三章 微型计算机及其在图书情报工作中的应用

目前,电子计算机正朝着微型化、超微型化的方向迅猛发展。微型计算机的应用已成为我国图书情报工作实现现代化的迫切课题。现在图书情报界,从各级领导干部到广大的图书情报工作者及有关的科研人员,都意识到学习和了解微型计算机的基本原理和应用知识的重要性和迫切性。

微型计算机是图书馆技术革命的重要物质手段,是图书馆各项工作实现自动化的必备条件。因而,对微型计算机的学习和了解便自然成为广大图书情报工作者的必修科目和应当掌握的基本功。

本书作为图书馆现代化技术的基础性读物,应当对微型计算机有所反映。所以,我们在概述电子计算机与图书馆现代化的关系之后特辟一章,集中介绍微型计算机的基础知识及其在图书馆中的应用。

本章资料中不少部分是来自美国西蒙斯图书馆学院 1982 年的讲义《微型计算机在图书馆》(Microcomputers in Labraries)。

本章主要介绍四个方面的内容:①概括介绍微型计算机的基本概念和它的起源与发展;②叙述微型计算机的基本结构与工作原理;③微型计算机在图书馆的应用;④微型计算机的选择和评价。

第一节　微型计算机概述

一、几个基本概念

1. 什么是微型计算机?

微型计算机也是一种数字计算机。如果从计算机的指令系统、寻址方式和运算速度来比较考察的话,微型计算机与大、中、小型计算机非常相似,可以说没有什么本质区别。然而这种比较是着眼于微型计算机与其它计算机的共性方面,如果从微型计算机的别具一格的个性来考察的话,就可发现微型计算机确实是一种不同于其它计算机的新产品。它的个性是什么呢? 那就是:微型计算机是一种由不同种类的单片(ship)逻辑组件所构成的逻辑装置,所以,我们鉴别微型计算机的特性如何,最重要的是看它的芯片的逻辑功能如何,而不能只注意它型体的微型化,更不能简单地误认为它是其它计算机的"压缩"。

微型计算机的逻辑组件(图 3.1)是一块芯片,也就是把计算机的原有器件,诸如中央处理器(CPU)、内存贮器(ROM、RAM)和输入/输出(I/O)接口等,都采用大规模集成电路芯片,而芯片是封装(有塑料和陶瓷两种封装)在双列直插式组件(DIP)中的。

微型计算机的另一个独有的特点,就是产品价格便宜,如果说小型计算机的价格到七十年代末期已降到一千美元的话,则微型计算机的价格就只有五到二百五十美元。这样便使微型计算机的适用范围大大超过任何现有的计算机。实际上,微型计算机在一些国家里已经成了人们的大宗消费品了。

2. 微型计算机与小型计算机。

微型计算机是在小型电子计算机的基础上,借助于集成技术

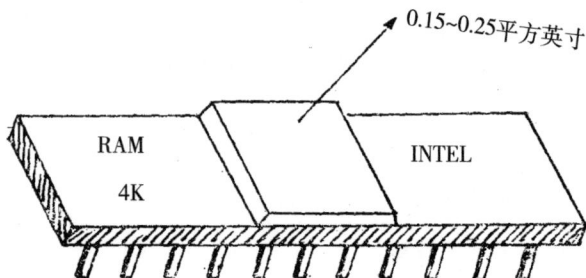

0.15~0.25平方英寸

RAM
4K

INTEL

图3.1　微型计算机芯片模型

而发展起来的一种新型电子计算机。所以,微型电子计算机和小型电子计算机是同宗技术的发展。不过,它们却是两个不同的概念。小型电子计算机是本世纪六十年代的产物,相当于第三代电子计算机,它的逻辑元件为中、小规模集成电路。它的造价虽然比晶体管元件的计算机有所降低,但也还是较高的,往往仍然超过图书馆的购置能力。1965 年,小型机的价格不下五万美元,到 1982 年降到一千美元,但与售价几美元、几十美元、一、二百美元的微型计算机相比,仍然是昂贵的。进入七十年代,随着微电子学的发展,出现了微处理机(Microprocessor)。初学者往往忽视微处理机和微型计算机的区别。实际上它们也是两个不相同的概念,微处理机的逻辑组件只具有计算机的局部功能,所以,在某种程度上还不能称它为微型计算机。微型计算机则是以微处理机为中央处理机,配上内存贮器(ROM、RAM)和输入/输出(I/O)装置,以及大容量的存贮设备后,也就是将微处理机进行逻辑扩展才成为微型计算机(Microcomputer)的。

　　3.门电路与集成电路。

　　早期的电子计算机是以电子管为逻辑元件的构造复杂、造价高、体积大的器件。1958 年以后发展到由小片锗组成的晶体管(transistor),从而取代了电子管。由晶体管制出低成本的分立元

56

件所组成的各种门电路,即逻辑电路。门电路是电子计算机的基本单元,其中最基本的是"与门"(AND Gate)、"或门"(OR Gate)、"非门"(NOT Gate)三种,并扩展为"或非门"(NOR Gate)、"与非门"(NAND Gate)。各门电路都有自己的表示符号(见图3.2)。

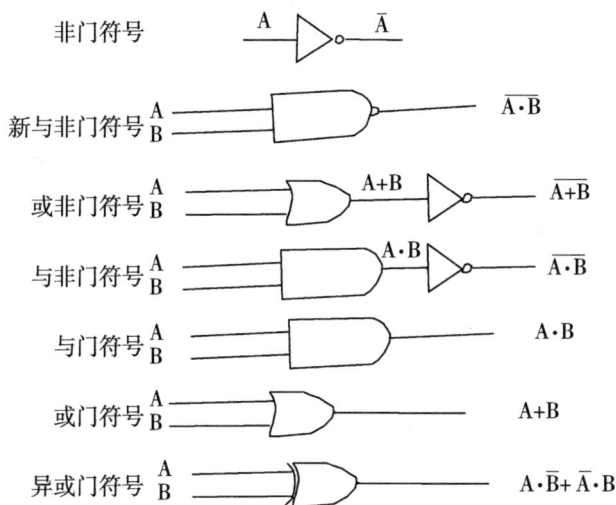

图3.2 门电路符号图

从1960年开始,人们把半导体器件、门电路元件集成或制作在一块芯片上,从此代替了原来的分立元件,构成了集成电路。开始时,是把四个"与非"门集成在一块芯片上,出现了两个输入端四"与非"门的集成电路(见图3.3)。当时引人注意的是二输入端四"与非"门的成本与单个"与非"门不相上下。不久,这种器件发展成为一个系列,这就是有名的7400系列集成电路。7400系列集成电路的出现,刺激了集成电路的迅速发展。

从此,单个芯片上的"门"数不断增加,从四个"门"增加到十二个"门",很快增加到百个、千个,现在可把万个以上"门"集成在一块硅片上,而且集成密度还在不断增加。集成电路的规模,就是依这种门电路集成的数目决定的。如:集成十二个门以下的电路,称为小规模集成电路(SSI);包含一百到一千个逻辑门的芯片称为中规模集成电路(MSI);包含一千个以上的逻辑门的芯片称为大规模集成电路(LSI)。

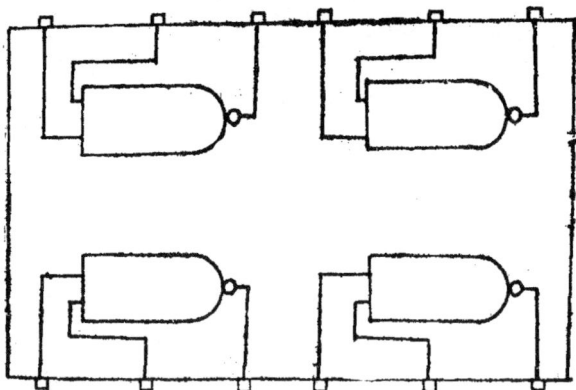

图 3.3 二输入端四"与非"门示意图

微型计算机就是靠这种集成度的提高,不断缩小自己的体积,提高其功能的。不过,微型计算机的微型化将要碰到这样的问题:

第一,微型化是否指整个计算机系统的体积的缩小? 是否有不能缩小的部分? 如果有不能缩小的部分,应当是哪些部分? 第二,微型计算机的发展,能否完全取代其它型的电子计算机? 这也应当看作是有关微型计算机的基本概念。

电子计算机研制的实际表明,整个计算机系统的缩小是有限度的。因为,如上所述,能够缩小的只是微电子部分,而与外界联系(如人机联系)的部分,比如作业控制台和开关设备、数据的输入和输出设备都不能缩小。至于第二个问题,根据电子计算机发展趋势来看,将随着微电子技术的进展,使计算机向两个方向发

58

展:一是使现有的计算机小型化;二是研制功能更强的大型计算机。

实际上微型计算机往往是作为一种逻辑装置,也就是作为较大的逻辑系统中的一个或几个部件而置备的。而其它计算机却都作为执行计算程序或数据处理的主机设备。

二、微型计算机的产生和发展

1969 年,美国的 Datapoint 小型计算机系统和"智能终端"公司,较早地提出把一台简单的计算机集成在单个逻辑芯片上,当时 Intel 公司和 Texas 公司承包了这项工艺。1971 年,Intel 公司研制成功一种四位并行中央处理单元(CPU),即 Intel4004 型微处理器。这是最早获得的单片处理器。1972 年,该公司又研制成 Intel8008 型八位并行微处理器。到 1975 年,经过对微处理器的逻辑扩展,并配以相应的读/写存贮器(RAM)、只读存贮器(ROM)和输入/输出(O/I)接口等芯片,而生产出最早的微型计算机 MCS－4 微型计算机(用 4004 型微处理器)和 MCS－8 微型计算机(用 8008 型微处理器)。

有些电子计算机专家强调说,真正的微型化革命,是从 1977 年开始的。具体说也就是从 Apple Ⅱ、CommodorePET、TRS－80 Ⅰ 等微型计算机问世开始的。

微型计算机一问世,就显现出它的突出特点,即更新换代的周期之短,超过了其它任何技术的发展速度。从 1971 年到 1980 年,微型计算机已经历了三代更新,到 1985 年将进入第四代,平均三年左右换代一次。微型计算机工业的增长速度十分惊人,1975 年到 1980 年平均年产量逐年增加 55%。据报道:1981 年一年间就有四十九家厂商出厂了一百四十九种新产品。

在微型计算机的发展中,1981 年也是一个值得注意的年份。这一年,电子计算机工业巨头 IBM 宣布它要进入世界微型计算机市场的宏大计划。宣称它要生产大功率的个人用袖珍型计算机，存贮能力可扩展到256KB，采用8086型十六位并行微处理器。与此同时，其它电子计算机厂商也争相公布各厂的新产品。有的新产品具有信息辨别的功能，最大容量达到544KB。这样的产品可用来解决过去只有大、中型计算机才能解决的复杂问题。

现在，正处于微型计算机从第三代向第四代发展的过渡阶段。第四代微型计算机将采用超大规模集成电路（ULSI），采用多处理器结构，配有专用的微处理器，并能在一块芯片上装上有一定容量的EPROM（可消的可编程序只读存贮器）。现在，微型计算机工业正以加速度向前发展。例如，美国1977年销售额为六千五百万美元，到1982年已上升到七个亿。据报道，全世界到1986年微型计算机销售额预计可达到一百一十个亿。

为便于读者了解主要微处理器的产品情况，特将主要的几种微处理器典型产品列表如下：

型号（MPU）	生产厂商	推出年份	备注 （微型计算机）
INTEL　4004	INTEL	1971	MCS－4
INTEL　8008	INTEL	1972	MCS－8
INTEL　8080	INTEL	1974	中国 DJS－051
R－6502	Rockwell	1975	Apple Ⅱ
M－6800	Motorola	1976	
6802			
Z－80	ZiLOG	1976	CROMENCO Ⅲ
INTEL　8085	INTEL	1977	TRS－80
INTEL　8086	INTEL	1978	DBJ－Z80
8087			TP801，803
Z－8000	ZiLOG	1979	MIC－80
MC－68000	Motorola	1980	
HP－87	Hewlett－packard	1981	
TMS　9900	TI	1983	
F－9440	FCI	1984	

第二节　微型计算机的结构与工作原理

一、微型计算机结构

微型计算机系统结构也可分为硬件与软件两大部分。这一节简要介绍微型计算机的硬件结构和指令系统,帮助读者概要地理解微型计算机的功能和使用方法。

作为微型计算机的物理设备——硬件,一般都包括三大部分和三条总线:

第一部分:中央处理器(CPU),或称微处理器(MPO)。

第二部分:内存贮器(ROM 和 RAM),或称主记忆装置(Main Memory)。

第三部分:输入/输出装置(I/O)。

三条总线:数据总线(DB)、地址总线(AB)和控制总线(CB)。

由上面这些部分或器件组成微型计算机的硬件结构形式(见图3.4)。

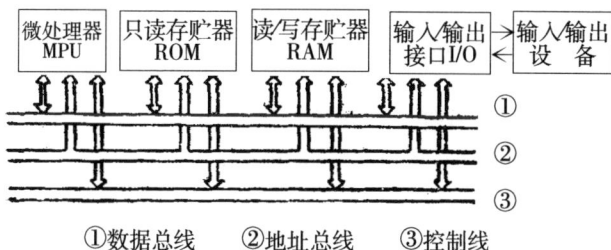

①数据总线　　②地址总线　　③控制线

图3.4　微型计算机硬件结构示意图

不同型号的微型计算机,其微处理器(MPU)的内部功能也不同,它们所采用的指令系统和汇编语言也不一样。

微型计算机的存贮装置,与一般计算机略有不同,它的内存贮器有两种,一种是既能存入(写)信息,又能取出(读)信息,如上图中的"读/写存贮器"(RAM)或称随机存取存贮器;另一种只可存入,即主要用它存放机器本身常用的程序和不变的数据,起信息"库房"作用,称为"只读存贮器"。ROM和RAM的存贮量直接影响微型计算机对图书情报工作的适用能力。不过,一般可以在原有的存贮量的基础上加以扩展或利用辅助硬件设备,如大容量存贮器(MSD)。

上述的装置通过三条总线联系起来。第一条是数据总线,主要用于传送数据和指令。它是由几根导线组成的,线数和机器的位数是一对一的。比如,八位微型计算机的数据总线就有八根导线,其数据也相应的为 $D_0 \sim D_7$。第二条总线是用它传送地址码的。微型计算机系统总线上各器件之间的通讯和联系,主要依靠地址码进行沟通传递。例如,对内存贮器中某个单元进行存入或读取数据时,首先就要把该单元的地址码送给地址总线,而后发出写或读的命令才能完成操作任务。第三条是控制总线,是传送控制指令的通道。微处理器通过这条总线随时掌握各器件的状态或按需要向有关器件发出控制命令。

二、微型计算机的软件

微型计算机的软件,主要是为了解决手编程序、人工排除故障以及人工调度管理硬、软设备等问题而制备的。

1. 汇编程序(Assembler)。

如前章所述,汇编程序就是把用汇编语言编写的程序翻译成机器语言的程序。汇编语言是一种符号语言,也就是把指令写成字符,例如,加法指令可以写成 ADD 等。由于汇编语言是来自自然语言的简化形态,所以,比较容易记。通常把用汇编语言编写的程序称为源程序,把用机器语言写的程序称为目的程序或目标程序(Taget Program)。因为,汇编程序的功能是翻译源程序的,所以,必须先把汇编程序放进计算机,然后再送入用汇编语言编写的源程序。这样,机器才能把源程序翻译成目标程序,也就是机器可读的程序。

2. 编译程序。

上述的汇编程序往往是由各制造厂设计制定的,所以,各种微型计算机的指令和指令符号都不相同。这样不仅会给程序员造成困难,而且编出的程序也没有通用性。因此,又研制出了算法语言(或称高级语言)。这种语言与指令无关,所以,无论任何机型,只要配上这种算法语言编写的编译程序(参考前一章),则对用算法语言编写的任何源程序都可译成面向计算机的代码语言,再经过汇编程序加工就可得出目标程序。

3. 操作系统。

微型计算机的操作系统是指挥计算机自己管理自己的软件包。此外,还有应用程序、引导程序和诊断程序等。

三、微型计算机的中央处理器(CPU)

本章第一节基本概念中已经谈到,微型计算机的中央处理器是一种集成不同数量的逻辑组件的芯片。如我们熟知的 Z - 80 - CPU 便是美国 ZiLOG 公司所提供的一种微处理器(MPU)芯片。用这种芯片组成的八位微型计算机,已有 CROMENCO - Ⅲ - TRS - 80(国内许多单位引进了这种微机)和 TK - 80、MZ - 80、SIGMA - 10 等。我国也用 Z - 80 芯片组成了 DBJ - Z80、TP801、TP803、MIC - 80 等微型计算机。

Z - 80 微处理器是美国 ZiLOG 公司于 1974 年研制成功的。它是在 Intel8080 的基础上吸取了 Motorola6800 的优点制成的。它的结构、功能都比较完善,使用也很方便。它对我国微型计算机的发展影响比较大。所以,本节想以 Z80 – CPU 作为典型,简要介绍其功能与使用方法。

Z80 – CPU 共有一百五十八条指令,有十二个通用寄存器和六个专用寄存器,此外还有两个累加器。

Z80 – CPU 内部结构(见图3.5)中有十六条地址线、八条数据线。首先,中央处理器把指令的地址经地址线送到存贮器,按地址取出指令并经数据总线送到指令寄存器,由指令译码器译码后发出控制信号,从而对各种有关操作(如算术逻辑操作等)进行控制。下面是 Z80 – CPU 的结构框图:

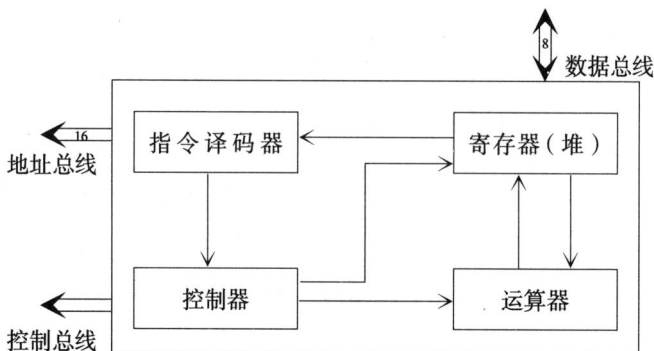

图3.5　Z80–CPU结构框图

(1)寄存器(Register)。

寄存器是中央处理器的重要的职能器件。CPU 的寄存器可按其作用分很多种。Z80 – CPU 中有十八个八位寄存器、四个十六位寄存器。如图3.6所示,寄存器可分为:

主寄存器——F、A、B、C、D、E、H、L

辅助寄存器——F′、A′、B′、C′、D′、E′、H′、L′

专用寄存器——SP、PC、IX、IY、IV、R

通用寄存器——B、C、D、E、H、L 和 B′、C′、D′、E′、H′、L′

上列的寄存器中,SP、PC、IX、IY 为十六位字长,其余均为八位字长。

主寄存器		辅助寄存器		
	F	F′		
	A	A′		
B	C	B′	C′	通用寄存器
D	E	D′	E′	
H	L	H′	L′	
S	P			专用寄存器
P	C			
I	X			
I	Y			
	IV			
	R			

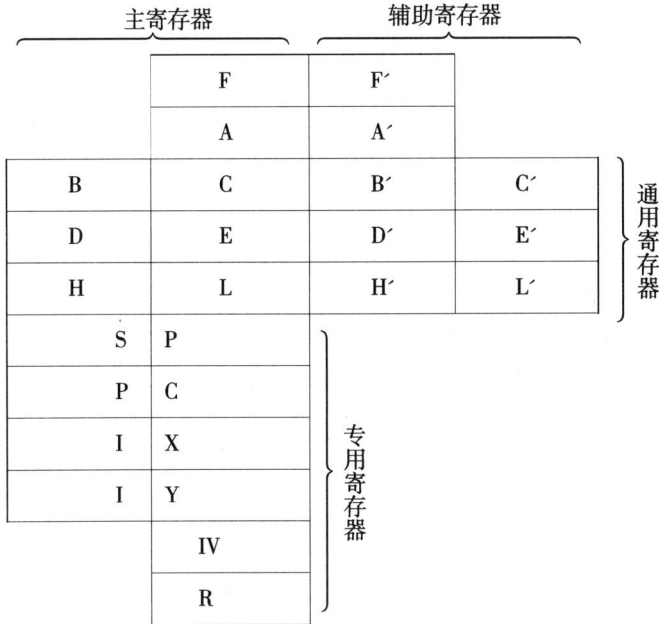

图3.6　Z80–CPU寄存器结构

现将各种寄存器的功能简要介绍如下:

①累加器 A——是用以存放从存贮器中取出的数据或运算的中间结果的寄存器。Z80–CPU 包含二个八位累加器 A 和 A′。每个累加器各有一个标志寄存器 F 或 F′。标志寄存器可反映累加器的运算结果。如:

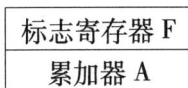

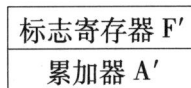

标志寄存器 F
累加器 A

标志寄存器 F′
累加器 A′

65

②标志寄存器 F——是用以反映 CPU 内部的某种操作状态，保存或反映累加器运算的结果。

③堆栈指示器 SP——是用以指示一部分堆栈（即存贮区）的最上端的存贮单元的地址，通常称为栈顶地址。这种寄存器主要是当机器接受中断要求时和需要处理某些辅助设备提出的要求时用的。

④程序计数器 PC——是用以存放程序存贮单元的地址，即提供指令码存贮地址的。因为每发出一次指令它便自动加 1，所以称为计数器。

⑤通用寄存器 B、C、D、E、H、L——是数据地址暂存的中间寄存器。Z80 – CPU 中有两组这样的寄存器，一组为 B、C、D、E、H、L，另一组为 B′、C′、D′、E′、H′、L′。根据需要既可单组八位字长，也可组成十六位的寄存器对，即 BC、DE、HL，另组为 BC′、DE′、HL′。

⑥变址寄存器 IX, IY——是存放变址或寻找新地址的十六位基地址。

⑦中断向量地址寄存器 IV——Z80 响应中断时，用这种寄存器存放中断服务子程序的首地址（或入口地址）。

⑧再生寄存器 R——Z80 用动态 RAM（随机读写存贮器）时，它每隔一瞬间（毫秒级）要进行一次再生，以免丢失信息，为此就要按次序进行再生，R 寄存器就是为再生存贮器准备的地址。

此外，就是带"′"的辅助寄存器。它们的功用主要是当机器接受中断请求并要去处理外围设备的工作时，可用这种相应的带"′"的寄存器把"现场"保存起来，也就是把不带"′"的寄存器中的内容转存到带"′"的寄存器中去。

（2）运算器（ALU）。

运算器即算术逻辑部件，也称算术逻辑运算器。ALU 的主要功用是执行 Z80 – CPU 的加减、比较、"与"、"或"、"异或"等算术和逻辑等运算功能的。ALU 的主要组成部分是加法器和控制门。

66

（3）指令译码器和控制器。

这部分器件是整个微处理器的控制中枢。机器为完成各种运算，必须按一定顺序向运算器中的逻辑元件发出相应的操作指令，这种指令是由指令寄存器的内容决定的，具体过程是要对指令寄存器的内容进行译码，译码器就是为此而设计的。

微处理器在执行程序时，必须先把指令从内存单元取到指令寄存器，其次由指令译码器把指令进行译码，把操作码转变成控制信息送到控制总线，把地址码转变为操作数的真正地址。这样CPU就可以通过指令寄存器、指令译码器和控制总线指挥总线上的有关器件，以完成指令规定的操作内容。

（4）总线部分。

如前所述，总线包括三部分：①地址总线（AB）共有十六条（$A_0 - A_{15}$）。②数据总线（DB）共有八条（$D_0 - D_7$）。③控制总线（CB）又分三个组：第一组，系统控制总线，有六条，控制中央处理器（CPU）、内存贮器（ROM，RAM）和输入/输出（I/O）之间的数据传送。CPU芯片上有六个引线脚，就是为此而设计的。第二组，中央处理器控制总线，有五条，控制CPU本身的操作过程。第三组，总线控制。这方面的总线有两条，这是用于直接存贮器存取（OMA）的。换句话说，这时CPU的三态门总线暂停使用，而让存贮器直接使用这些总线与外部设备传送数据。

四、微型计算机的数据存贮系统

我们了解电子计算机的存贮系统的最实质性的问题，就是了解信息或数据是怎样以二进制数据形式存贮的。这一节想简要地说明这个问题。

1. 存贮器（Memory）。

作为计算机的主要组成部分的存贮器的基本功能，就是用来存放二进制数据。确切些说，它既能存放数据，也能存放计算机的

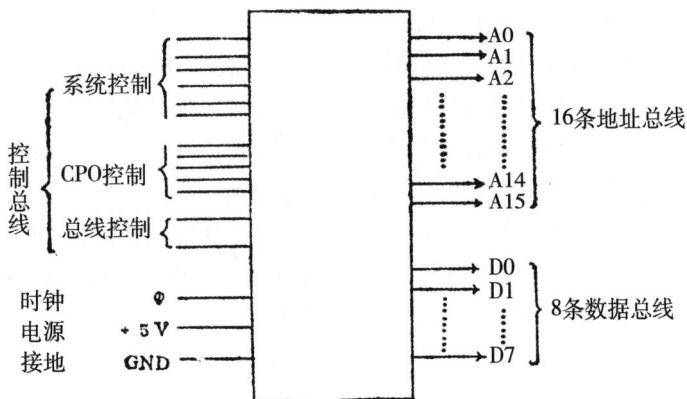

图3.7 Z80-CPU芯片引出线图

运算或操作程序。信息在计算机中的表示方式是由双稳元件的阵列组成的。目前,大型和小型计算机通常仍采用磁芯存贮器。这种存贮器是利用能保持逆时针或顺时针方向的剩磁,由这一不同方向的剩磁存贮二进制信息"1"与"0"的。

近年来,由于微电子学的发展,特别是大规模集成电路的发展,大、小型计算机也开始采用半导体存贮器,而微型计算机则全部采用的是半导体存贮器。

根据用法不同,半导体存贮器可分为两大类:只读存贮器(ROM)和随机存贮器(RAM)。下面简要介绍这两种存贮器的结构和性能。

(1)只读存贮器(ROM = Read only Memory)。

这种存贮器是用来存放固定程序或不变的数据等的存贮装置。所谓"只读",一是表示它只能读出,二是指它只能读出二进制数的状态,而不能改变二进制数的状态。它的主要特点是可以像磁芯存贮器那样,即使在断电之后也仍能继续保持 ROM 中的信息不消失,通电后立即可以使用。它要求程序存放进去之后,就不再改变,不能再"写"入新的字节或改变二进制数的状态,只能

68

"读"出存贮的内容。所以,人们把它称为只读存贮器。

只读存贮器的特点是 ROM 中的二进制数字不能改变,所以,存放在 ROM 中的数据不会被抹掉,这对于可能出现地址不清或无法定址的微型计算机来说,是一种很值得重视的特性。

微型计算机中所采用的 ROM,从工艺上可分为双极型和 MOS(金属 - 氧化物 - 半导体)。按存贮方法可分为:①掩模 ROM,封装后不能改动。②可编程序只读存贮器(PROM),信息可由用户写入。现在常用的是熔丝熔断型。它通过熔丝熔断和不熔断,表示二进制数。它的特点是只能读出,不能再写。③可改写的只读存贮器(EPROM),这种存贮器可以重写。

ROM 一般可做在单个芯片上,一台微型计算机可以配备一个具有一千零二十四个八位字的单芯片 ROM 组件。这样,一个单片的存贮器容量为 $1024 \times 8 = 8192$(位)。

(2)读写存贮器(RAM = Random access Memory)。

RAM 的原意应为随机存取存贮器。因为这种存贮器每一位都能读出和写入,所以,它需要的逻辑组件要比 ROM 复杂。正是由于此,RAM 往往由不止一块的芯片组成。现有 RAM 中比较简单的是由八块 RAM 片组成一个八位字长的读写存贮器,每片分担八位字中的一位。有的 RAM 也可以像 ROM 那样,用一块芯片来存放全部存贮字(word)。(注:在计算机中,组合二进制数字所用的基本长度,称为计算机的字长。微型计算机有四位的和八位的,最普遍的用八位字长。现在也出现了十六位字长的微型计算机。一个八位的数据单元称为一个字节(byte)。在计算机产品中,最通用的数据单元就是字节,但有的字长不是八位,如十六位字长的计算机,往往把十六位字长的存贮字看做为两个字节。)

RAM 和 ROM 之间的区别在于前者不但能读取已存入各存贮单元中的数据,还能随时写进新的数据,也可改写原来的数据。

RAM 分静态和动态两种。静态 RAM 的每一位信息存贮在一个触发器（Triggcr）中，它常用的是双极型晶体管触发器。静态 RAM 成本比动态 RAM 高，但它却有个突出的优点，即数据一经写入，只要不切断电源，便能永远保存。动态 RAM 价格比较便宜，但它只能使信息存贮保持在几毫秒或几十毫秒之内，随即漏失。因此，要想能持续地保存动态 RAM 中的数据就必须不断地对存贮字的内容进行重写。一般称此种重写过程为再生操作。

虽然动态 RAM 比静态 RAM 价格便宜，但是需要有"刷新"重写，需要另加重写电源，有的微型计算机还要另加再生逻辑件。所以，现在大多数的微型计算机都采用静态 RAM。

此外，我们还应当注意，必须确切地掌握分配给 RAM 的存贮地址。因为，RAM 的存贮地址与 RAM 片数有关，数据存贮器增加一个字节，往往就需要增加八个新的 RAM 片，如果出现多次这种情况，就会造成很大的浪费。

2. 存贮器内容的含义。

如前所述，微型计算机和其它计算机一样，其存贮器所存贮的信息都是二进制数的形式，即 0 和 1。实际上，信息也只能以二进制数字的形式存入存贮器中。如八位字长的存贮器，就可存贮二百五十八（2^8）种不同的 0 和 1 的二进制信息。用 0 和 1 组成的存贮字（不仅限于八位）的含义，可由程序员规定，一般规定有下列的含义：

（1）单字节纯二进制数。

纯二进制数的数据形式，指的是不带符号、不作特殊解释的二进制信息。纯二进制数亦可用八进制数或十六进制数表示，而且，哪一种数制对数据字本身都没有影响。例如：

$$0\ 1\ 0\ 0\ 1\ 1\ 1\ 0 \leftarrow 二进制$$

$$4 \quad\quad E \quad \leftarrow 十六进制$$

$$1 \quad 1 \quad 6 \quad \leftarrow 八进制$$

（2）带符号、加解释的二进制数。例如：

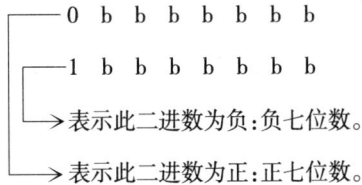

```
 ┌──── 0  b  b  b  b  b  b
 │┌─── 1  b  b  b  b  b  b
 ││
 │└─→ 表示此二进数为负：负七位数。
 └──→ 表示此二进数为正：正七位数。
```

（3）多字节数据中的部分二进制数。

二进制数既可表示单字节，也能表示多字节数据中的一部分。如十六位数据中的第一字（八位）和第二字节（八位），前者为高位字节，后者为低位字节。例如：

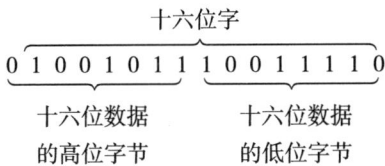

十六位字

0 1 0 0 1 0 1 1 1 0 0 1 1 1 1 0

十六位数据 　　　　十六位数据
的高位字节 　　　　的低位字节

这样多字节数据的存贮字数不限，如下例为三十二位数：

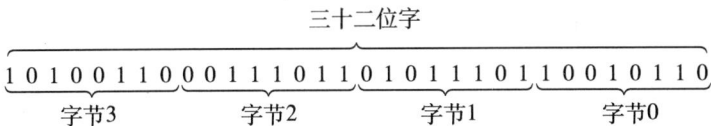

三十二位字

1 0 1 0 0 1 1 0 0 0 1 1 1 0 1 1 0 1 0 1 1 1 0 1 1 0 0 1 0 1 1 0

字节3 　　　字节2 　　　字节1 　　　字节0

（4）十进制数的二进制表示法（二位十进制）。

我们习惯用的数制是十进位制，十进位制可以用二进位制数来编码。四位二进制数可表示 O 到 F 的十六进制数，利用其中的 0 到 9 的二进制数字组合，即可对十进制数编码。所以，每个八位字可表示二位十进制数，十六位可表示四位十进制数。

（5）字符代码。

字符代码就是用若干位二进制数来代表一个字符,例如,按ASCII 的规定,用 1000001 表示字母 A,1000010 表示字母 B 等。

完整的字符集(指拉丁语系)需要八十七个字符:二十六个小写字母,二十六个大写字母;二十五个特殊字符(如 + , 1 , # , @ ……)和十个阿拉伯数字。

(6)指令代码。

用一定位数的二进制数表示一定的指令,例如用 01110110(八位)表示停机指令;用 0001101(七位)表示"回车",使打印头回到左边起始位置,等等。

五、微型计算机的指令系统

指令是人和计算机通讯的基本工具。指令系统就是为编制能够反映人的某种完整意图的程序的互相联系的一组指令,或称指令集合。不配指令系统的计算机无异于废物。

各种微型计算机的指令系统,都是由各制造厂分别设计制定的,所以,它们各不相同,并带有一定的竞争性质。Z80 的指令共有一百五十八条,分为四大类:

1. 数据传送指令。包括:

(1)输入/输出指令——微型计算机系统与外部设备(接收数据和向外部发送设备)之间的信息交换,称为输入/输出(I/O)。这是通过输入/输出指令实现的。I/O 指令组主要功能有三:①必须指明是从外部接收数据(输入)还是向外部发送数据(输出);②必须指明输入口的地址和输出口的地址,并须指定输入/输出的通道总线;③必须指定传送数据时所使用的"源累加器"和"目的累加器"。

(2)数据块传送和查找指令组。

微型计算机最常用的两个指令是取数指令和存数指令。它们的操作就是把数据送入存贮器或从存贮器取出,具体些说,取数指

72

令是从存贮单元中取出数据,并送入累加器;存数指令是从累加器中取出数据,并送入存贮单元。

（3）交换指令组。

如前所述,Z80 的累加器和标志寄存器各有二个,即 A 和 A′、F 和 F′;寄存器也有对应的二组,即 BC 和 BC′、DE 和 DE′、HL 和 HL′。这些对应的寄存器可以互相交换数据。交换指令就是要求执行这种交换操作的。

此外,还有十六位传送指令组、八位传送指令组等。

2.数据运算指令。包括:所有八位算术和逻辑运算指令组;十六位算术运算指令组;通用算术运算指令组;循环和移位指令组。

关于循环和移位指令是指挥累加器 A,寄存器 B、C、D、E、H、L,或任何存贮单元中的数据进行循环和移位的操作指令。

3.程序控制指令。包括:转移指令组、子程序调用和返回指令组。

4.CPU 控制和位操作指令。包括:CPU 中断控制指令;CPU 其它控制指令组和位操作指令组。

位操作指令组,指的是那些能对累加器 A 和通用寄存器 B、C、D、E、H、L,或其它存贮单元中的任何一位进行测试、复位和置位的指令。测试是查清这一位是 0 还是 1,如果是 0,则使零标志位 Z＝1,如果是 1,则使零标志位 Z＝0。所谓复位,就是使这一位变为 0,置位就是使这一位变为 1。

Z80 的一百五十八条指令,学习和使用时可参阅 Z80 汇编语言的程序设计手册。

六、微型计算机的程序设计

微型计算机所以能完成各种任务,都是通过各种指令(组)指定进行的。所以,我们使用或购置微型计算机,首先要选择好能够提供足够的逻辑功能的组件,而后根据特定需要拟定指令,形成指

73

令集合(或称指令系统)。其中形成序列的指令清单,称为程序(Program)。下面我们举个用汇编语言编写汇编程序的例子:

LDA R_9；   把 R_9 中的数据存入 A

ADD R_A；   把 R_A 中的数据与 A 相加

ADD R_B；   把 R_B 中的数据与 A 相加

ADD R_C；   把 R_C 中的数据与 A 相加

SUB R_D；   把 A 中的数据与 R_D 的相减

OUT   ；   输出 A 中的数据,即结果

HLT   ；   停机

(助记符) (操作码) (注释)

上例就是一个汇编程序。其最左边的符号称为助记符,中间的符号,如 R_9,R_A 等为操作数,";"后边的说明,称为注释。每一行称为一条指令,指定机器进行一项操作。每条指令执行结果为:

第一条指令执行结果:$(A) = (R_9)$

第二条指令执行结果:$(A) = (R_9) + (R_A)$

第三条指令执行结果:$(A) = (R_9) + (R_A) + (R_B)$

第四条指令执行结果:

$$(A) = (R_9) + (R_A) + (R_B) + (R_C)$$

第五条指令执行结果:

$$(A) = (R_9) + (R_A) + (R_B) + (R_C) - (R_D)$$

第六条指令执行结果:$(D) = (A)$

第七条指令执行结果:CLK 停止发脉冲(机器停止运行但电源未切断,显示设备仍继续显示计算的结果)。

上例中加上括号的(A)、(D)、(R_9)是表示按指令执行结果:(A)指累加器 A 中的内容;(D)是指显示出的数据;(R_9)是存贮单元 R_9 中的数据;最后完成一道算术运算题。

为满足上例中这样一个计算需要,编写一个序列的指令清单,

这个指令清单就是我们常说的"程序"。程序设计就是编制这种指令序列清单的工作。

程序设计首先要解决程序设计语言问题。对于程序设计语言，起初人们只考虑机器的方便（最易识别的条件），后来考虑得更多的是程序员的方便。所以，最早多采用二进制编码，后来用十六进制数编写源程序。用十六进制数编制程序虽然比用二进制数编程序减轻了程序员的工作，但对程序员仍不方便，因而人们又提出了汇编语言，这是前一章已经叙述过的低级的程序设计语言。微型计算机的汇编语言，是由一组指令组成的，其中每条指令在源程序中占一行。每行分四段：

（1）标号段——这一段不是每条语句中都有，而是根据需要来选用。按汇编语言的语法（即语句结构规则），这段后面必须有个"："，标号是任选的，其第一个字符不能用阿拉伯数字。

（2）操作码段——这一段在源程序中是用助记符表示的，如前面举过的例子：LD（Load，装入，传送）、OUT（Output，输出）、JP（Jump，转移）等，都是用以指明要进行什么操作的。

（3）操作数段——指明参与操作的数据，它与操作码一起来确定指令所要执行的操作内容。操作数的形式可以是一个数据，可以是一个地址，也可以是寄存器的代码。

（4）注释段——这一段用"；"起头，用以说明该语句在整个程序中的作用。但对于机器没有什么影响。

例如：

$\underset{①}{\underline{\text{LOOP}}}：\underset{②}{\underline{\text{LD}}}\quad\underset{③}{\underline{\text{A，C；}}}\quad\underset{④}{\underline{\text{RG（C）TO ACC A}}}$

①标号段：Loop 意指循环回来再从这里开始。

②操作码段：LD 是 Load 的缩写，是装入的意思。这是助记符。

③操作数段：表示寄存器 C 的内容装入累加器 A 中去的

意思。

④注释段:就是表示②和③所代表的含义。其中 RG(C)是寄存器 C 的内容,ACC A 是累加器 A。整个意思是把寄存器 C 的内容传送到累加器 A。

汇编语言编的程序是源程序,机器不能识别,执行时先要通过编译程序转变为目标程序,这时每条指令的代码就是把上述的助记符和操作数译成二进制码,也就是机器可读的语言。如上例的 LD 的代码为 01,累加器 A 的代码为 111,寄存器 C 的代码为 001,所以,这条指令的代码(八位)为 01111001。这样的代码,也就是指令的机器语言形式,都要存放在 ROM、RAM 或 EPROM 等程序存贮器中。它们在存贮器中,每一个八位字节占一个存贮单元(寄存器),每一个存贮单元有一个十六位的地址号。指令代码就按顺序存放在这些存贮单元之中。一条指令的代码占用的存贮单元的个数,称为代码的格式。,如只需要一个单元的称为一字节的格式,这个指令就称为一字节指令(如上例的 LDAC = 01111001),如果一条指令需要二个、三个或四个存贮单元的,则称为二字节指令、三字节指令或四字节指令。

微型计算机所用的程序设计语言,除上述的汇编语言外,也和大型计算机一样采用其它算法语言,不过微型计算机大多数都采用 BASIC 语言。这和其它机器的 BASIC 语言基本上是相同的,这里不多介绍。

七、微型计算机的输入/输出(I/O)设备

微型计算机,只有中央处理器(CPU)和内存贮器(ROM、RAM)是不能使用的,还必须有数据输入和输出的通道以及输入输出的设备才能与外界联系,才能产生使用价值。

1.输入/输出通道。

微型计算机通过输入/输出通道与外部逻辑或设备进行数据

76

传输。输入/输出通道是由一种输入/输出通道缓冲器组成的,这种缓冲器与外部系统总线中的数据总线相连接。

2. 微型计算机的外接器件。

现代型的微型计算机的外接器件,即输入输出设备的品种很多,造价功能不一。实际上输入输出设备的价格往往超过微型计算机本身的价格,所以,在建立一个微型计算机系统时,选择合适的输入输出设备是非常重要的。这一点我们在后边还要谈到。

微型计算机的输入设备有键盘、电传打字机、光电输入机、录音机,以及传感器讯号输入装置等。输出设备有阴极射线管(CRT)、行式打印机、开关量输出控制装置和录音机等。

3. 输入/输出接口电路。

上面这些外接器件都有相应的外部逻辑(凡专为配合 CPU 的操作而设计的电路都称为微型计算机系统的内部逻辑,其它逻辑则一律称为外部逻辑),它们与微型计算机系统之间的接口,必须具有确定的功能和控制信号等。也就是说必须有专用的接口电路以适应各种外接器件和数据传送的需要。这种专用接口电路的基本功能是:①确定控制方向,输入还是输出;②确定控制外接设备的序号,如输入时信息从第几号设备输入,输出时是送到什么(第几号)设备;③确定输出量的性质和时间,如是开关量还是连续量,是定时还是等待条件等。

输入/输出接口电路必须有专用的器件,并需要有一定的程序。如 Z80 – CPU 所使用的输入/输出接口电路,就是两种逻辑芯片:①通用 I/O 芯片;②专用 I/O 芯片。前一种有并行 I/O(PIO)和串行 I/O(SIO)等;后一种有软磁盘控制器、CRT 控制器、键盘接口、键盘/显示接口和数据编码接口等。

4. 输入/输出方式。

微型计算机系统与外部逻辑进行数据传送的方式可归纳为如下三种:

（1）程序输入/输出。这种方式的特点,是由微型计算机的微处理器(MPU)所执行的程序来直接控制微型计算机系统与外部逻辑之间数据的传送。外部逻辑按所接到的指令进行操作。

（2）中断输入/输出。这种方式的特点,是外部逻辑强制微型计算机系统暂停它的现行操作,以便执行外部逻辑所要求的操作。

（3）直接存取(DMA)。这种方式的特点,是允许数据可以直接在内存贮器和外部设备之间进行传送,不必通过中央处理器。

第三节　微型计算机在图书馆中的应用

关于微型计算机的基本概念,以上两节已简要地介绍过了。这一节对微型计算机应用的一个方面,即微机在图书情报工作中的应用,略叙如下。

一、微型计算机应用的意义与范围

电子计算机在图书馆中的应用已有近三十年的历史了。三十年来,电子计算机的发展已经历了四代革新,当前正处于从第四代向第五代过渡的时期中。现在电子计算机正向着两个方向迅猛地发展着:其一是向着大功率的大型电子计算机系统方向发展,其二是向着微型化、普及化方向发展。微型计算机的应用范围,日益广泛。在工业发达的国家里,微型计算机的应用,可以说从军事、工业、农业、商业服务业,直到家庭生活,真是"无孔不入"。

图书馆应用微型计算机是微型机的一个重要的(越来越重要)应用方面。微型计算机的应用一般可分为三种类型:①用于控制系统的控制型;②用于数据处理的数据处理型;③用于控制系统和数据处理的综合型。图书馆对微型计算机的应用属于"数据处理"型。数据处理也就是信息处理,换句话说,微型计算机在图书馆里的应用,也就是以现代微型计算机为信息作业的物质手段,使大量的社会信息资源以最快的速度转变成战略资源。

有人把数据处理或信息作业的内容分为七个环节:

1.数据或信息收集,即汇集不同情报源的数据或信息,构成某种信息系统的基础;

2.数据或信息的录存,以用于建立不同规模的信息库或数据库;

3.数据或信息的变换,即将数据或信息转换为适于机器处理的形式;

4.数据或信息的计算,即对数据或信息进行算术的、逻辑的运算,从而得到进一步的数据或信息;

5.数据或信息的整理,包括数据的分类、数据的组织;

6.数据或信息的交换和传输,使数据或信息在不同的系统之间进行交换和传输;

7.数据或信息的控制,使数据或信息更有效地发挥作用。

二、图书馆应用微型计算机进行数据处理的主要方法

数据处理涉及硬件和软件两个方面。对硬件的要求是需有高速度信息处理的微处理器(MPU)和大容量的(百万以上字节)的存贮器;对软件的要求是,为了缩短程序的长度,应选用高级语言编写程序。由于数据处理的程序结构复杂,目前多选用现成的软件包(backage),而不自行设计。所以,本节介绍的方法主要是一般知识性的,不包括具体的程序设计方法。

1.数据的存贮方法。

微型计算机的数据存贮,在 MPU 的主存中有 ROM 和 RAM。作为存贮方法来理解时应当注意,ROM 是用于存放维持机器正常运行的监控程序(Routine program),或高级语言的解释程序或翻译程序的,而 RAM 则为机器运行时存放用户程序和数据的随机

存取的存贮器。所以,使用微型计算机进行数据处理时,首先必须明确 ROM 和 RAM 的功能分工。其次,要知道主存(或内存)的有限性。因为几乎内存(目前最大的是64K)容量的二分之一是用于存放程序的,余下的存放数据或收集信息的存贮单元就很有限了,特别是较大的数据处理系统,内存远远解决不了全部数据的存贮问题。所以,微型计算机必须带有大容量的外存贮装置(如磁带、磁盘等)。这样可使存入 RAM 中的数据经微处理器处理之后,随即转入外存贮器中去,以备需要时调用。至于数据用什么形式和怎样存入 RAM,又怎样转入外存,以前已经介绍过了,这里不再赘述。

2. 数据的分类方法。

存贮在 RAM 和磁带或磁盘中的信息是以记录(Records)为最小单位的,由记录组成各种文档(Files)。一个记录相当于手工编目的一个著录单元。例如,建立用户文档的每一个记录,就要包括一个用户的姓名、编号(借书证号)、所属单位、借阅限量等。在归档整理时,既可按用户的姓氏笔划或拼音字母排列(也就是一种分类方法),也可以按用户借书证号来分组,当然也可以按所属单位(学校中的系别)来整理。总之,凡选用某一记录中的某个项目作为文档分类依据时,这个项目就称为键词(key)。一般建立借阅文档都采用借书证号(即用户编码)为键词。这样按记录对象编号顺序排列的文档称为顺排档,按某个项目的字顺排列的文档称为倒排档。

总文档(如用户总文档)下面往往设有子文档(如各系建分文档),这样每个键词都有两个标识符,称为键词和指示符。

3. 数据库组建方法。

一般地讲,组建数据库有两种方法:一种是利用现成的文献磁带;另一种是自建库方式,即通过微型计算机键盘输入,直接在键盘上组建文献库(如上海交大 SJTU 系统)。后一种方法的具体作法是：首先确定数据结构形式，如顺序线性结构、连接线性结构，以及树型结构等（以后各章将要讲到这个问题），按一定结构组成文档，数据库（或文献库）也就是文档的集合形式。其次，将有结构的文档通过键盘输入到 RAM，再转存入磁带或磁盘。第三，数据在磁盘上分成若干个段（section），每个文档分配占用多少个段，算是一个数据元件，每个数据元件规定一个名称，如"REPT -001"，"REPT -002"等。每个数据文件可规定容纳若干个记录单元。这样，如果一个活动盘为二万段存贮空间，每一百段为一个数据文档，一个文档容纳五十条文献题录，则一个活动盘即可容纳一万条题录。这样来组建小规模的数据库难度并不大，是完全可行的。第四，要注意，键盘式建库可分为两种：一种是集中一次建完；另一种是分期分批输入，逐渐扩大数据库。一般情况下，可采用后一种，但要注意不能影响检索服务的正常进行。

4. 数据的检索方法。

数据处理的最终目的是便于用户检索，便于向用户提供情报服务。因此，解决检索方法问题，首先应当着眼于用户的情报需求和提问的途径。用户的情报需求是多种多样的，但归纳起来，不外两种：一种是按文档组织的顺序查，另一种是随机性的检索。实际上，大多场合都是随机检索。随机检索主要指的是从数据库中查找某个或某几个数据以满足用户的检索要求。但如何能从大容量的数据库中用最短的时间查出所需的数据（信息），而且能够掌握它的规律，是数据检索方法的关键问题。

一般讲来，数据（信息）检索系统都是有严密结构的实体，所以，若掌握数据检索方法，必须了解一定的检索系统所采用的文档结构规律和数据分类体系，否则数据检索将无从谈起。针对不同的数据结构和分类体系就要采取不同的检索方法。不过，有一个原则，就是要力求用最短的时间，取得最高的检全率和检准率。所谓用最短的时间，就是指最大限度地缩短检索响应时间，检索响应时间就是指从用户提出检索提问开始到检索系统应答为止所耗用的时间。

检索响应时间对联机式检索来说,是一项十分重要的技术指标。所以,检索响应时间往往决定着检索方法的选定。例如,简单的逐篇顺序检索方法对于联机检索就是不可取的,因为顺序线性检索会随着数据库的扩大而使检索的响应时间也作线性增长,延长检索时间。所以,较大的数据库或检索系统多采用倒排档检索法、连接线性检索法、树型检索法和混合型检索等方法。关于检索方法问题,本书将在后面专门介绍,这里暂不赘述。

三、图书馆应用微型计算机的主要范围

最早提出微型计算机在图书馆工作中的应用,是1978年美国MITRE公司的一篇报告:《微型计算机在图书馆自动化中的应用》。报告曾预言微型计算机在图书馆的广泛应用有着无限的前景。近年来的实际情况完全证实了这种判断。特别是由于微电子工业的发展,使微型计算机的价格逐年大幅度下降,效能逐年提高,这样便使微型计算机在图书情报方面的应用范围越来越大。据美国研究图书馆协会于1982年的调查,该类型的图书馆中已有百分之四十五以上的成员馆采用了微型计算机,百分之二十的图书馆已制定了采用微型计算机的计划。

调查材料还表明:各馆的具体应用范围不完全一样,但总的看来,微型机在图书馆中主要是被应用于以下三个范畴:

1. 行政事务管理方面的应用,包括财务、预算、图书馆的经费管理等;

2. 书目数据处理方面的应用,包括书目数据的标引、分类、编排,书目文档组织、数据库的建立等;

3. 用户服务方面的应用,包括情报检索和提供等。

下面介绍美国几个大学图书馆应用微型计算机的简要情况:

1.加利福尼亚大学图书馆。

（1）机器设备——采用 Apple Ⅱ plus（48K）微型计算机。一个磁盘驱动器带二十张软盘,软件包为 VISICALC。

（2）应用范围与效果——主要用于图书馆三百五十万美元的经费预算和四十余本财务帐簿的管理。在财务管理方面的效果是,由 Apple 硬件和 VISICALC 软件构成的微型机系统,可随时提供财务活动的报告,按期提供表报。

该微型计算机的扩展型可提供一种电子邮递系统。这个系统由加州图书馆系统和服务管理局联接 TYMNET（国际通讯卫星网络）的联机 TYME Ⅱ 网络系统。这个系统的运行就是利用 Apple Ⅱ 的键盘输入/输出（I/O）系统和一个声频耦合器（Acaustic Coupler）来执行信息和馆际借阅的数据的传送任务。

（3）价格——Apple Ⅱ plus（48K）一千二百九十五美元;改装 Hytyp 打印机一千七百美元;上限和下限附加器五十美元;持续电源和 Sanyo 9'bw 监控器（monilor）二百一十美元;"写入"字处理器程序九十九点五美元;声频耦合器三百五十七美元。

2.南伊里诺斯/爱德华兹维里大学 Lovejoy 图书馆。

（1）机器设备——采用 Apple Ⅱ plus（48K）微型计算机。后又添购带有 Curvus 磁盘驱动器的第二 Apple。

（2）应用范围与效果——主要用于图书采购工作和书目数据处理业务。

该馆自从装备了微型计算机系统以后,工作效率有了极明显的提高。如:流通月报统计分析,过去手工操作需三天才能完成的工作量,现在四十分钟就完成了。有了微机系统还使得图书馆的预算细目的编拟和年度比较分析等工作得以正常化。

此外,他们还计划利用现有的程序包生产藏书目录、教程目录、公用卡片目录和地方报纸索引等。

3.阿里佐纳（Arizona）大学教育学院图书馆研究院。

（1）机器设备——采用 Intertec Superbrain 微型计算机。它具有 64K RAM 和以 Z80 为基础的双面磁盘,磁盘上录存 WORD-STAR 字处理程序。

（2）主要功能——通过能够排印原稿的 DECWRITER 生产手稿、邮件标签、连续出版物清单、各种检索工具,以及新书通报等。

上面是图书馆利用微型计算机的三个小规模的例子。下面是几个较大规模的实例。

4.狄克萨斯医学科学图书馆。

该图书馆的专家提出,图书馆应用电子计算机的目的不应局限于在传统工作中的应用,而应当扩大它的功能范围,如:生产采购的模数、开展对远距离用户的远程服务,以及进行联机网络通讯等。为此,它们提出了图书馆应用微型计算机的发展规划。规划中包括:①建立能满足多用户、多功能、执行多种任务的特种型号的微型计算机操作系统;②存贮装置应具有 24M 字节的十四位 Winchester 硬磁盘,1M 字节的八位软后备磁盘;③程序设计语言要求 COBOL、FORTRAN、PL/1 和 Pascal,它们都可运行在 CP/M 系统(MPU)上;④软件包应包括:文本编辑、文字处理、生成订单和表报等程序;⑤五级键盘进行文档标引;⑥数据分类、编码/译码安全措施和诊断等;⑦用于 TELENET 和 TYMNET 主拨号通信软件包。

这个微机系统的全部硬件设备及第一年的维修费用总计为三万五千美元。

5.布朗大学的 INFORM 系统。

INFORM 系统是以总控专用开关的微型计算机为基础的公共情报系统。它采用 CRT 终端,有按键式的灵敏显示屏幕。这个微机系统的特点是,用户可以无需辅导就能够进行键盘输入和查询。该系统配有六个终端和接口设备。

6.加利福尼亚大学图书馆研究院和情报科学研究院的 RE-

84

FLES 系统。

REFLES(Reference Librarian Enhancement System) 系统是采用 TRS - 80 微型计算机, 它的双面磁盘驱动器带 16KROM、48KRAM 和 BASIC II 的算法语言, 因而能把这套设备发展为一个情报数据库, 可查找印刷资源, 诸如分支服务部门所撰写的报告、人名的文档、个人和单位的地址、电话号码文档, 特别是能在一个有限的流通记录中查找已借出的文献。这是一件很困难的工作。

所以, 人们主张微型计算机的最关键的问题是增加与较大系统的联系, 建立 REFLINK 系统, 便于用户利用"联机检索、馆际互借、分馆和用户教育等"。"REFLINK"系统为专门研究小组有效地利用情报资源作出了重要贡献, 博得用户的好评。

7. CUADRA 协会(Santa Monica CA)采用了一种经过改进的 STAR 微机系统。这种系统能够处理任何规格(大小)的记录的无限数, 很适于大型数据库的生产者的需要。STAR 微机系统是一种售价六万美元的总开关系统, 它可以包括如"工程索引"这样庞大的文档的固件(huge file)。

8. 密支根大学威克脱·卢森堡把 Terak 微型计算机用作智能终端, 从一些书目资源中接收输入, 作了试验。它把检索对话作了记录之后, 随即利用微型计算机和 CRT 进行编辑。最后将编辑结果所得到的数据文档转移到大型主机, 在主机这里利用 PL/1 程序使引文转变为 SPIRES 数据库所能接受的一种信息输入。这个数据库系统把书目进行重新排组分类, 比如, 按主题或按作者姓氏字顺等, 最后输出的就是书目的一种清楚而简洁的打字原稿。这样, 一个可以检索的数据库就产生了。

用户把微型计算机作为与大型系统的接口的例子, 在拉特格斯(Rutgers)大学也能找到。它通过微型计算机把中世纪一万四千篇手稿赠给这所大学。据该校图书馆长介绍, 这批手稿的百分之九十的著录任务是利用一台微型计算机通过电话与主机连

85

接的。

微型计算机在图书馆的应用范围是十分广泛的,各馆的投资和取得的效益也是不相同的。上面所举的例子,虽然有其典型性,但还应当注意到微型机应用发展的新的趋势。

四、图书馆应用微型计算机的新趋势

1. 过去,图书馆对微型计算机的应用,主要是把它作为情报管理的现代化手段来考虑的。正如上面所述,微型计算机应用于图书馆是属于数据处理型的应用范畴,而很少注意它对图书馆的用户的实用性问题。现在,微型计算机在图书馆越来越引起读者的兴趣。针对这种情况,国外图书馆已采取了方便读者利用微型计算机的措施。例如,美国俄亥俄州立大学图书馆从 1981 年开始在读者中实行用两枚硬币即可使用 ATARI800 微型计算机的办法。ATARI800 带有一个彩色监控器(monitor)和声频盒式录音机,可根据读者需要提供文献汇编的复制品。

哈佛大学古德曼图书馆已把 Apple Ⅱ(48K)微型计算机作为大学生、教职员利用图书馆的中介设施。

从 1982 年开始,ATARI－800、TRS－80 ModelⅢ和 Texas 仪器三种微型计算机都被引进中介资源的收集作业,直接与图书馆的用户接触。现在,它们主要是作为向研究生提供研究活动的一种手段。

2. 微型计算机存贮功能的有限性和缺少定制渠道以及能够便于直接提供文献的软件等,现在已成为它在图书馆工作中得以应用的主要障碍。不过,随着硬磁盘售价的下降和软件网络化的增强,这种障碍大有削减之势。

3. 用磁泡记忆器件去置换磁盘存贮器这样的技术变化,对微机系统设计带来了新的进展。这种情况要求图书馆工作者必须跟上新技术的进步,更新技术知识,不仅要了解新技术,掌握新技术,

还要辅导读者利用新技术。

4. 由于微型计算机已开始直接利用自然语言进行检索服务，所以，它正在预示着那些对现代情报科学技术抱有保守观点的人们在认识方面将要发生深刻的变化。

5. 通过微型计算机的发展，已使联机检索技术扩大到迄今很少被触动的人文科学和社会科学领域。

第四节　微型计算机的选择与评价

在今天的市场上，权威地评价微型计算机确实不是一件容易的事情。这主要是因为微型系统的新产品层出不穷，往往在一种型号的机器还未及得出评价结论的时候，另种型号的机器就出现了。结果，任何权威人士也不可能用一己的阅历或经验斩断这种新技术发展的激流去加以全面的评价。此外，造成选择和评价困难的原因还来自普及型的微机系统。不论硬件还是软件，都很少有明显的差异。作为一种数字计算机，其基本功能都是相似的，所采用的程序设计语言，也都是通用的那几种，大部分都是用 BASIC 语言，这样自然要造成选择和评价的困难。然而，这种情况恰恰是选择和评价的必要性的所在。在诸多的相似之中找出它们的特异性，就是对微型计算机选型和评价的原则和关键。

下面，我们就微型计算机系统的各构成部分的选择和评价，简要介绍一些参考资料。

一、中央处理机的选择和评价

中央处理机（CPU）是微型计算机的大脑，它是由半导体芯片（chip）做成的。CPU 芯片是一块很小的方形硅片，这块硅片控制着微型计算机的全部功能。

现在的市售芯片有若干种，最流行的一种是 Zilog Z-80。据市场评价，这种芯片结构精巧、功能完善。用它组成的八位微型计算机，已有 CROMENCO-Ⅲ-TRS-80、TK-80、MZ-80 和 SIG-MA-10 等型号。我国已用此芯片组成的微机有：DBJ-Z80、TP801、TP803 和 MIC-80 等。

此外，还有 Zenith；加利福尼亚电子计算机系统；MOS-TECH6502；ATARI；俄亥俄科学有限公司（OSI）；COMMODORE；CBM 和 PET。还有 Apple Ⅱ（苹果2）等。

在这些相似的 CPU 芯片中，怎样找出它们之间的不同呢？

它们之间的区别是 MOSTECH6502 具有一个内部处理器时钟，而 Z-80 则需要一个外部时钟。此外，芯片的速度也是互相区别的明显标志。按芯片速度，Z-80 比较快。不过，当鉴定速度时，找出其它计算机的结构设计可能抑制 CPU 实现最高速度的峰值，是个重要的问题。因此，CPU 芯片中固有的缺陷就可以通过结构设计的特征来补偿。

不过，芯片所利用的操作系统却是另外一回事了。计算机之间软件的可兼容性，长期以来就是人们所关心的问题。运行在 TRS-80 的程序不能用于 Commodore PET 或 Atari，反过来也是如此。所以，在软件市场上有许多是重复的努力。这一点对图书馆来说却有特殊的意义，它会限定由图书馆应用程序所进行的资源共享的总数量。

CP/M 利用的是 Z-80CPU 的操作系统，是当前微机环境中的一种工业标准。写进 CP/M 的程序可以作为 CP/M 操作系统的"基质"（Host）而在任何一种计算机上运行。尽管 CP/M 是为了在 Z-80 上运行而设计的，但是，如果认为所有 Z-80 都用 CP/M 操作系统为基础微型器（Micros）的话，那是一种误解。现在有一种通用的操作系统，是为适应 650Z 的需要而发展起来的，它被称为"CODOS"。虽然，它现在还没有用于 Apple、Atari 或 OSI，但却用于五种普及 650Z 系统,其中包括 Commodore PET。

二、RAM 和 ROM——微型存贮器

微型存贮器是微型计算机的记忆装置。现在流行的有以下两种:随机存取存贮器(RAM)和只读存贮器(ROM)。

这两种类型的存贮器,是由 byte(字节二二进数组)来测定的。一个字节(byte),一个计算机字(word)(即作为一个单元的一组字符)等于一个字符(charpter)。一千字节(K)约等于一千字符。市场向图书馆推荐的微型计算机,其最小存贮量为 48K。在一般情况下,存贮器越大越好,因为处理书目记录需要大量的 RAM 空间。

大多数微型计算机都有一种上限为 64K 的直接定址存贮器。划分 RAM 和 ROM 之间的区别是,ROM 保存着机器的内务处理指令,并常常存有 BASIC 程序设计语言。而 RAM 不能长时期保存任何数据。存贮器的大小,大概是微型工艺领域中变化最快的实体,也是最重要的最激励人心的技术。就目前的技术水平来看,利用 16bit 芯片增大存贮器的体积,或者通过扩展 8bit 的芯片是完全可能做到的。RAM 是一种易失性存贮器,截断电源,信息就消失;ROM 芯片的全套电路,在制做时一次记录后就不再消失。凡指令机器作业的信息都存在 ROM 芯片上。可编程序只读存贮器(Programmable ROM)芯片,称为 PROM。可消掉的可编程序只读存贮器(Erasable PROM)称为 EPROM。

在评价存贮器时应当注意哪些问题呢?

(1)决定购置微机系统时最重要的是先要了解存贮器扩展性能的结论。

(2)选择新系统的存贮容量时千万不要只满足于有多少"K"的回答,而应当注意 64K(上限)中合乎需要的有多少? 适于需要的程序有多少? 程序中属于操作系统的有多少? 适于内务管理的

有多少？对于这些，各个系统要求是不相同的，选择时必须充分注意。

(3)要明确哪些信息不能存到 ROM，而应当存入 RAM。

三、磁盘驱动器

依上述，信息在 RAM 中，只要电源一停就会消失，因此需要某种辅助存贮器，以备计划保留和继续工作的程序和信息存贮之用。为了这个目的，微型计算机要使用一种文档盒，称为磁盘驱动器或盒式记录器，也称盒式存贮器（Cassette recorder）。因为盒式存贮器是按顺序存取情报的，所以使用起来速度慢，而且不方便。盒式存贮器不适于图书馆使用。

软磁盘驱动器（Floppy disc drives）目前有两种规格：一种为标准软盘，八英寸；另一种为小软盘，五英寸。每张软盘可存贮 100K 到 1000K。每个软盘驱动器的造价大约为五百美元到一千美元。软盘价廉，但容易破坏其存贮内容，为此，选用软盘时应当考虑留有备用品。

虽然软磁盘已经成为最流行的微型存贮措施，但是 Winchester 硬盘驱动器却很快得到了多种重要的应用。尤其是在图书馆里，硬盘存贮器更值得重视。当我们评价微型系统时，一定要去察看带有硬磁盘的机器的运用情况。应当指出，"Corvus"是一种最通用的，也是市场上最容易和其它的微型机一起作业的硬磁盘机。硬磁盘驱动器在技术上是和软磁盘驱动器大不相同的。我们不想推荐硬磁盘驱动器，除非经过实地观察而发现了它在运行中的效果。

也有用硬盘驱动器作"后援"（back-up）设备的。因为这种磁盘不能脱离驱动器，所以"后援"是更复杂化的过程。八英寸的软盘常常被用作"后援"设备。Corvus 有一个录像盒的后援装置，称为 Mirror，它可对一个录像盒"后援"100MGB。

以上这些特征在选购磁盘时都应当特别注意。

Corvus 还可提供一种称为"星座式磁盘"的网络化设备。如果选用了这种设备,微型存贮器就成为多用户的工作站,共用全部存贮器和辅助设备。这是图书馆应用微型计算机的一项重要发展。

四、输入/输出设备

电子计算机通过"I/O"器件与人们交流思想。在基本上能够生存下去的系统中,有一种称为显示监控器(Video monitor)的装置最为流行。当然,像打印机或声音合成器(VoiceSynthesizer)等也是计算机输出的有效工具。它们既可作为分别独立的实体存在,也可以作为微型计算机的集成部分而存在。它们可以由生产机器的厂商自制,也可以由其它的行业来提供。不过,应当注意,对于由其它行业提供的产品必须在事先弄清它们的设备和计算机接口的规格。

五、监控器(Monitor)——操作系统显示器

微型计算机屏幕是由行和列来测度的,其工业标准是二十四行乘八十列。不过,这个标准不是法定的。例如:TRS – 80 就有 16 行 ×66 列;Apple 有 24 行 ×40 列(可扩展为 80 列);Texas 仪器 99/4 有 24 行 ×32 列;Commodore VIC 则只有 23 列。

选择微型计算机的显示效能有几种方法。首先必须考虑到彩色问题。如果需要一种彩色显示,就该选择附有脱体的(独立的)显示装置。除了 Compucolor 和 Texas Instruments(严格说来,它们不属于图书馆应用的规格范围)之外,彩色问题要靠增加彩色监视器或彩色电视来解决。

假如你的计划包括字处理,就要用八十列的显示器。为适应八十列作业,建议你最好购买黑白监视器。实际上,电视和彩色监

视器两者都无助于解决屏幕图像模糊不清的问题。以前提到的 TRS – 80、PET、CBM、Zenith 和 Supebrain 等都是另用黑白监视器。所以,要选用彩色的显示装置,只能限于选择 Apple、Atari 和 IBM。

实际上,不管监视器是彩色的还是黑白的,最为流行的是绿色屏幕。绿色屏幕对视力有保护作用。不过,绿色屏幕的价格比黑白显示器要高一些。

六、打印机

市场上可见到很多种打印机,其中包括从几百美元的热敏式打印机到几千美元的数据收集轮式打印机。当你选择打印机时,应根据其打印的性能、速度、噪音和价格等多方面的因素来决定。

打印机有两种工作方法:一种是轮式的,另一种是点式的。前者属于击锤式打印机,它的机械结构复杂,速度比较慢,有噪音。其优点是打印质量高。代表型号有 NEC 自旋打字机、Diablo 和 QUME HP – 87 等。目前我国生产的专供计算机使用的打印机是半电子式的菊花瓣字轮打字机和针式打印机。后者是点阵式打印机,它是利用点的纵列产生字母,用敲击法或热敏法都可以。大多数用户都选用这种打印机。

七、声音合成器(Voicsynthesizer)

这是一种通过电子计算机的控制而能发出元音和辅音的装置。机器指令元音和辅音的器件进行发音。通过程序把声音和发音的词、句子或整段文字与声音联接在一起,使计算机能够“讲话”。

与此类似的例子是 Kurzweil 读机。美国有几百台这样的机器放在图书馆里。发明者认为图书馆是实现这种“奇迹”的最合适的地方。

对于微型计算机来说,Votrax 是一种普及型的声音合成器。

92

还可以引进一些不同的型号的声音合成器。最便宜的是 Radio Shack，约为三百九十九美元。Scott 仪器公司制造的 VET－2 是为 Apple Ⅱ 制造的，售价为九百美元。

八、声音识别器（Voice Recognition Units）

上面介绍了电子计算机的"说话"设备，这里主要介绍计算机辨识声音的设备。

目前，图书馆对声音识别装置的应用还没有引起十分注意，但这种装置对图书馆工作会有特殊的用途。其用途之一，就是微型计算机可以接收人的声音，并能识辨人的意图，同时利用声音合成器的原理产生语言输出。换句话说，这种装置可以通过声音接收数据（输入），再把数据处理后转变成声音输出。不过，实现这种系统需要高难度的技术，因为在实际上，人说话的声音特点和一般语言现象之间很难直接相吻合。不会有一种声音信号的可辨要素能对任何人都相符合的。

现在，这项技术在非图书馆领域里已经由理想变成了现实（见本书第一章），不久也将用于图书馆。

九、键盘

在评价微型计算机系统时，键盘往往被看做是一种"人工触动设备"而被忽略或遗漏。诚然，键盘是人手直接触动的器件，但是键盘与键盘之间却存在着许多差别需要去研究。而且，键盘的质量对于机器的计算能力是有影响的。

一般人都认为以通用打字机的键盘为模型比较适用。

现在大多数微型计算机系统都带有标准的打字机装置，其中除去通用打字机键钮之外，还另设有 Escape 键（换码键）、控制键和 Reset Key（清除键），还有光标（Cursor）运动键等。

标准打字机装置还要有功能键。这是十分重要的键盘设备。

因为功能键可用 ASCII 标准码把信息转译成二进制数的双值信号送入 CPU。这里要注意的是 ASCII 必须足够一百二十八个字符。

此外，如果要利用键盘建立数据库或进行程序设计，还要求键盘上应当设有编辑功能键。

本章主要参考文献

[1]《Microcomputers in Libraries》,Ed. by Ching – chib chen,Stacey E. Bressber, N. Y. 1982.

[2]朱绍庐编:《微型计算机》,1982。

[3]郑学坚编:《微型计算机入门及应用》,1984。

[4]清华大学自动化系与北京无线电技术研究所合译:《微处理机自学读本》,1983。

[5]颜超等译:《微型计算机设计原理》,科学出版社,1983。

[6]周明德编著:《微型计算机硬件软件及应用》,清华大学出版社,1982。

[7]张其邦译:《Apple II 电脑应用手册》,苹果电脑科技社（香港）,1982。

[8]《Intormation Technology and Libraries》,VoL. 2 No. 1 March 1983,p. 48 – 51.

第四章　图书馆自动化

第一节　概述

发展图书馆自动化是实现我国图书馆现代化的战略性措施。没有图书馆的自动化，就没有图书馆的现代化。自动化和现代化是我国图书馆事业发展的两条根本出路。而确保这两条根本出路畅通无阻的基本技术条件，就是电子计算机技术在图书馆中的广泛应用。

从本章起我们将逐步地让读者接触到图书馆现代化和自动化的较具体的技术知识。

本章先介绍图书馆自动化的一般概念和有关问题。

电子计算机在图书馆中的应用，从一开始就划分为两个领域：一个是应用于图书馆内部业务管理，如实现图书馆采购、编目、期刊管理和流通阅览等传统业务处理的电子计算机化；另一个是应用于情报检索。一般地说，所谓图书馆自动化，就是单指第一个领域，即内部业务管理的电子计算机化，也就是把电子计算机应用于情报检索以外的图书馆业务和管理工作。所以，图书馆自动化系统是和传统的图书馆技术有着密切关系的。实际上，图书馆自动化系统的建立就是对传统的图书馆技术的全面改造。而这种改造是以图书馆的手工操作为基础的。正因为如此，图书馆自动化系统必须根据图书馆基本的业务活动需要来设计，而不应就范于电子计算机发展的需要。这一点应当看做是建立图书馆自动化系统的基本原则。

根据传统图书馆业务体系,图书馆自动化系统大体上可分为如下四个子系统:

(1)采购子系统。

计算机化的采购系统,主要任务是根据图书馆的方针、任务,以计算机为手段实现各类书刊文献订购、交换、接受赠送、采购记录、注销、催询,以及资金帐目管理和统计报表等业务活动的自动化操作。

(2)编目子系统。

利用计算机进行编目的主要任务是编制各种目录。图书馆编目现代化最重要的是建立 MARC 系统数据库。

(3)流通管理子系统。

流通子系统的主要任务是登记控制借出图书和借阅者的情况,处理借阅登记、超期登记、预约、催还、续借等业务。

(4)连续出版物管理子系统。

连续出版物包括:期刊、报纸、年报、年鉴、学会刊物、学报、纪要等连续出版的文献。可以利用计算机编制各种书目、索引,建立连续出版物控制系统。

此外,作为图书馆自动化总体系统的部分,还有行政管理子系统。这个系统主要是利用计算机处理人事、档案、财会、物资,以及行政事务管理等。严格说来,这属于另一种自动化系统的范畴。这里有一个问题值得注意,那就是应用电子计算机处理上述的传统图书馆业务,只能代替人的部分工作,不是所有业务活动都能使用计算机,如记录格式的编辑、数据的准备、文献加工等作为自动化前的处理工作,还是要人来进行的。

综上所述,图书馆自动化的概念,是应当与情报检索、自动标引和文摘法,以及自动文本分析等相关领域有所区别的。

第二节　图书馆自动化的几个问题

一、建立图书馆自动化系统与传统手工操作技术的关系问题

图书馆建立自动化系统首先碰到的问题就是如何对待现行的手工操作的问题。因为它关系到新建自动化系统的起步问题。

实践证明，图书馆自动化系统是在传统的手工操作系统的基础上建立起来的，因为图书馆自动化系统的建立，并非自动化技术发展的直接结果，而是现代图书馆技术发展的必然趋势，是图书馆为了高效率、高速度、高质量地执行业务职能从现代化技术中选用了电子计算机这种工具和手段。应当清楚地看到，有了电子计算机并不意味着什么问题都解决了，也不意味着它对传统作法的简单取代。

在本书第一章里我们已经提到，在建立自动化系统的第一阶段，最主要的工作是尽快使现行手工操作系统更适应自动化技术"接口"的要求。具体说来，就是提高现实工作的合理化和标准化的程度。建立图书馆自动化的经验表明，不论是创造条件促进自动化早日实现，还是采用了电子计算机以后，对图书馆的某些传统业务或技术的要求不是放松或降低了，而是更高了，更科学化了。因此，我们首先应当抓住"标准化"这个关键环节，这是十分重要的。

自动化究竟应当从哪个子系统开始呢？对此是没有一个固定模式的，而应当根据不同图书馆的各方面条件（馆内、馆外的，人的、物的等），经过综合分析，再作出抉择。

二、建立自动化系统与图书馆网络的关系问题

建立图书馆自动化系统是发展我国图书馆现代化的战略措施。所以,图书馆自动化系统的建立不能单纯看作是为解决个别图书馆的技术问题,而应当把图书馆自动化与国家"四化"建设联系起来,与社会的信息化联系起来,把它作为整个社会经济结构、文化教育结构的一个重要环节来考虑。因此,我们认为,不能只把图书馆自动化系统的建立和发展看作是图书馆范畴内的问题,而应该把它纳入国家总体建设规划中去。日本文部省从 1975 年开始,逐年选定二、三所大学图书馆,有计划地资助它们建立图书馆自动化系统,现在已经有近二十所大学图书馆实现了自动化管理。日本政府采取这样的作法不是没有根据的,它们是在总结了六十年代中期开始的分散而无计划的建立图书馆自动化系统的经验以后才采取了这样的决策。这对我国图书馆事业建设有一定参考价值。

根据上面的认识,我们认为,一个图书馆建立自动化系统,不应当把注意力只局限于本馆的条件和本单位的需要上面,而应当从建立或加强馆际协作(特别是地区性的协作)关系去考虑。

电子计算机应用于图书馆,首先应能使图书馆的服务范围迅速扩大;其次应使图书馆的工作效率不断提高;再次应使图书馆存贮的情报资源充分发挥作用,从而实现"资源共享"的目的。所有这一切,都应当以广泛地协作为前提,最后达到既有一个全国范围的图书馆自动化系统,同时又有一个全国范围的网络化的协作系统。到那时,我国的图书馆事业便会进入世界先进的行列。

三、实现图书馆自动化的几个技术性问题

1. 建立自动化系统的范围问题。

根据现有的经验来看,建立图书馆自动化系统有两种类型:①

共同型系统,即主机(CPU)不在馆内,而是与其它业务单位共同使用同一个主机;②专用型系统,即主机(CPU)为图书馆所专用。

从理论上讲,是可以设想建立一个整体的全面自动化系统的,但迄今在国内外还没有这样的系统。这一事实告诉我们,图书馆自动化系统还是有其有限性的。所以,当我们进行图书馆自动化系统设计的时候,不宜盲目追求全面的自动化系统。理由很明显:①从图书馆的业务结构看,不论它的处理对象还是它的服务对象都是很复杂的;②需要处理的数据(特别是书目数据)数量特大;③数据记录和文档编制耗用劳力过多;④需要大容量的存贮设备;⑤需要很高的软件条件等。

2. 建立图书馆自动化系统与人才问题和标准化问题。

建立图书馆自动化系统,必须首先解决两个最关键的问题:一是人力问题,二是标准化问题。舍此,想建立图书馆自动化系统是根本不可能的。根据日本的经验,如果各图书馆分别自行建立自动化系统,首先碰到的就是人力问题,即必要的人才保证不了。这个问题对于我国目前的实际情况来说就显得更为突出了。另一方面,各馆自行其事,势必影响标准化的推行。没有标准化就没有现代化和自动化。所以,要想建立图书馆自动化系统,首先必须解决人力(高级专业人才)问题和标准化问题。

3. 图书馆自动化系统与各馆业务特点的适应性问题。

不同类型的图书馆,在藏书组织、服务系统,以及馆舍设施等方面都各有特点,这些特点,必然向自动化系统提出不同的要求。这些如从自动化系统设计角度来说,就有个考虑不同单位的适应性问题。以大学图书馆为例,各学校的规模、专业性质都有很大的差异。有的大学设有校内计算机中心,备有多功能的大功率的主机,它可带几十个乃至上百个终端设备。这样的学校的图书馆就可以考虑利用微型计算机进行数据收集,通过终端设备与主机联系,从而建立与其它业务共用的自动化系统。反之,有的专门学院或学校规模较小,校内没有大型机的设备,该校的图书馆就可以考虑采用小型计算机或微型计算机自建图书馆自动化业务系统。

·第三节　图书馆自动化系统的建立

建立以电子计算机为基础的图书馆自动化系统是一种很复杂的过程。这种过程基本上可归纳为如下三个步骤:

(1)根据实际条件进行可行性的分析研究,得出能否或应否建立系统的决策,这是第一步。这一步主要解决建不建自动化系统的问题。

(2)在应建而且能建的决策前提下,确定系统的目标、规模、性能等所建系统的基本特征,这是第二步。这一步主要解决建立一个什么样的系统的问题。

(3)根据所建系统的总目标和基本特征,进行系统设计,制定计划,这是第三步。这一步主要解决怎样建立这个系统的问题。

一、可行性分析

可行性的分析研究是建立系统的第一步工作。这一步主要应考虑出建立以电子计算机为基础的图书馆自动化系统所需要的环境和条件是否具备,从而产生建立与否的最后决策。所以,这一步是决定下两步的前提条件。

在本书第二章里已经讲过,实现图书馆计算机化系统,单单有了机器和管理使用机器的人还是远远不够的。那么,建立一个图书馆自动化系统究应具备哪些条件呢?

(1)基本条件。

建立自动化系统的基本条件一般分为三个部分:硬件、软件和文献数据库。

第一部分:硬件设备条件。硬件主要指的是计算机的机器系统。这个机器系统作为条件考虑,首先应该明确图书馆自动化系统对计算机提出的特殊要求,这些要求也就是适应图书馆自动化需要的计算机的特点。

电子计算机在图书馆中的应用是属于数据处理型的应用范畴,它应具有以下几种特点:①要求有较大容量的存贮装置,尤其需要有大容量的随机存取存贮器。②要求有较强的逻辑运算功能,而不需要大量的数值计算功能。③针对数据量大和数据交流频繁的特点,要求主机(CPU)总线通道的流量大,或采用多机处理系统等。④为了适应大量数据的输入/输出和多种输出形式,需要有功能强、速度快的外部设备。⑤注意图书馆自动化系统的专用性操作系统的新产品,如美国有的厂商近年来设计的"启动系统"(turnkey syslens)(主要用于流通管理系统)等,这对于促进图书馆自动化来说,是很有价值的。⑥图书馆自动化系统的数据处理,大量的是语言型信息(数据),所以,要求机器设备要有较强的语言处理功能。⑦为适应实时处理,并能实现远距离存取和人机对话,因而要求机器有联机和网络检索的功能。⑧为适应新硬件产品的采用,扩大现设备的功能,选购机器时要注意接口设备。⑨为便于利用共用系统(不同业务体系共用大型计算机),因而要求机器具有解决运用"时间段"(timeslice)的功能。⑩为便于选择新的硬件产品,应当及时掌握计算机设备的市场情报和技术情报。

在硬件设备条件方面,有个突出的问题是很值得注意的,那就是现有的计算机的体系结构都是(或主要是)为进行数值计算而设计的(即所谓冯·诺依曼结构原理),而主要不是为数据处理而设计的,所以,目前我们对硬件条件的选择基本上越不出这一范围。这是问题的一个方面。另一方面,国外的有关厂商已经开始积极研制专门适用于数据处理的新产品,如上面提到的"启动系统"就是专为图书馆流通管理系统而设计的专用系统。此外,有人还在研制自然语言处理机、检索词匹配机、咨询计算器和倒排文档处理机等。这样便产生了一个矛盾:一方面已经看到新的适合图书情报业务需要的专用硬件正在出现,而且是越来越多;另一方面对现有的硬件设备又不能置而不顾,坐等专用设备。在这种情况下,硬件设备的情报价值就显得非常大。所以,上述这种情况也应该纳入条件分析的范围中去。

第二部分:图书馆自动化系统的软件条件。一般说来,应用于图书馆的软件分三种类型:应用程序的软件包或称组合程序(packaged software);模块程序,即由若干程序模块(modular)组成一个系统程序;专用程序(custom)或称专用软件。

第一种类型的应用软件包往往是由厂商预先配备的。这种软件的主要特点是价格便宜;不太适于完成特定任务;程序装置小,职员训练时间短(几小时到一天);适于文献处理;容易调整和排除故障;灵活性有限;方便使用,常用为"启动系统"(turnkey system)。

第二种类型的模块软件的特点是:中等价格(不到七百美元);最适用于完成特殊任务;程序装置不大,职员培训时间只要几天到几周即可;适于文献处理;有很大的灵活性。

第三种类型的特殊软件(customs of tware)往往是由有经验的程序员专为特殊任务设计的。这种软件的特点是:价格高;特别适用于完成特殊任务;程序装置复杂,职员培训时间长(几周到几个月);易于使用,常为"启动系统"。

如果要问这三种类型的软件中哪一种最适用于某专业图书馆的职能需要的话,确切的答案是没有的。不过,下列几点可以作为选用软件时参考:

①如果应用是单一的、通用的,则可选用第一种,即组合软件。

②如果应用是单一的和唯一的,则选用模块软件。

③如果应用是十分复杂的和独特的,则应购置模块软件,并应

设有能够胜任的程序员。

④如果应用是非常复杂的,并且又是特殊需要,就应当设专人管理。

值得注意的是,由于各馆情况不同,建立图书馆自动化系统时,除 MARC 以外,一般没有市售的通用于任何系统的软件。往往各国都只设计适于自己国家使用的软件(或软件包)。如美国国会图书馆的编目系统应用软件是 SCORPIO;英国适用于 MARC 的软件有不列颠图书馆软件包,Dataskil,Tele MARC,ICL MARC Package(软件包)。可见,有些软件是需要自己编制的。自编软件的主要优点是适应性强,便于使用,修改方便。所以,如果有条件的话是应当自编软件的。

第三部分:文献数据库条件分析。

图书馆自动化方面所需要的数据库与情报检索系统的数据库不同,它的数量小而种类多,包括文献型数据、人事管理型数据(如读者数据库)和财务管理数据库(如采购数据库)等。由此可见,图书馆自动化系统的数据库大部分都需要自建。但自建库就会碰到诸如数据收集处理、建库方式、数据结构、数据的最小限度重复控制和数据库更新等问题,而这些问题作为建立系统的条件分析,必须慎重考虑。

(2)环境条件分析。

建立图书馆自动化系统,只具备了上面的基本条件,还是远远不够的。一个自动化系统的建成,是要在一定的时间、地点、业务、技术,乃至社会的环境条件下进行的,因此,自动化系统所处的环境自然也就成为影响系统的建立和发展的制约因素。正如有人所说,同样的硬、软、库条件,在一个国家和地区能建立起一个合用的系统,在另一个国家或地区很可能建立不起来,或建立了但维持不下去。这种条件往往是无形的,但却是有很强大的力量的。环境条件一般可归结为:

①社会条件。

任何科学技术和文化事业的发展,都和一定的社会条件密切相关。从新中国诞生到 1978 年的近三十年间,我国图书馆学专业教育单位只有北大和武大的两个专业系和西南师范学院的一个图博科,但是从 1978 年以后不到五、六年的时间,截止到 1984 年末,据不完全统计,全国已办起十七个规模不同的图书馆学、情报学系或专科。这一事例充分说明了今天我们发展图书馆事业的社会条件发生了多么大的变化。我们应该充分利用这个前所未有的社会条件开发图书馆自动化的事业。

②技术环境。

纵观全部技术史可以看到,任何一种技术都不是也不可能是偶然的发生并孤立的存在和发展的。这种规律性的现象,越往现代越显得明显。以电子计算机为技术基础的图书馆自动化系统的建立和发展也必然要求一定的技术环境,例如,现代的通讯技术就是实现情报联机检索系统和图书馆网络化系统不可缺少的技术环境。日本大学图书馆在建立自动化系统时,就碰到过这样的问题:七十年代以前,数据通讯网络没有建成,使图书馆自动化的发展受到制约。到七十年代末,日本国内提供了现代的通讯技术环境,开始了新数据通讯网络(DDX)的服务工作。开始时,通讯线路费用过高,也影响了自动化网络的发展,进入八十年代之后,费用下降,就为图书馆自动化系统中的数据通讯提供了大发展的技术环境条件。

③业务环境。

上面讲过,图书馆自动化系统是以传统的手工操作技术为基础的。以电子计算机为基础的图书馆系统的各项子系统,实际上就是电子计算机与各项传统业务相结合的结果。新技术能否与传统业务相结合而产生新的自动化系统,是要两方面相互适应的:一方面计算机的应用得适应该项业务的需要,另一方面原有业务也

104

必须为新技术的应用提供改造或"接口"的条件,这就是业务环境。例如,自动化要求标准化,原有业务的标准化程度就是直接影响图书馆自动化能否建成和发展的重要的环境条件。

二、建立什么样的系统

经过各方面条件的分析和可行性的研究,并产生了总的决策之后,就要进一步对所建系统本身进行研究。这里主要阐述根据不同情况,应建立什么样的系统的问题,其中也包括调查研究、分析评价和拟定具体方案。这样的过程和做法,管理学上称为系统分析和系统设计。

(1)系统分析。

系统分析的定义不止一种,但其主要内容一般都包括以下几个方面:

①建立系统的总目标。

这方面的分析结论,应回答建此系统的基本目的是什么和它在整个业务发展中应起什么作用等问题。例如:日本大学图书馆业务处理系统的总目标有两点:a. 进一步提高图书馆内部业务处理机械化的效果;b. 为加速目录工作自动化的进程,在加强图书整理工作的效能和标准化的同时,形成全国总联合目录数据库,进而为馆藏资源共享开辟道路。

②对现行系统的评价。

这主要是对现行系统的分析,目的在于搞清业务环境条件,使现行的系统(手工的或机械的)和工作能为计算机的应用提供最佳化的适应条件。例如,要采用机读目录,就需要对现行的编目体制和做法,以及它的规范性进行评价。也包括对原有工作过程、效能、效率、经济性等的评价。

对原有系统评价之后,再确定先建立什么系统,后建立什么系统,哪些已具备建立自动化系统的条件,哪些还存在什么问题等。

③对新建系统的分析。

对新建系统全部活动、工作过程、方式或技术进行全面分析，指出应采取的步骤和顺序，以及所需要的条件和它与其它活动、过程的关系等。也就是提出新系统的各种方案，并作出决策。

（2）系统设计。

系统设计是在系统分析所得结果的基础上，按照系统的功能要求和逻辑关系，也就是根据系统分析所提的方案和作出的决策进一步具体落实方案，设计出一个切实可行的以计算机为基础的图书馆自动化系统。

系统设计也和计算机程序设计一样，分为战略性设计和战术性设计。前者也称为基本设计或总体设计，后者也称为详细设计。

①总体设计。

从战略的基本设计考虑，总体设计应明确规定以下设计项目：

A.硬件设备方面：中央处理机（CPU）的功能指标、内存贮器的容量指标、输入/输出设备的规格要求，以及计算机的选型。此外，还有关于机器安装方面的规定，如采用哪种安装方式方法（如全换方式、分段方式、并行运转和导引操作方式等）。关于机器的维修和保养的规定，也属于硬件设备方面的设计内容。

B.软件设备方面：图书馆自动化系统所需的软件与情报检索用软件不同。除MARC系统软件具有共享特点外，其它自动化系统需要的软件往往因所处业务环境不同，大多数需要自编，设计时必须规定需要自编的程序。不过，近年来，国外有的厂商已开始生产专为建立图书馆自动化系统用的软件包。如，以前提到的turn-key system就是专为流通管理系统设计制备的专用软件。又如LC编目专用的软件SCORPIO等。

②详细设计。

详细设计就是战略设计的具体化，是战术活动细节的规定。例如：数据处理过程的设计、输入/输出的设计、模块设计，以及各种接口的设计等。

③系统设计说明书。

系统说明书是关于建立自动化系统的规程性文件集,是建立自动化系统时不可缺少的。它的内容就是上述系统分析、系统设计的具体项目的正式记录,是新建系统执行任务的依据。它的主要内容有:

A.关于新建系统的综合研究报告;

B.关于采用电子计算机的选择和评价;

C.关于工作量分析的说明;

D.关于新建系统的信息处理或运算的功能;

E.关于输入内容和输出产品的品种和类型;

F.关于本系统的应用范围;

G.关于系统运行的流程图。

上面这种系统说明书拟完之后,应交由上级管理机构审查批准。批准之前不得进行下一步工作。

三、怎样建立系统

要不要建立系统?要建立什么样的系统?上面已经阐述过了。剩下的最后一个问题,是怎样来建立系统。关于这个问题的含义,确切点说,不是告诉我们整个系统建立的具体过程,而主要是规定系统的实现阶段应该做些什么事。

这个阶段要做的事情有:程序设计、系统运行、系统维护和系统评价。

(1)程序设计。

系统程序设计是建立计算机化系统的关键步骤,因为只有通过程序设计才有可能把系统意图转变成机器的作业,没有计算机参与作业,自动化系统是建立不起来的。不过,从它们的工作量来看,在整个建立系统过程中程序设计阶段的工作量只占一小部分,甚至上机调试阶段的工作量也往往超过程序编制阶段。

（2）系统的运行与维护。

实践证明，即使程序设计和试验都很好，也总是难免有误差的，这种误差在运行中总会反映出来的，所以，程序上机运行之后并不意味着系统建立的结束，而还要在系统运行中进行维护工作和修改工作。为使维修作业规范化，就需为维修阶段的工作准备各种规程性的手册，如用户手册、操作人员手册、维护人员手册等。

（3）系统评价。

随着计算机技术的迅速发展，系统所用的机器的新产品也在不断出现，其更新周期日益加快。这就会造成确切地系统评价的困难。一般的系统评价主要围绕以下几方面来进行：

①系统效果的评价。如编目系统对于国际著录标准的兼容性的有无及大小等。

②系统功能的评价。主要指对系统运行效率、占用机时及"时间段"情况等方面的评价。

③系统效益的评价。主要指系统的费用的评价。这种评价是领导和决策人用的效益评价。它包括某个系统存在的必要性和利弊关系等。

系统评价是用来鉴定系统、改进系统和决定系统方向的重要措施。

（4）专业人员的培训。

图书馆要建立自动化系统，需要多少及需要些什么样的专业人员，并没有一定的规定，而是应根据新系统的规模、采用的机器、使用的语言，及其一些具体条件而定。一般需要配备的人员有：

①系统分析人员——负责分析原有工作系统的功能，确定新建系统的方案。

②程序设计人员——负责机器运转前的系统设计工作，如编写程序、上机调试和修改程序等。

③操作和维修人员——负责系统运行后的维修、保护及管理操作等。

如果系自建数据库,则应有数据加工(如标引)、输入和校对人员等。

教育和培训的方法,一般不外是选派在职干部进修计算机知识,自办培训班或研究小组。也可以委托或聘请程序设计人员为图书馆设计自动化系统,或者与馆外计算机中心合作共同设计。

建立图书馆自动化系统,专业人员的培养是非常重要的,这是决定新系统成败的关键性因素。

第四节　图书馆系统网络化的发展

一、图书馆网络的基本概念

最初提出图书馆网络(Library Network)这个概念是在1965年前后。广义的图书馆网络是泛指两个以上的图书馆之间进行任何一项业务协作活动的形式。随着图书馆技术的不断进步,图书馆网络的涵义也在发展:最初指的是馆际之间的业务协作关系,后来,随着图书馆自动化系统的建立使得图书馆网络的基本概念有了新的涵义。这就是本书想要介绍的图书馆现代化网络。它是馆际合作和协作的一种特殊形式,是借助于电子计算机、现代通讯技术等新技术,在建立了自动化系统的图书馆之间形成的网络。这种网络的形式比较健全,往往是一种有层次的业务协作组织形式,设有中心机构和管理人员。现代化图书馆网络的特点,除采用的手段是现代化新技术之外,更重要的是它的发展趋势是更广泛地高效能地为用户服务。

由此可见,图书馆现代化网络的基本概念,应该是为向广大用户提供广泛的现代化的服务手段,利用图书馆自动化系统的成果,形成一种有组织的馆际业务协作形式。

二、图书馆现代化网络的发展

自从六十年代中期出现了图书馆网络化以来,由于电子计算机在图书馆中的广泛应用,网络化的发展一直很快,特别是在一些技术先进的国家里,图书馆网络化的发展速度更快。下面以美国为例略述图书馆网络化的发展情况。

1. 俄亥俄大学图书馆中心(OCLC)。

OCLC 是美国最大的全国性计算机化图书馆网络。早在 1963年,OCLC 就开始利用电子计算机等新技术进行馆际协作。到了1967 年,它便成为正式取得法律资格的国内外很有影响的网络化系统。现在 OCLC 已拥有二千多个成员单位,有四千多个终端。

OCLC 网络系统的协作项目有:共同联合编目、馆际互借和联合采购等业务。

2. 新英格兰图书馆和情报网络(NELINET)。

NELINET 建立于 1966 年,网络范围属地区性的,主要限于美国东北部六个州的各类图书馆和情报部门。开始时其成员只限于科学图书馆,现在已包括了其它类型的图书馆。

最初,NELINET 与 OCLC 订立了合同,为自己的成员馆提供编目网络的二次服务。后来,它又借助小型电子计算机设备自建了地区的编目网络,但仍保持与 OCLC 通讯联系。

NELINET 业务活动的特点是,编制政府出版物联合目录和连续出版物联合目录等。七十年代中期建立的"东北科学情报中心"(NASIC),建立了本网络的共用数据库。

3. 华盛顿州图书馆网络(WLN)

这个网络是沿着另一条道路发展的。它是以华盛顿州立图书馆为中心组织起来的网络,分别由州商业部承包网络的大部分技术工作,州立数据处理中心负责网络的计算机数据处理。

WLN 网络的特点是,为全州建立一个完整的能与 MARC 兼容的数据库,并能生产照相排印书本式目录。提供全州一百三十家公共图书馆的新书报导书目。1978 年,WLN 的成员馆实现了采购和流通管理的联机系统。

4. 印第安纳州图书馆协作服务管理处(INCOLSA)。

从 1967 年开始,印第安纳州制定了有关图书馆馆际协作的法规。该法规最初的适用范围是建立州内电传打字电报(teletype)网络和地方缩微资料中心。后来该州通过这种法规来增进州内各类图书馆的协作。现在这种协作已成为地方图书馆服务中心(ALSA)。从 1974 年开始建成了 INCOLSA 网络中心。

5. 东南图书馆网络(SOLINET)。

这个网络包括美国东南部十个州的广大范围。它是一个非营业性质的协作组织。SOLINET 已取得路易安纳州立法的正式认可,并得到美国南方教育委员会的资助。这个网络与美国南方研究图书馆协会(ASERL)有着密切联系,与 OCLC 订立协作合同,为自己的成员单位扩大服务范围。

6. 加州斯坦福大学的网络(BALLOTS)。

这个网络是以大学图书馆为中心的网络。它的协作内容有:联机编目、采购、典据文档管理网络化,以及著者、书名、主题检索系统网络化等重要项目。它与美国西部高等教育州际联合会有密切关系。

7. 网络群。

在美国图书馆网络的发展中,还建立了一些网络群。如:以加州大学为中心联合了十九个成员的网络;以阿特兰大学为中心的大学图书馆合作中心(CCLC),组成了拥有二十九个成员馆的网络,而它们又都是 OCLC 的成员。此外,纽约州的五所联合大学图书馆(FAUL)网络、伊利诺斯计算机服务教育协作中心、马里兰科学图书馆自动数据处理中心（MALCAP）和北狄克萨斯州的大学联合会（IUC）等，都属于网络群。

在美国，还有跨系统的混合协作服务网络。

上面，我们简要地介绍了美国图书馆网络化发展的概况。下面再介绍一点日本的图书馆网络化情况。

日本从七十年代中期开始，也提出了图书馆现代化网络系统的基本设想。它们总的目标是：共享计算机资源、建成全国总联合目录的数据库（UCDB），形成全国统一的网络系统。这种网络系统被规划为三级：第一级为全国中心，任务是利用大型电子计算机建立全国总联合目录、科学期刊总联合目录，以及大容量的 MARC 数据库，实现全国联机服务；第二级为地方中心，任务是利用中型电子计算机建立终端馆的共享网络；第三级为终端馆，任务是利用小型电子计算机进行数据收集或分配等作业的网络化，并通过通讯电路（DDX）开展信息数据电讯服务。

从上述情况可以看出，图书馆网络化是图书馆自动化系统发展的必然趋势。在这方面，有些国家已取得了不少经验。我国的图书馆网络化虽然尚处于传统式的馆际协作的阶段，但我们可以吸取它们的经验，结合我国图书馆的实际情况，在发展图书馆自动化系统的同时，应当考虑到网络化的发展。

三、图书馆网络化的类型及其功能

1. 集中型和分散型网络。

集中型网络是把全部系统工作、计算机程序设计、计算机处理等都由网络中心机构来承担，如上述的 OCLC 就属于这种类型。分散型网络则以各州立图书馆为中心组织管理本州图书馆执行协作计划，如华盛顿州图书馆网络就属于此种类型。

2. 等级型和非等级型网络。

等级型网络的特点是，为了便于服务，网络的成员馆可在网络的不同等级上处理问题。如上述的印第安纳州的 INCOLSA/ALSA 就是这种等级式的网络。INCOLSA 就可以直接处理跨州的或全国性的网络项目,而为地方的服务问题可在 ALSA 这一级解决。非等级型网络的中心网络与成员之间没有互相介入或兼容的关系。

3. 开放型和限定型网络。

开放型网络不管地理范围或图书馆类型,都可成为网络的成员。限定型网络则相反,它所吸收的网络成员是有条件或有资格限制的。

4. 一体化和非一体化网络。

一体化网络,是把各种类型的图书馆都组织在一个统一的网络体中,如上述的印第安纳州图书馆协作服务管理处(INCOLSA)便是典型的一体化网络;非一体化网络的同一个网络体只限于同一系统或类型的图书馆参加。

5. 综合型和分析型网络。

综合型网络指的是所处理的对象不受语种或主题范围的限制的网络,一般图书馆网络都属于这一种;分析型网络,也称专业化网络,对参加馆往往规定有专业性的限制,如医学图书馆网络 MEDLINE 和生物学网络 SUNY 就属于这种网络。

6. 情报检索网络和情报处理网络。

一般地说,早期的系统网络都是情报检索网络。这种网络多半是由联合机构和工商企业部门规划经营的。它允许成员馆分散存取集中的数据库。联机情报检索系统就是由这种网络来实现的。如纽约泰晤士数据库和系统开发公司数据库 ORBIT 等,就属于这种网络。

情报处理网络与情报检索网络的主要区别,在于它可以直接冲击网络成员系统的日常作业和工作流程,与地方的内部系统运行不相干扰,所以,它可以根据情报供应条件来选择参加合适的情

113

报检索网络。

四、图书馆网络化中的数据库与终端设备

图书馆网络化的发展,需要三个技术前提:①电子计算机系统;②数据库系统;③终端设备。关于计算机系统,前面已经简要地介绍过了,这里想从网络化角度对数据库、终端设备与图书馆网络化的关系作概略的介绍。

1. 网络化中的数据库系统。

数据库(Database)是实现图书馆网络化的一项重要的基础工程。没有数据库的建立和发展,即使建立了网络化,其作用也是有限的,难以持久的。

(1)网络中数据库的类型。

根据数据库在网络中的经营性质和技术管理的方式,网络中的数据库可分为:①国家公用数据库;②商业性数据库;③集中管理数据库;④分散管理数据库。

国家公用数据库,指的是国家图书馆和文献情报中心实现网络化或自动化过程中所使用的数据库。

商业性数据库在国外比较发达。如著名的美国三大商业性数据库:①书目检索服务公司的 BRS;②洛克希德火箭公司的 DIA-LOG 系统;③系统发展公司(SDC)的 ORBIT 系统。这三家数据库普遍实现联机检索,其中 DIALOG,在我国已被越来越多的用户通过远程终端或卫星通讯等手段利用。系统发展公司为日本科技快报中心(JICST)提供 BIOSIS 数据库。我国机械工业协会建议使用美国"工程索引"公司的 CMOPENDEX 数据库。

集中管理数据库,是指对网络各成员馆的数据库进行集中管理,形成统一的整体。它把网络内的各地区的数据库作为子数据库,要求采用统一的逻辑结构。

分散管理数据库,指的是在不同地区分别建立不同专业内容

的数据库。它们不受统一的网络的制约,各终端用户可在不同地方利用不同的专业数据库。

(2)数据库资源共享的方式。

资源共享是图书馆网络化的核心问题。发展图书馆网络化而不能解决资源共享的问题,也就失去了网络化的实际意义。通过网络系统实现资源共享的一般方式有:远距离控制、本地处理、直接处理和委托处理等方式。大多数网络都用远距离控制的方式。

2. 网络化中的终端设备。

终端设备是信息传递工作的前沿。它通过控制信息系统或数据通讯网使终端馆与中心网络进行通讯,使多台电子计算机进行通讯,形成现代化的网络系统。

近年来,随着计算机技术和现代通讯技术的发展,终端技术也取得了惊人的进展。七十年代以前,终端设备主要是阴极射线管显示(CRT)、光笔、控制杆(Joystiek)等,到 1970 年前后,一种自动输入终端(Point – of – sale)开始使用了。到 1972 年初,智能终端(Intelligent)就问世了。这种终端的特殊功能与微处理器(MPU)结合,即可处理一定的数据。从 1977 年开始,作为微型计算机的组件的智能终端技术发展更快了,出现了电笔绘图终端、彩色屏幕终端、地址处理终端等。这些终端主要是依靠视频显示来工作,所以,人们称为"哑巴"终端。目前人们正在研制声频显示的终端,"哑巴"终端的历史即将结束。目前,终端设备作为网络化的基本组成部分,正朝着高智能化、多功能化和微型化的方向迅速发展。

五、图书馆网络化未来的发展

从世界范围来看,图书馆网络化的发展正处于大力开发阶段。不仅发展中国家是如此,技术发达的国家也是如此,大家都特别关注这个问题。美国 1979 年图书情报服务白宫会议对发展网络化曾提出了如下建议:

——采取广泛途径计划和发展多种形式的图书馆和情报网络,包括公办的和私营的、商业性的和非商业性的图书馆网络;

——发展全国的、区域的和地方的各级网络,包括全国期刊中心的特别网络计划,全国印刷资料与非印刷资料借阅图书馆的开发设想;

——发展图书馆和情报网络及程序的协调计划,由教育部和学习资源局负责协调工作,州以上图书馆及类似机构都应参加到网络中去;

——发展一种这样的机构,以确保所有公民都能够使用这种网络和程序;

——由联邦和州提供费用支持现有的网络,使它们联结起来,开发新的网络……。

以上的建议,对于我国图书馆网络化的发展也有一定参考意义。

本章主要参考文献

[1]《The Information Age:Its Development,Its Impact》1978,p. 34 – 60.

[2]《Encyclopaedia of Library and Information Science》,Vol. 30,p. 297 – 305.

[3]《大学図書館のシステム》,1981,p. 21 – 23。

[4]《日本大学图书馆是怎样建立网络化系统的?》,"大学图书馆通讯",1984,5。

第五章　图书馆业务管理工作自动化

图书馆自动化系统的基本知识和有关的基本概念,上一章已概要地阐述过了。这一章是在此基础上,进一步对图书馆自动化系统的主要的子系统及其应用作简要介绍。本章先介绍两个子系统:采购系统和流通管理系统。

第一节　自动化采购系统

一、图书馆采购系统的基本功能

随着文献情报工作现代化的发展,对于文献收集工作的快速、准确、全面的要求越来越迫切。为此,图书情报部门开始利用电子计算机设备来建立采购工作自动化系统。

根据目前条件,图书馆建立采购工作自动化系统有两个途径:①利用市售 MARC 磁带建立采购自动化系统;②自行建立采购自动化系统。这里,我们主要介绍自建系统。

1.采购工作的基本流程。

如前所述,自动化系统是以传统的手工操作为基础的,采购工作系统也是如此,而且,实践证明,即使实现了采购自动化的图书馆,仍有一部分工作,如文献的评价、版本的选定、订购的决策等,还必须靠人工来解决。

为有利于做好整个采购系统中手工操作与自动化系统合理接

117

口工作,现将一般图书馆采购工作的主要过程记录如下图:

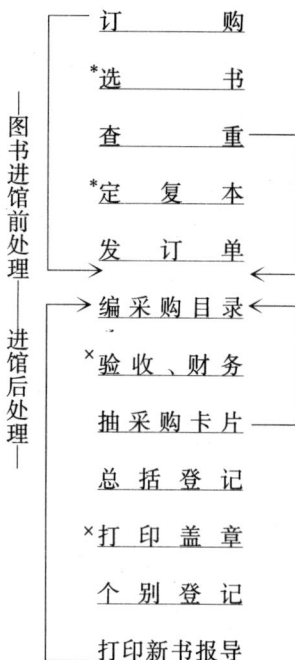

```
         ┌─── 订      购
         │    *选      书
图        │    查      重 ──┐
书        │    *定  复  本   │
进        └─── 发  订  单 ◄──┘
馆
前   ┌──► 编 采 购 目 录 ◄──┐
处   │    ×验 收、财 务      │
理   │    抽 采 购 卡 片 ────┘
─    │    总  括  登  记
进   │    ×打  印  盖  章
馆   │    个  别  登  记
后   └─── 打 印 新 书 报 导
处
理
```

图5.1 采购工作基本流程图

上图中,标 * 的项目表示目前尚需人工处理;标 × 的项目表示目前只能手工处理;其余各项属于直接订购处理步骤,可用计算机处理。因此,能用计算机处理的步骤,可归纳为:

(1)查重、处理订单;

(2)编采购目录;

(3)登记、帐目处理;

(4)打印新书通报。

上面四项就是要求在自动化采购系统中实现的自动化功能。

采购系统的流程图如下：

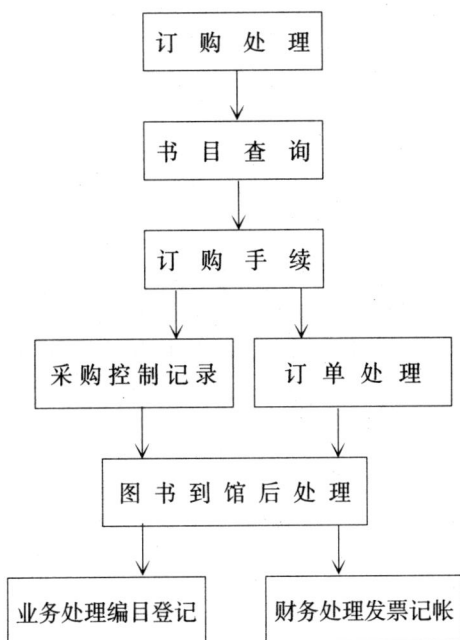

图5.2　采购系统流程图

2.采购系统的基本功能。

系统功能是决定系统存在和发展的关键因素。应当根据条件提出具体的功能图。图书馆计算机化的采购系统，一般应具备以下功能：

（1）打印订单、接收预订、提供订单数据来源，以及建立订单文档等功能；

（2）财务、资金、帐目管理等功能；

（3）打印各种统计报表；

（4）采购主文档组织；

（5）更新文档。

上面这几项功能，要求电子计算机系统完成的操作包括：输入、建档、处理和输出。

二、采购系统的数据与文档组织

如将上面采购系统的基本功能交给计算机去处理，首先要向机器提供必要的数据，其次要有指令处理数据的过程、步骤和方法，并组织文档，而后才能发挥计算机系统的作用。

1.采购系统的数据准备。

采购系统的数据准备应包括数据来源、数据编辑和数据输入。

（1）数据来源——主要来源有：①来自机读目录。利用统一图书号码（如国际标准书号 ISBN）或其它标识，选出本馆的订购目录，并按一定格式建立订购文档。国外主要是利用 LC 的 MARC II 磁带或"在版编目"（CIP）磁带选出所需的订购清单。②来自书商和出版商的新书预告目录。现在国外书商和出版商利用发行网络系统，报道近期的出版情报，如英国或美国都能报道一到三个月内出版的图书资料。③来自个人或团体推荐的订购目录单。

（2）数据编辑——为将不同来源的数据输入系统，根据输入格式的要求对采购记录进行加工。加工的方式是对组成记录的各字段加符，如字段标识符、记录终止符等。见下表：

字段标识	字段名称	字段结束符
1	统一书号	#
2	订单号	#
3	著者	#
4	书名、版次	#
5	a 出版家、b 出版日期	#
6	价格	#
7	支付资金	#

字段标识	字段名称	字段结束符
8	复本数	#
9	书商或供应者	#
10	订购日期	##

（3）数据输入。一般输入方式有：①穿孔式输入，通过卡片输入机、纸带机进行；②键盘——磁带或键盘——软磁盘输入方式；③终端联机直接输入方式；④直接上机输入处理，如现成的 MARC 磁带。

输入的数据主要有：

①书目数据：代表一本书的情报特征，如书名、著者、出版事项、标准书号等。

②订单数据：订单号、订购日期、册数、预订价格、订购单位和地址等。

③发票数据：单据号、摘要、书名、册数、总价、日期等。

④书商数据：名称、地址、代码等。

根据这些数据建立不同的文档。文档的载体可用穿孔卡片、穿孔纸带、磁带、磁盘等。文档的数量可根据需要设计。

2. 采购系统文档组织。

自动化采购系统可根据系统的处理方式和功能而建立不同的文档。一般应包括：

（1）采购处理主文档。这种文档是采购系统不可缺的主文档，它是一本书从订购开始到移交编目为止的详细处理记录。构成这个文档的每条记录应包括：订购号码、标准书号（指西文书）、书名、著者、出版家/日期、订购数量/价格、订购日期等。通过这种文档可随时了解订购处理情况和打印处理报告等。

采购主文档一般采用"顺序线性型"方式来组织，以订单登记号的顺序排列存贮在磁带或磁盘上，即顺排文档。记录格式可采用固定格式可变长字段。

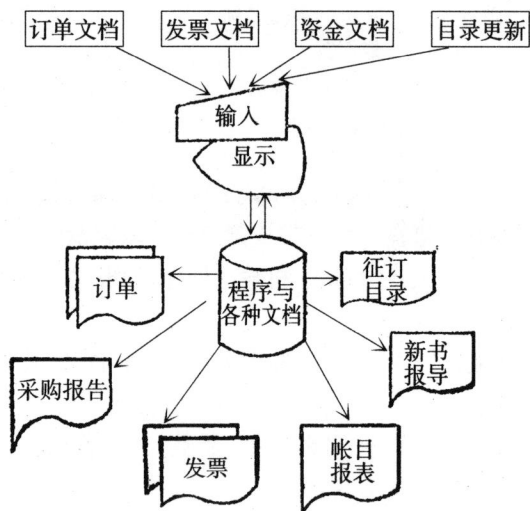

图5.3 采购系统流程图

（2）订单文档。把各种订单（如预订单、邮购订单、注销订单、长期订单等）按一定顺序组织起来，构成文档。记录格式一般取固定格式、固定长。订单文档每天要更新处理，也可以按到书频率进行隔日更新处理（见图5.4）。

订单文档既可用批式也可用联机方式处理。

订单文档执行完订购任务后，可从文档中删除，记入藏书总档中（磁带），作为总财产帐保存起来。

（3）资金文档。包括购买图书资金使用的整个记录的集合。数据来源于发货票；数据内容包括图书种数、册数、单价、总价等；可按资金编号顺序组织文档，也可按图书的科学分类组织。通过这些文档可打印资金动态报告。

（4）发票文档。按发票顺序号码排列文档。

（5）书店文档。按书店或出版社的编号组织的文档。通过此文档能够随时了解发行和出版的动态。

上述的这些文档,除主文档外,其他的可根据计算机设备条件和用途而定。

采购文档更新流程图如下:

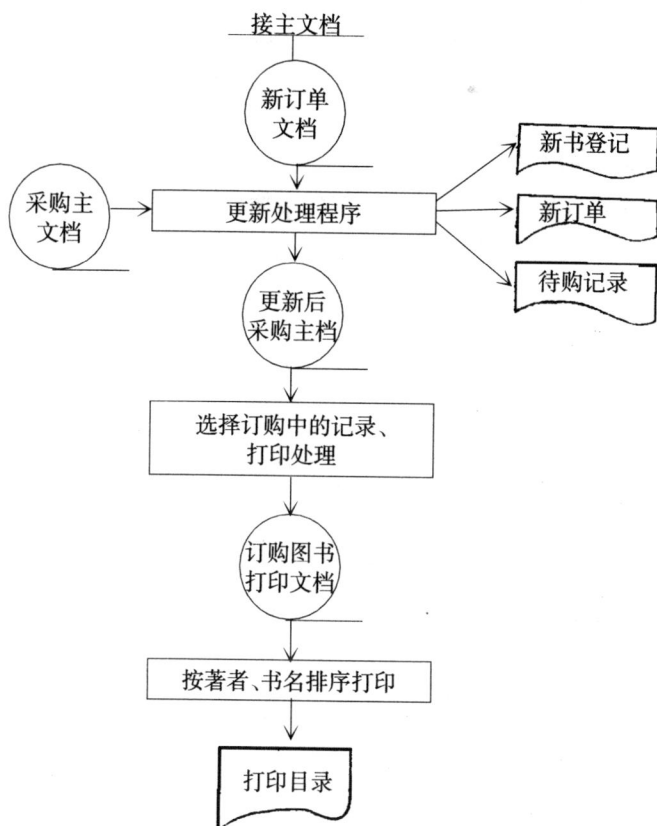

图5.4 采购文档更新流程

三、利用机读目录交换磁带建立采购系统

利用机读目录磁带建立采购系统,在脱机条件下一般要经过五个步骤:

1.转换磁带。即收到 MARC 磁带后,把它转换为本单位使用的格式,并能兼容本单位原有采购数据。

2.新 MARC 记录要加入 MARC 数据的累积文档中去。

3.查检 MARC 索引文档,把需要订购的书记录下来,以便进行采购处理。

4.从 MARC 索引文档中查到新的 MARC 记录时,将它并入本单位的采购文档中去,最后按一般的采购处理进行工作。

图5.5是利用 MARC 磁带进行采购作业的流程图。

四、系统实例

为便于读者了解图书馆采购系统,现将北京大学图书馆于1980年设计的实验性西文图书采购系统作为实例转录如此(摘自沈迪飞、余光镇编《电子计算机在图书情报工作中的应用》)。

1.系统功能。

(1)建立采购主文档,书名、著者、ISBN 倒排等文档,以及统计文档、财经文档和到书文档等有关订购图书的各种数据。

(2)具有从书名、著者、国际标准书号等多途径进行查重、验收等查询功能。

(3)自动打印订购单、采购工作统计、打印报表等功能,并能查询某天、某月或某年的订购情况。

(4)具有财经管理、自动打印账单的功能。

(5)具有文档更新(包括合并、插入、删除等)功能。

2.流程图。

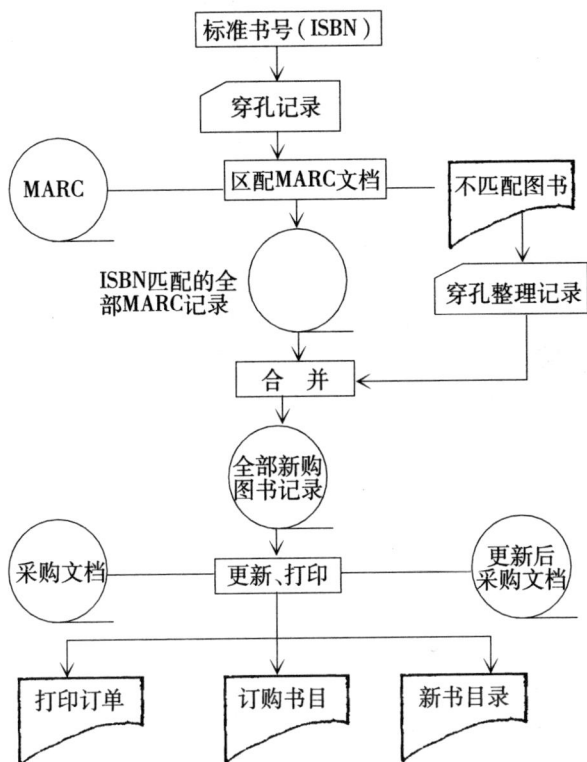

图5.5　MARC磁带采购系统流程

该系统有三个入口(见图5.6)。

第一个入口:第一次开始输入数据时,从"订购要求"处入口,将要求变成订单数据,经"主文档建立程序"建立采购主文档。从主文档出发,经"倒排档建立程序"建立书名、著者、ISBN 三个倒排档,经"订单编辑打印程序"打印订单,通过"统计报表打印程序"打印统计报表。

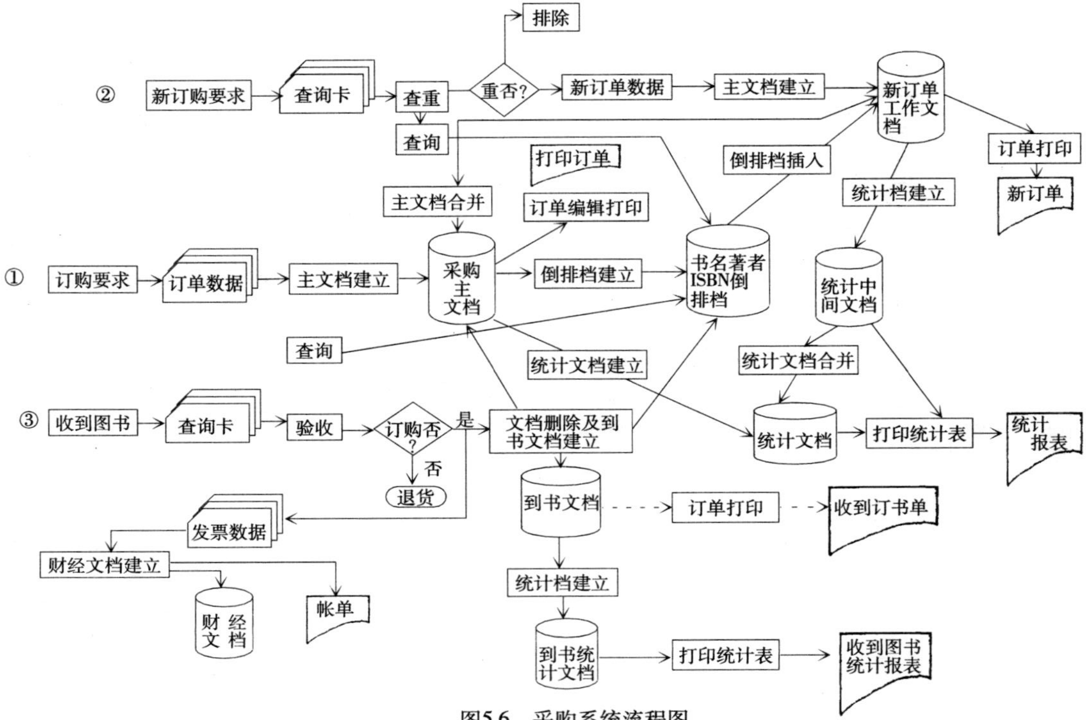
②
新订购要求
查询卡
查重
重否?
排除
新订单数据
主文档建立
新订单工作文档
订单打印
新订单
查询
打印订单
主文档合并
订单编辑打印
倒排档插入
统计档建立
①
订购要求
订单数据
主文档建立
采购主文档
倒排档建立
书名著者ISBN倒排档
统计中间文档
查询
统计文档建立
统计文档合并
③
收到图书
查询卡
验收
订购否?
是
否
退货
文档删除及到书文档建立
统计文档
打印统计表
统计报表
到书文档
订单打印
收到订书单
发票数据
财经文档建立
财经文档
帐单
统计档建立
到书统计文档
打印统计表
收到图书统计报表
图5.6　采购系统流程图

第二个入口:从"新订购要求"处入口,首先编制查询卡,通过查询程序到书名、著者、ISBN 倒排档中进行查重,加工订单数据,经过"主文档建立程序"建立新订单文档;从此经过"倒排档插入程序"更新倒排档;经过"统计文档程序"建立统计中间文档;经过"主文档合并程序"更新采购文档,并经过"订单打印程序"打印新订单;经过"统计文档合并程序"更新统计文档。最后打印新报表。

第三个入口:收到图书时,从"收到图书"处入口。这也需要编制查询卡,通过查询各倒排档进行验收。如果是订购的图书,则通过"文档删除及到书文档建立程序"更新采购主文档,更新倒排档,建立到书文档。经过"统计文档建立程序"建立到书统计文档,并通过"统计报表打印程序"打印到书统计报表,如果不是新订的图书,则进行退货。然后,再加工发票数据,经过"财经文档建立程序"建立财经统计文档和打印账单。

该系统采用国际标准的机读目录格式,与 MARC Ⅱ 兼容。

第二节　自动化流通管理系统

自动化流通管理系统,是已经建立的图书馆系统中最成功的子系统。这是因为:①流通系统的操作是返复式的;②流通过程本身是有系统性的;③本系统完全可以脱离图书馆其它业务活动而独立运行;④最主要的原因,是流通系统所用的书目情报比较简单,一般都无需扩展或复杂化。

流通系统主要是为收集和处理以下三种情报数据而设计的:

1. 有关借阅者(如人名、住址、电话号码、识别号码和借阅者范围)的情报数据。

2. 有关可借图书的资料(如索取号、标识号、著者、书名和日期)的情报数据。

3. 有关借阅本身的情报数据（如借期，以及其它有关借书的时间因素）。

可见，流通管理系统所处理的信息是比较简单的，不过，它所要执行的功能，却是多样的。

一、流通系统的主要功能

流通系统利用电子计算机收集、处理上述三个范畴的信息应具备下列各项功能：

1. 迅速、准确地记录或注销本系统中的情报数据，包括：图书登记号、图书借阅者代码、索取号代码以及标准书号等。

2. 及时把馆藏图书、借出图书，以及借还期限等情报数据收集起来，从而可随机提供有关用户借书动态的情报。

3. 记录库外流通图书的全部情报，包括：借出图书、借阅者，以及库外非流通图书（如装订、修补、展览的图书等）。

4. 按流通工作的业务要求对外借的记录作更新处理。

5. 及时打印出借阅超期报表，打印超期催还通知单。

6. 建立借阅者文档，记录个人借书情况，自动控制借书数量和还期。

7. 用户借书时能自动控制借书数量和还书日期；还书时，能自动检查超期与否。并能提出超期罚款的数据和超量清单。

8. 对需要借阅已被借出的图书的用户能进行预约登记，并打印预约通知单。

9. 自动处理各种流通控制数据统计，如日统计、周统计、月统计和季度统计等。

10. 统计分析流通图书的拒借率、图书流通率和利用率。

11. 进行业务管理统计，如用户类型及其阅读倾向的统计。

从上述功能来看，流通管理系统所要处理的数据类型和数量是不小的。流通系统在实现这些功能过程中，必须通过数据的准备、文档的组织,以及输入/输出处理等主要自动控制环节。

二、流通数据的准备与编码

1.流通数据的准备。

如前所述,流通系统的数据主要包括:借阅者数据、可借图书数据和流通数据。

(1)借阅者(用户)数据——包括用户的姓名单位、地址、识别符等。把这些数据记录在经过磁化处理的、机器可读的借书卡上,也就成了一种机器可读的借书证。见下图:

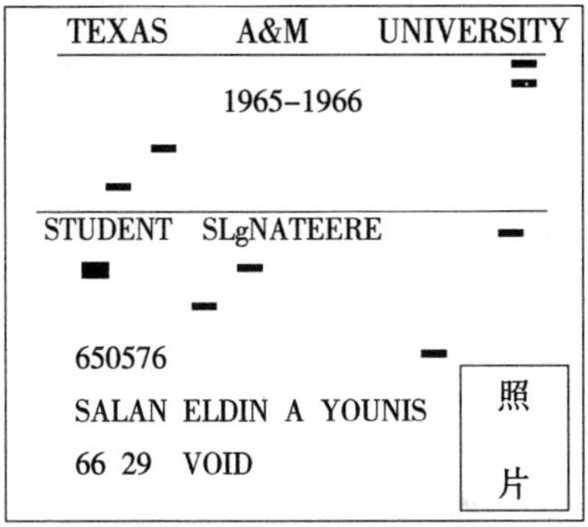

图5.7 穿孔卡式借书证

图5.8 条形码式借书证

（2）图书数据——包括书名、著者、唯一识别号码或索取号等。如备有机读目录，可利用它作为外借图书的书目记录。一般是利用穿孔卡的形式把图书描述的数据预先穿孔，为机读提供条件。见下图：

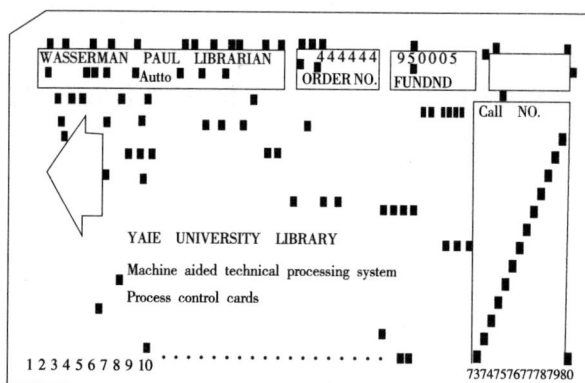

图5.9　穿孔式书卡

（3）流通数据——包括借、还、预约、续借等数据。各项数据的记录项目包括所借图书的书名、著者、索取号、读者姓名和借书证号等。此外，应包括到期和借阅日期的代码。

上述三方面的数据，转入时必须编码，把它们都转换成机器可读的形式，方能进行计算机处理。这种转换，有两种方法：

一是穿孔卡片形式。做法是先将借阅者数据和可借图书数据编码，而后将编码预先穿孔。

二是条形（纹）码形式。做法是将数据编码用数据收集器或光笔进行输入，即将借书卡和书卡先装上条形码（如图5.8）。光笔输入时要把这些数据组合成一个外借记录。

2. 数据编码。

流通数据在转换成穿孔或条形码机读形式之前，往往对原始

130

数据进行编码。编码方法包括图书数据编码和借阅者数据编码。

（1）图书数据编码。

为使可借阅图书能够一书一号，便于识别，一般采取以下几种编码方法：

①利用图书登录号。这个号码一般由三个数码组成：存取号加上校验号和复本号，如：051648 01 02

②字顺随机编码。这是用字母表示数据的编码法，如用五个字符的字母编码："ABJNS"

③利用 ISBN 号码和复本号编码。这种方法目前只能用于西文图书，因为中文书还没有采用这种国际标准书号。不过，中文书可利用图书统一编号。ISBN 本身有十个字符，加上复本号二个字符，那么一个书号至少由十二个字符组成。如：112702694 03

④自行编码法。这种方法比较灵活，它可以综合反映一种图书在流通系统中的各种联系关系，如：C 6543212，这是用八个字符表示三个图书关系的因素：C 表示普通流通图书；654321 是图书编号；2 是地址代码。

（2）借阅者编号。

要求每个借阅者有一个编号，这种编号中包括用户的某些自然情况，如职业、所在单位等代码都应当考虑进去。如：00347008053，这个借阅者代码包括的含意如下：

00347 是借阅者基本编码；

0080 是工作单位号码；

53 是职业号码。

此外，也可以把不同用户利用图书馆的特点编进去。如大学图书馆为全校用户编码，就可以把教师、学生、研究生、行政管理人员等不同读者身份组织在代码里去。

三、流通系统文档组织

流通系统中的主要文档有:流通主文档、借阅者文档和书目记录文档等。

1. 流通主文档。

流通主文档也称外借文档。是存放全部外借记录的文档,一般是由借阅者数据、可借图书的书目数据、外借处理数据三部分数据集合而成的。

外借处理数据包括:外借处理代码、处理的类型、借书/还书日期、借阅期限及其它一些辅助性数据,如借阅动态等。

(1)流通文档的记录格式。

流通文档记录一般是采用固定格式和固定长字段的方法。但是由于系统设计不同,格式也可以变通,如可借图书数据的书名、著者和借阅者的姓名、地址等,可用不固定长字段。

下面介绍几种不同类型的记录格式:

①数字型外借记录:

字段名称	长度(字符数)	字符位置
书号	8	1 – 8
借阅者号	8	9 – 16
还期	6	17 – 23
第一个预约者	8	24 – 31
第二个预约者	8	32 – 38
第三个预约者	8	39 – 46

这种格式用了六个字段,共计四十六个字符长,全系数字表示。这对于小型的流通系统是很方便的。当然,功能也十分单纯。

②字母数字混合型外借记录：

字段名称	长度（字符数）	字符位置
索取号	24	1－24
著者/书名	30	25－54
借阅者号	10	55－64
状态编号	2	65－66
到期	3	67－69
还书日期	3	70－72
当天借还	1	73
出纳口	1	74
分馆	1	75
出借类型	1	76
控制字符1	1	77
控制字符2	1	78
控制字符3	1	79
控制字符4	1	80

③联机系统外借记录：

字段名称	字符数（长度）	字符位置
控制号	1	1
索取号	10	2－11
存取号	6	12－17
其它索取号	10	18－27
版次、年份、丛书	3	28－30
卷次号	4	31－34
分册、索引、补编	3	35－37
复本号	2	38－39
编架号	2	40－41
著者	10	42－51
书名	27	52－78

（续表）

字段名称	字符数（长度）	字符位置
控制符	1	79
出借累计号	3	80－82
项目状态	1	83
借阅者号	9	84－92
借阅者状态	1	93
到期	6	94－99
格式编号	1	100
预约号	9	101－109
预约状态	1	110
库藏现状	1	111
不用字符		112－124

上面三种格式，第一种最简单，而且每项都可用数字表示，所以非常容易处理，适于小规模的流通系统，其缺点是过于简单。第三种比较复杂，反映的情报面宽、项目详细且留有余地，可作为联机格式，必要时还可以扩展。第二种混合型格式，是一种常见的记录格式，一般系统多采用这种格式。

2. 借阅者文档。

借阅者文档（或称读者文档）是构成流通系统的另一个主要文档。这种文档的作用是：一方面要回答哪些个人或集团可以借书；另方面要回答某个读者已借了多少书，应当什么时候归还或续借等。

借阅者文档的数据有：借阅者编号、姓名、地址、单位、电话号码、身份、可借图书册数、已借册数、借书日期、还书日期和续借日期等。

借阅者文档组织可取固定格式固定长的方法。借阅者文档格式如下：

字段名称	长度（字符数）	字符位置
借阅者编号	7	1－7
姓名	17	8－24
住址	7	25－31
电话	4	32－35
状态	1	36
可借册数	1	37
已借册数	1	38
停借期	8	39－46

上述两种文档是构成图书流通系统的必不可少的主文档。此外，为扩充流通系统的功能，尚可组织其它一些辅助性文档。如反映一本书的流通情况，可组织书目文档或按日期组织的还期文档，可回答每天应还回的有哪些图书的问题。

四、计算机处理

图书流通系统的数据处理的基本方法和步骤如下：

1. 数据收集与数据收集器。

如前所述，流通系统所处理的主要是三种数据：借阅者的借书卡数据、可借书书卡数据和流通处理数据。前两种数据可通过穿孔卡的形式或用条形码配上光笔进行数据收集和输入。第三类数据则不能用这两种形式，临时出现的数据，只能随时进行处理。为此，英国自动化图书馆系统（ALS）和 Plessey 图书馆系统共同设计生产了一种"数据收集装置"，称为"数据收集器"（Data Collection devices）。采用这种数据收集器可以把借出图书的信息和借阅人的信息收集起来，送给计算机作进一步处理。

"数据收集器"是一种微处理机设备，一般由四个终端机配上24K 信息组，以及显示装置、键盘、光学字符阅读器或光笔系统等部件组成。数据收据器有很多种，比较有名的有美国 IBM 公司生

产的 IBM357，能输出八十列穿孔卡；英国自动化图书馆系统公司
（ALS）生产的"ALS Data Collection"（数据收集器）。此外，英国
SB 电子系统公司生产一种电笔，能代替电传打字机，实际上就是
一种微型计算机。

通过数据收集器可将上述三种数据收集起来，转录在软磁盘
上，然后去更新流通文档。

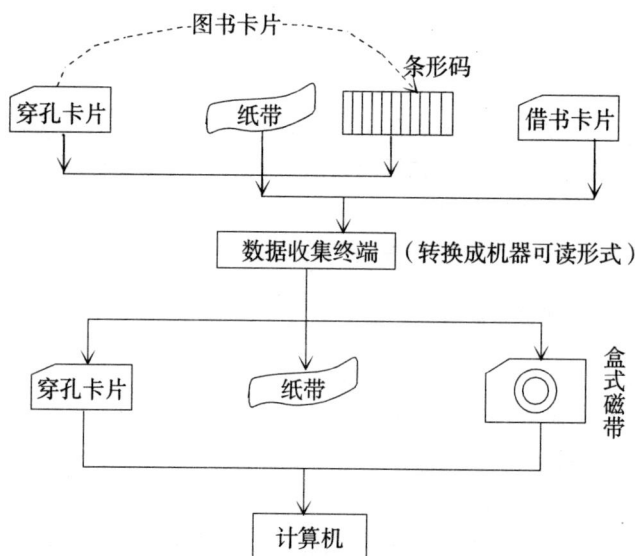

图5.10　数据收集处理流程

从上图可以看出，数据收集器的主要功能就是把各种方式输
入的数据都转换成机器可读形式，并把它们都写到穿孔卡片、纸带
和盒式磁带上面。如果是联机操作，可将这些数据直接送入计算
机，更新流通文档。也可以批式处理。

2. 流通记录日处理。

流通系统每天的数据收入处理非常频繁，所以经数据收集处

136

理后的数据需要每天进行一次到两次处理,产生当天的流通记录。其流程图如下:

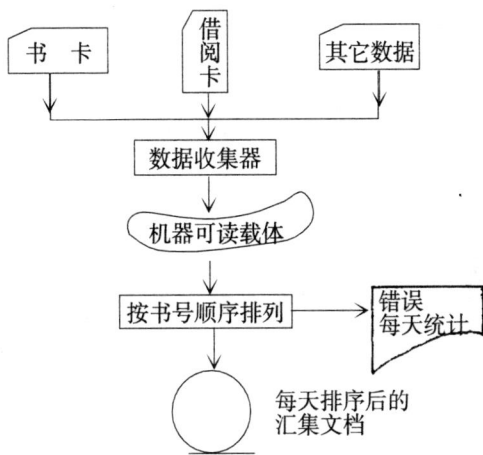

图5.11 流通记录日处理流程图

流通记录日处理之后,下一步就是更新处理,从而不断产生新的文档。

3. 流通文档更新处理。

如上所述,每天排序处理后的流通记录中,既有借出记录,也有还回记录,还可能有续借或预约记录,所以,流通文档更新处理的工作量是很大的。各种记录的更新处理,往往彼此互有联系,如还书记录的处理,首先要找到原有的借出记录,才能注销,如果原记录中已有预约登记,不能再续借,这时就要读入待处理文档。此外,处理续借或预约记录,要对原记录进行部分增删,而且还要处理以下一些问题:

(1)记录已还回被预约的图书;

(2)记录超期未还的图书;

（3）打印预约通知书；

（4）打印过期通知书；

（5）打印催还通知书；

（6）借阅者的借书清单。

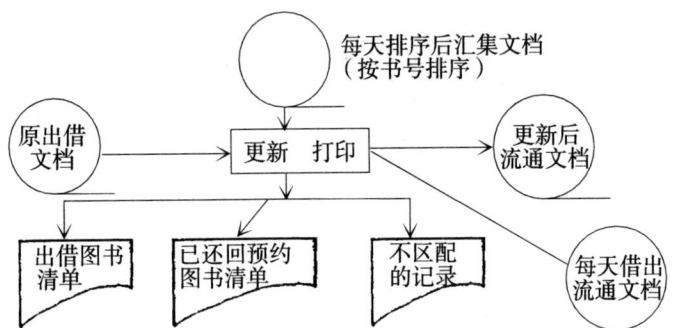

图5.12　流通文档更新处理流程图

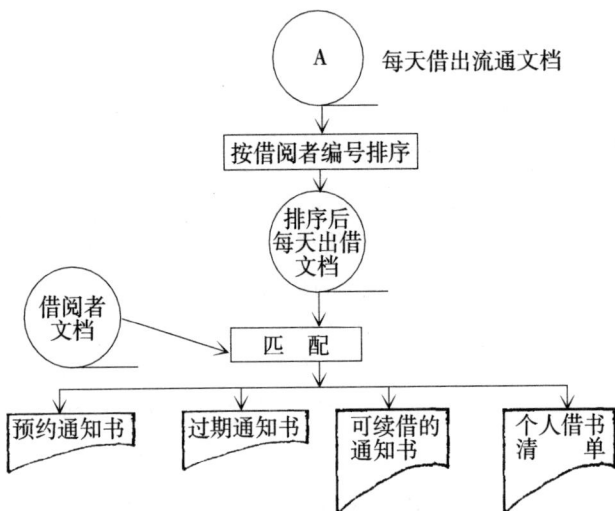

图5.13　处理、打印各种通知书流程图

五、联机系统

上面讲的主要是脱机批处理。由于脱机系统不能使文档及时更新,因而也就不能及时了解正在流通的每本图书和用户的当前状态。而联机系统却能够解决随时查询随时解答的问题。因为联机系统可使文档及时得到更新,可实时回答查询的要求。目前国外图书馆流通系统多数都采用联机系统。

下面讲一下联机系统对流通过程中各项功能的处理流程。

1.借书处理。

通过数据收集器将读者卡和书卡写入,写入时,机器立即对照文档,首先核对读者数据,及时查清原借书册数和有无过期图书等,如果全部合乎程序要求,就准予借书。其次,核对书卡,即用书卡对照文档,如果所借的图书在库而又无人预约,机器就自动办理借书登记;如果已被预约,而借阅者却又不是第一个预约者,机器则自动给出不予借出的显示,如果是第一个预约者,机器则自动登记出借。

2.还书和续借。

凡按期还书者,机器读出文档自动注销借书记录。对于过期还书者,机器便自动算出超期天数和罚款数字(如设此程序),并记入读者文档。如果还回的是为人所预约的书,机器可以自动找到预约者,并打印到书通知单。

机器接到续借要求时,会立即核查出该书是否被预约,是否已超期。如果合乎续借条件,则自动记入续借项目和时间。

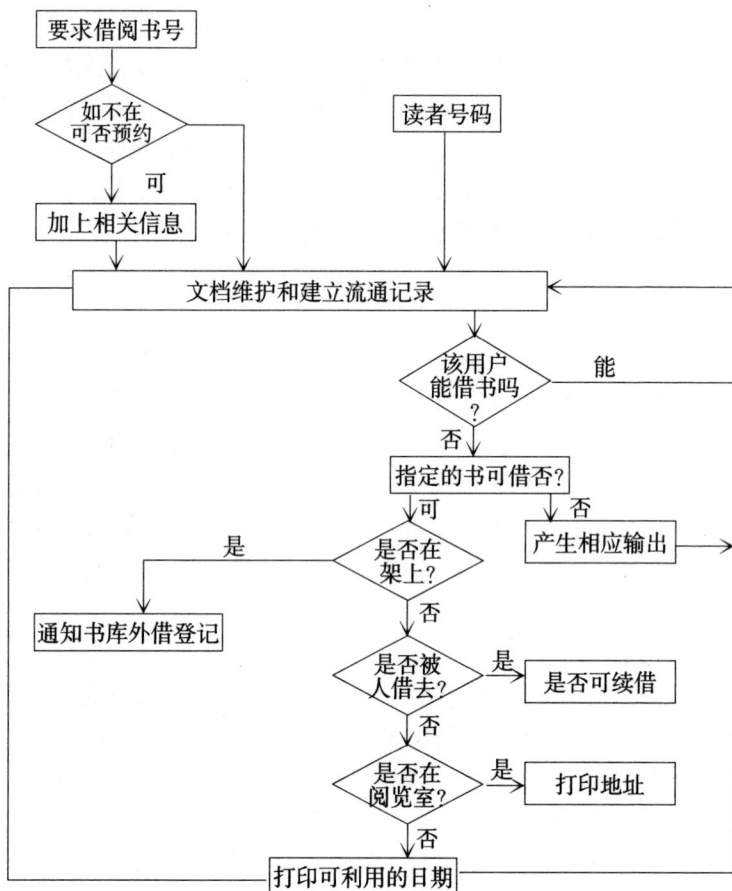

图5.14 联机处理流程图

3. 预约借书。

出纳人员输入书号和预约号,机器会立即核查该书记录,显示著者和书名,验证无误后记入预约记录,并显示或打印出全部预约清单。

4. 催还、查询、统计、改错。

因为借阅者、图书、出借、预约等记录都建立了文档,所以,对这几项流通状态或情况的查询和统计都比较容易。

图 5.14 是一个联机流通系统的借书流程框图。

本章主要参考文献

[1]《Encyclopedia of Library and Information Science》Vol. 14, p. 398 – 414.

[2] Tedd. L. A.《An Introduction to computer – based Libraries》,1977, p. 208.

[3] 北京大学图书馆学系:《图书馆自动化原理》,1980。

[4] 沈迪飞、余光镇编:《电子计算机在图书情报工作中的应用》,1982。

[5]《大学図書館のシステム化》,根岸正光等编,1981。

第六章　图书馆编目工作现代化技术

第一节　编目工作的基本概念

图书编目工作是图书馆各项业务的基础。不论手工操作还是机械化系统,凡馆藏图书文献都需要经过编目加工。编目工作的质量和效率对图书馆各项业务活动都有直接的影响。

一、编目工作的意义

图书文献收集入藏之后,第一步业务工作就是对文献进行整理加工。整理的主要目的,一是使文献组织化;二是生产二次文献,并以二次文献为基础建立一定的检索系统,并通过检索系统实现文献情报服务的目的。

图书文献整理的核心业务就是编目(Cataloguing)。如果从广义去理解编目的概念,它包括两个工作范畴:①描述图书文献的书目的特征,也就是常说的图书文献著录工作;②揭示图书文献内容主题特点,也就是传统的图书文献分类与标题等工作。实际上,这两个业务范畴是分不开的,只是从不同角度,用不同方法准确、全面地显示图书文献的内容和形式的主要特征。

狭义的编目概念主要指的是上述的第一个范畴,也就是对图书文献的外观结构和内容特点进行描述加工的过程和方法。具体点说,就是把每种图书文献的各种可能为不同用户查询的情报,记述在一定的载体上,如通用的单元目录卡片、机械化穿孔卡片,以及计算机系统的存贮装置等,并按照一定的编排体系组成不同的情报检索系统。像这样从文献的记述加工到组成检索系统的过程和技术方法,一般称为编目(Cataloguing)或编目工作。传统的手工编目操作是图书馆工作中耗用重复劳动最多的作业(约占70%以上)。这种特点正表明编目工作实现机械化、自动化的迫切性和重要意义。

二、现代编目技术的发展

编目工作是图书馆最古老的业务,不论中外,图书馆编目工作都有着悠久的历史。这里我们只想从图书馆现代化技术角度,对近二十年来图书馆编目技术的发展情况作个简要的介绍。

1.编目标准化技术的发展。

从十九世纪中期英国的帕尼基(Antonio panizzi)提出《九十一条编目规则》和美国的杰维特(C. C. Jewett)发表著名的《图书馆目录的构成》以来,一个多世纪里,编目技术基本上是朝着两个目标向前发展的:①向实现编目工作的标准化和标准国际化的方向发展;②向实现编目工作自动化或电子计算机化的方向发展。到本世纪六十年代,这两方面的发展都取得了惊人的成就和进展。这里,先介绍编目工作标准化的发展情况。

(1)1961年的国际编目原则会议。

进入本世纪后,编目技术发展的第一个里程碑,就是1908年出版的《英美编目条例》(AAC = Anglo - American Codes)。这是由英美两国图书馆界共同协作编制的最早的国际化编目规则。美国国会图书馆曾于三十年代利用这个规则实行集中编目,发行目录卡片。可见《AAC》(1908年版)对集中编目工作是起到了很大的促进作用的。但是,由于文献的发展,这部规则逐渐适应不了编目实践的需要,于是从三十年代中期开始对它进行了修订。由于第二次世界大战的影响,直到1949年才出了修订版。因为其修订工作是由美国图书馆协会负责的,所以称为《ALA 编目条例》(1949年版)。在当时它是一部很有国际影响的编目法。我国西文图书编目规则,过去(1984年以前)基本上就是取法于1949年版的英美编目条例的。

五十年代以后,国际标准化组织(ISO)中的文献工作标准化(ISO/TC46)组织很快发展起来,自然成为促进编目法向国际标准化发展的一个重要的组织力量。此外,英、美图书馆学会组织和国际图书馆学会联合会等国际组织也都应时代的需求把编目法的研究作为重点的开发项目。

(2)1969年国际编目专家会议。

1969年8月于哥本哈根召开了IFLA编目专家会议(IMCE)。会议的目的是讨论1961年"原则会议"后各国执行情况和研究拟定国际书目著录标准规则。会议委托英国BNB组成一个关于书目著录项目与顺序的起草小组。

(3)七十年代,国际标准书目著录法的新发展。

根据哥本哈根会议的决议建立了"国际书目控制"(Universal Bibliographic Control)系统和"国际书目控制情报交流系统"。接着,于1971年,IFLA在里巴波尔总部成立了"国际标准连续出版物书目著录规则"(ISBD(S))和"国际标准单行著作书目著录规则"(ISBD(M))联合工作组。从1974年开始,针对不同的文献类型陆续出版了供各种文献书目著录用的国际标准文件。这套标准文件统称为《国际标准书目著录规则》(ISBD)。其中出版最早、影响面最大的是1974年由IFLA编目委员会在伦敦正式出版的《国际标准书目著录规则(单行著作)》,即ISBD(M)。ISBD(M)发表后,立即博得各国的重视和研究,到1976年,全世界已有二十多个国家采用ISBD(M)为本国通用标准编目条例,用来编制国家书目。有些国家甚至未等正式出版以前就开始采用了这个国际标准

144

书目规则。

继 ISBD(M)之后，又相继出版了《ISBD(S)》(1977年)，即《连续出版物国际标准书目著录规则》;《ISBD(G)》(1977年)，即《国际标准书目著录总则》;《ISBD(CM)》(1977年)，即《舆图资料国际标准书目著录规则》;《ISBD(Music)》(1977年)，即《乐谱国际标准书目著录规则》;《ISBD(old Books)》，即《古籍国际标准书目著录规则》等。

我国于1983年7月由全国文献工作标准化技术委员会提出的《文献著录总则》标准草案，基本上是以 ISBD 著录规则为范本的。现在《总则》已获批准，从1984年4月开始，作为正式国家标准实施。

2. 英美编目条例的发展。

现代英美编目法的发展，是以1908年的《英美编目条例》(AAC)为起点，经过三十多年的使用，到1941年出第一修订版，1949年由美国图书馆协会出版修订第二版，这一版称为《美国图书馆协会编目条例》(1949年版)。本版虽有很大改进，但仍未超出旧的书目著录范畴，对文献发展的新特点没有得到反映。所以，出版后随即受到图书馆学界和图书馆工作者的批评。主要是因为它没有反映进入六十年代以后，国际上书目文献工作的发展和国际标准书目著录法的一些新成就。于是，从六十年代中期开始对《英美编目条例》进行修订，修订本分别在英国和美国出版，这就是1967年出版的《英美编目条例》(AACR)。从此以后，国际书目文献工作标准化技术进展更快了。但是，进入七十年代以后，新技术革命的发展，第三代电子计算机的出现和应用，对文献书目处理技术不断产生新的要求，如机读目录记录格式、文献数据库，以及计算机化的编目系统等新技术都对书目数据处理提出了一系列新的要求。所以，AACR 自1967年版问世不久，就不能适应新情况的要求了，必须及时进行修订。经过十年的修订补充，到1978年年底,AACR第二版,即《英美编目条例》第二版(AACR Ⅱ)在英、美、加三国同时出版了。

ISBD(M)、(S)和AACR Ⅱ的出版,不仅为各国手工编目提供了一种国际标准化工具,也为建立机检系统的书目数据处理提供了一种国际标准规范。它们的具体作用是:①保证"国际书目控制"系统的形成和发展;②为国际书目情报记述格式提供了统一的标准规则,使各国的书目情报有了互换的或共享的可能;③为实现机读目录系统和编目工作自动化创造了重要条件。

3.编目工作自动化的发展。

在自动化编目系统的发展中,最初的着眼点是实现集中编目和合作编目。本世纪三十年代,美国国会图书馆曾有过这方面的实践经验,但只能限于手工操作。到六十年代,由于电子计算机广泛的应用,也向图书馆的编目工作提出了挑战,为了对电子计算机编目实行可行性的研究,美国国会图书馆从1961年开始,经过了七年的研究试验,到1968年6月,成功地完成了MARC Ⅱ的试验计划,开始正式执行这个计划,也就是正式利用电子计算机进行编目,形成了自动化编目系统。他们还成立了专门的MARC Ⅱ磁带服务机构,进行MARC磁带的发行工作。从此,编目工作,特别是集中编目的电子计算机化的理想变成了现实。

第二节　自动化编目系统

自动化编目系统,也就是利用电子计算机进行编目和生产目录制品的自动化操作系统。在图书馆自动化系统中,编目数据处理是效率最显著的领域。不过,就现有功能来看,自动化编目基本上还只限于生产各种图书馆目录和书目。它和传统的编目技术相比,最大的不同是编目的速度和手段。自动化编目的产品(包括:

146

目录卡片、书标签、书袋、书卡、借阅卡等等）都是由电子计算机系统生产的。

从现有的经验来看，建立自动化编目系统主要是通过终端设备与各种类型的主机相联系，建立联机书目数据处理系统和数据库网络系统。

一、编目系统的基本功能

目前，由编目系统所完成的功能一般地说应包括下列几种：

1. 产生编目或编目数据输入用的工作单。

2. 促使系统操作员、打字员或编目员提高操作速度和效率，为编目人员显示可能的输入"目标"，指出数据的词拼写和违反逻辑的组合，并指引操作员按顺序进行操作。

3. 维持名称的和主题的典据文档，也就是系统中所用的项目清单，以及项目的来源和相关项目的参照。

4. 生产目录参见卡片。

5. 准备数据的编辑、校对和修订。

6. 编排文档序列中各种项目的次序，包括目录卡片和书本目录。

7. 为编目员查重和选定标目，建立规范化文档（即按 ISBD 或 AACR Ⅱ 规则建立文档），如分类、主题和著者文档。

8. 为使编目员加快数据准备，减少手工编辑操作而自动对输入的记录加工处理，如加标识符号或主题分析与标引等。

9. 关于图书目录管理的功能，如编制排架目录、生产书标签、书袋、书卡等，识别情报地址、保密类型与级别限制的使用标记等。

10. 输出各种目录与书目产品。这一项是集自动化编目系统功能之大成的，是鉴定编目系统功能水平的重要标志之一。一般要求自动化编目系统能够打印书本式目录，如新书报导目录、联合目录（指本馆所藏各种不同类型资料的联合目录），以及各种卡片式目录和各种索引。

以上这些自动化编目系统的功能,基本上在前面的采购与流通系统一章中已经涉及到了。作为图书馆自动化系统的子系统,采购、流通、编目,以及期刊管理等,大部分处理过程是相似的。这一点对于理解图书馆自动化系统是值得注意的。当然,各子系统也都有自己的特点。一般说来,编目系统同其它系统有如下一些区别:

1. 编目系统是建立在单元记录设备的基础上的;

2. 编目系统是以自动打字机与穿孔纸带、磁带或穿孔卡片等设备相结合为基础的;

3. 编目系统多利用卡片——驱动序列照相装置;

4. 脱机,利用电子计算机批处理系统;

5. 联机系统是通过各类终端进行查询,并开始于目录卡片或书本目录的生产(生产本身一般用脱机形式),有时用户也参考这种目录数据。

二、编目系统主要类型

1. 建立在单元记录设备基础上的编目系统。

这是早期的机械化编目系统。这种系统是利用单元记录设备生产书本式目录的。典型作法是先把需要编目的情报数据加以键控穿孔,产生出穿孔卡片,然后将穿孔的卡片分为文档编排序列(既可用手工整理,也可用分类机),最后通过制表机形成印刷页。这种印刷页往往是通过照相制版的,从而可以生产出大量的目录复制品。这种编目技术比较简单,而且一次建立的机器记录可以反复使用许多次。到六十年代中期,这种单元记录系统开始生产目录卡片、书卡和书标等。直到现在,编制书本式目录还应用这种编目系统。

2. 自动打字机编目系统。

这种编目系统的设计重点是放在生产目录卡片上面的。在这种系统中,键控数据不生产穿孔卡片,而是通过连续载体穿孔纸带、磁带等。它的编目操作,不像利用制表机那样分散进行,而是在同一台自动打字机的键盘上进行输入。

这种编目系统的第一个优点是改进了目录排印技术,它可以使用区分号,而且能够提供主题标目等。另一个优点是无需像穿孔卡片那样耗用很大精力去整理卡片,并能根据不同图书馆的需要扩展它的编目功能。

最早应用这种编目系统是在五十年代中期。最先采用这种系统的是美国海军研究生院。加州大学图书馆也在 1958 年采用了这种系统进行编目。

最初,这种系统采用了快速多功能打字机(Flexowviter = 纸带机)和辅助器件制出操作程序,能够成套生产目录卡片。后来,这个系统把编目数据打印在快速多功能打字机上,制备了两种磁带:一种记录单元卡片数据,另一种磁带用于记录标题项目。

3. 序列卡片照相机系统。

这种系统的特点是直接把编目数据打印在卡片上。它使用的是 Vari Typer 公司的 Foto – List 照相机和 Kodak 公司的 List – O – Matic 照相机,是把编目处理的情报打印在标准规格的穿孔卡片的中央部位上的。Foto – List 照相机一次只照一行,而 List – O – Matie 照相机一次可照一行到三行。此外,还有一种 Lithoid 公司的 Compos – O – Line 相机,它能够摄制标准的 3 × 5 吋的目录卡片。采用这种照相机的系统的缺点是不能用机械分类。

这种序列卡片照相机产生书本目录技术的基本优点是能生产最终产品。另外,这种卡片照相处理速度比用制表机的打印过程快得多,平均一小时可摄制卡片七千张到一万四千张,而制表机打印卡片只能达到四百多张。这种系统在六十年代很受用户欢迎,现在已被微机系统所取代。

4. 脱机编目系统。

脱机批处理和联机处理是编目系统的两种基本处理方式。典型的脱机系统对目录数据要素的处理方式基本上和上述的单元记录系统是一样的。它也是把目录数据通过穿孔录制在卡片上的，不过，脱机处理往往是把数据穿孔在纸带或直接记录在磁带上。因此它们的操作系统是不一样的。情报被输入电子计算机，首先对记录格式和逻辑上的明显错误加以校验，而后把经过校验的情报数据存贮到磁带上、磁盘上，或者其它存贮装置里。因为情报数据是以机器可读的形式存贮在机器可控装置中，所以，就没有必要对数据生产编目产品再加以物理的处理，计算机操作员只要对磁带、磁盘等进行常规处理就够了。

这种系统的主要长处就是能使图书馆人员从事务性的例行程序中解脱出来。它的主要缺点是限制了排印先进技术的发挥。

电子计算机化目录卡片系统，最早是在 1960 年美国海军部船舶局技术图书馆作为情报检索系统的产品发展起来的。到 1963 年，IBM 开始生产目录卡片。同年，美国耶鲁大学医学图书馆开始用 IBM870 系统生产目录卡片。1964 年该图书馆采用 IBM1401 型计算机"扩展"目录数据，并生产出一整套穿孔卡片。1965 年耶鲁大学图书馆放弃了 IBM870 系统，而采用具有专用系列的电子计算机打印机。该系列包含着印制卡片的扩展的字符集。这个系统一直用到 1971 年。它不能再继续下去的主要原因是因其不能适应新的情报检索技术发展的需要。

5. 联机编目系统。

如前所述，脱机编目系统是以"批处理"方式，经一次处理而出现成品。它只能解决编目业务的管理、打印目录卡片、编制新书报导目录和书本式目录等，至于查检数据文档，则是由联机系统以"实时"（real time）处理方式完成的。

实时处理的联机系统，最重要的成就是提高了情报显示的速度。另外,利用联机方式还可以实现编目系统的大部分功能。所以,它是实现编目自动化的主要方式。当然,采用何种方式并不是绝对的,在系统设计时既应当考虑到系统设备的特点,也要考虑环境条件等因素,应综合分析,以定取舍。

以上是根据自动化编目系统的发展情况,对五种系统作的简要介绍。另外,我们也可以根据系统的功能特点,把编目系统分为如下几种类型:

1. 编目成品输出系统。

这是自动化编目的基本功能系统。它主要的功能是把输入的目录数据转变成各种二次文献,即编制各种目录卡片、书本式目录和各种索引工具。

2. 编目管理系统。

这是为编目工作本身业务管理而设计的自动化系统。如分类表、词库的管理与维护,目录根查与排架目录的管理,有关编目工作的各种统计分析等。

3. 编目参考与查询系统。

这是为保证编目工作参考查询有关书目情报的需要而设计的系统。如编目查重,参考目录文档(包括书名、著者、索取号、标题词、叙词等文档)。这些文档也同时可以用于本馆藏书建设工作。

4. 综合系统。

这是上述各种系统的集合体。它除具有上述一些功能外,还具有书目编印制版与印刷、计算机输出缩微胶卷(COM)等功能。不过,综合系统需要有大型计算机设备和大容量的外存贮装置,以及其它后处理设备,如 COM、印刷设备等。所以,一般图书馆不适于建立综合系统。

第三节　计算机编目数据的处理

自动化编目系统主要处理的是各种类型文献的目录数据,包括不同类型文献编目系统设计、数据记录结构与格式、建立编目文档等。

1. 数据记录结构与格式。

记录结构指的是在一条文献记录中各项数据的类型和属性。具体说,就是指一条记录包含哪些属性,并把每个属性作为一个字段处理,以及每条记录包括多少字段,每个字段的字符数是否固定。一般说来,一本单行著作的编目数据应当包括:书名字段、著者字段、出版项字段、稽核项字段、丛书字段、分类字段、主题字段和提要字段等。字段相当于传统编目的著录项目。它和著录项目一样,一个字段往往由多个分项组成,如出版项字段就由出版地、出版者和出版年等子字段组成。像这些构成字段集合的所有字符、数字、符号等编目情报,称为书目数据。由书目数据构成字段,字段集合成为记录(Records),记录组成文档(Files)。文档相当于传统编目中最后组织成的目录。

上述每条记录中,字段数量的规定、数据位置的安排,称为记录格式(Format)。下面举一四个字段记录格式的例子:以八十列穿孔卡片为一条记录载体,字段长度固定,每个字段固定为八十个字符,四个字段总长度为三百二十个字符。

第一张卡片:著者字段。

字符顺序	字段内容	字符数
1	卡片号码(1)	1
2	多著者	2
3 – 12	索取号	10

13 – 56	著者姓名	44
57 – 64	著者排序代码	8
65 – 72	书名排序代码	8
73 – 80	主题排序代码	8

第二张卡片:书名字段。

1	卡片号码(2)	1
2	长书名代码	2
3 – 12	索取号码	10
13 – 56	书名	44
57 – 64	著者排序代码	8
65 – 72	书名排序代码	8
73 – 80	主题排序代码	8

第三张卡片:出版字段。

1	卡片号码(3)	1
2	出版项代码	2
3 – 12	索取号码	10
13 – 56	出版项	44
57 – 64	著者排序代码	8
65 – 72	书名排序代码	8
73 – 80	主题排序代码	8

第四张卡片:主题字段。

1	卡片号码(4)	1
2	多主题代码	1
3 – 12	索取号码	10
13 – 56	主题	44
57 – 64	著者排序代码	8
65 – 72	书名排序代码	8
73 – 80	主题排序代码	8

上面例举的四张卡片,每个字段都是八十个字符,而每项字符数都有规定,这都是记录格式所要求的。由于要求不同,记录格式

一般分为三种类型：

（1）固定格式、固定字段、固定字段长。这种格式的特点是：记录的长度固定，每个字段的字符数固定，子字段的字符数和标识符等都是固定的，是事先规定好了的。

（2）固定格式，可变长字段。这种格式的特点是：格式固定，字段数固定，但字段长度可变，即字符数不固定。如上海交通大学图书馆所建立的 SJTU 系统就是采用这种格式的。

（3）可变长格式，可变长字段。这种格式的记录字段数和每个字段的长度都不固定。MARC Ⅱ 磁带格式就属于这种类型。

这三种记录格式各有优缺点，如固定格式的程序设计简明，机器识别容易，节省时间，但浪费存贮空间。所以，选择记录格式时不应追求固定模式，而应该从程序处理、磁带转录方式等环境条件方面多予考虑。如为便于磁带从外存向内存转录，多取字块为单位进行转录，为便于程序处理，就应当取固定长格式。

2. 数据转换与输入。

计算机编目的第一阶段，即形成记录、确定记录结构格式阶段完成之后，下一步就是书目数据输入或转换阶段。数据转换的主要内容就是把上述记录结构转换成机读形式的过程。具体作业内容有：

（1）制备数据输入工作单。

编目员按照标准著录规则（如以前讲到的 ISBD(M)、AACR Ⅱ 等）对图书文献进行著录，然后按记录格式的要求对书目记录进行编辑。编辑的主要作业是对各字段加标记符号，如字段标识符、指示符、子字段代码等。输入工作单有一定格式和要求，必须按输入工作单进行编辑。

输　入　工　作　单

记录名称	记录号码
其它名称①	相关记录号码②
复本号码	
载体③	制备方法④
参与操作⑤	
备注⑥	
字段号⑦　　字段名称　　字段频率⑧　　A/N⑨	

日期⑩　　分析者⑪　　资料来源⑫　　页码⑬

研究项目⑭

上表中：

①指缩写等名称。

②通过这个号码识别记录格式。

③指存贮该记录的载体,如穿孔卡片、穿孔纸带和磁带等。

④指原始记录的形式,如手写、打字、穿孔卡片等。

⑤指输入用的格式、标识符等。

⑥所有补充的数据格式规定,以及补充数据的处理等都记入此栏。

⑦每个字段有一个标识符、指示符和子字段代码等。

⑧指同一种字段在不同记录中和文档中出现的频率。

⑨A/N:A 指字母,N 指数字,A/N 指字母数字。用以识别字段中的文字和数字。

⑩指数据收集的日期,也就是著录的日期。

⑪此栏记录编目员的姓名。

⑫指数据的来源。

⑬指起止页码。

⑭指该条记录所属的学科名称。

（2）数据输入方式。

穿孔员将工作单穿孔,使原数据转换成机读形式。载体最好是用穿孔卡片,容易校对和修改,经校验审查后交给操作员,操作员通过计算机输入装置将穿孔卡上的信息输入计算机。计算机输入分脱机和联机两种方式。脱机输入的具体作法还可分为两种:一种是集中成批输入,另一种是分散输入。分散输入方式又有三种作法:①直接输入方式:就是将作业现场需要处理的数据,通过一定的装置直接输入计算机,如借助于光字符读出装置(OCR)、磁墨水读出器(MICR)等。②附带输入方式:就是通过作业现场的快速打字机、微型计算机与穿孔机连动,作为现场作业的一种副产品输入存贮载体。③利用数据收集器进行转换输入。

随着计算机技术的不断进步,目前国外已采用联机方式进行输入作业。它是通过通讯线路将数据信息直接输入计算机。联机输入对技术设备的要求高,耗用经费也多,所以目前国外图书馆计算机编目的主要输入方式还是用穿孔方式或键盘输入方式。

编目信息输入计算机之后,计算机即根据编目程序对输入记录的格式及数据内容进行校验和简单的判断,自动打印出文档校样,修改后再进行输入。总之,要经过反复校验,直到完全无误时,才将这种经过校验合格的书目数据存入数据库。至此,编目工作结束。图6.1是编目系统的基本流程图。

3. 计算机处理。

计算机编目从数据准备开始,经过书目数据的转换、输入和计算机处理,到建立数据库和编目输出,构成自动化编目的整个流程(见图6.1)。关于编目数据的输入,已简要地介绍过了,下面再简单介绍一下计算机对输入的信息是怎样进行处理的。

计算机对输入信息进行处理的主要内容包括:①执行建库程序。②执行排序、更新程序。③执行打印输出程序。这种程序是按照一定的输出格式打印新书报导目录和目录卡片的,所以,也是在建立一种临时文档。④按打印输出程序建立的临时文档,再与

156

原有的累积文档更新合并,并将合并后的文档存录在磁带上,便产生了更新后的累积文档。最后,根据用户需要将此文档打印成累积目录。

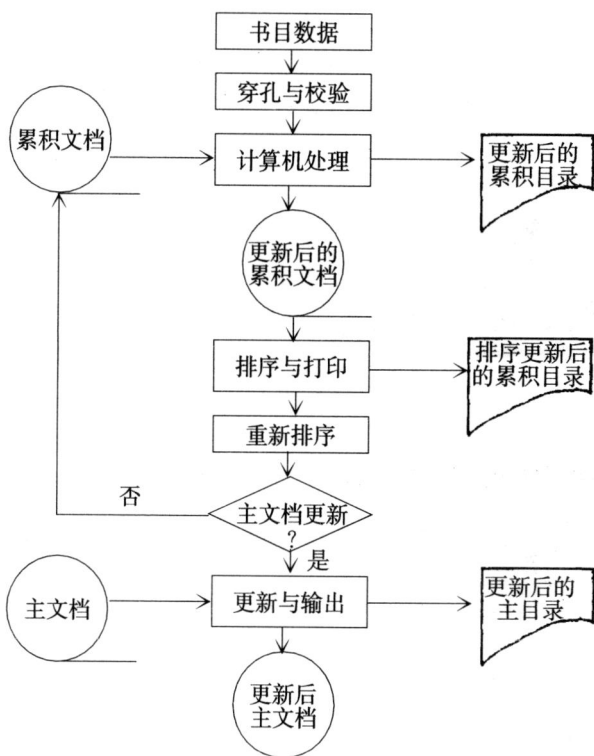

图6.1　编目系统的基本流程图

4. 文档组织与合并更新。

文档(Files)是指输入到计算机中的相关记录的集合,对计算机编目系统来说,也就是机读目录记录的集合。编目系统至少要建立两个文档:主数据文档(或称主文档)与新资料累积文档。

（1）主数据文档。这种文档的组织是按照记录的识别号以线型顺序存贮在磁带或磁盘等存贮器件上的。因为它是按照记录的递增顺序号排列的，所以称为顺排文档或顺排档。又因为它是编目系统中编制其它文档的基础，所以，也称为主文档。主文档不常打印输出，而累积文档却常常打印输出累积目录。

（2）新资料累积文档。这是为及时打印目录卡片和新书报导目录而建立的文档。这种文档累积时间一般为半年或一年，而后与主文档合并，产生新的主文档。产生新的主文档当然也包括对原主文档内容的增删和修改。

5. 编辑输出。

计算机可通过三种形式输出编目成果：

（1）打印输出。其中尚可细分为如下两种类型：①打印纸打印（Line – printer paper），即利用计算机的行式打印机打印书本目录。可以复制装订成册。每月打印新书目录汇集本，并可定期打印全部目录文本，以资查询。②计算机输出目录卡片。这是计算机编目最受人欢迎的输出方式。上海交通大学图书馆就利用了这种输出方式。其具体做法是：计算机按照一定程序在特定的卡片纸上打印出与手工编目产生的目录卡片一样的形式。这种方式是目前最容易为我国图书馆界所接受的，因为它可以将计算机编目与手工编目有机地结合起来，是最容易实现集中编目的方式。

（2）计算机输出缩微胶片（COM）。这种输出方式存贮密度大，累积能力强，处理简便，造价便宜，容易保管。

（3）计算机控制光电照排（Computer photo – typesetting）。这是将编目信息通过光电照排机照相排版，用胶印机进行印刷的方式。它最适于发行大量的书本目录和联合目录。

此外，由于激光技术的发展，近年来，全息照相印刷和激光印刷设备也开始用于编目系统的目录、索引的生产和计算机输出。

现在，国外许多图书馆利用 LC MARC 系统或购买 MARC 磁带来建立自己的自动化编目系统。我国已开展了这项工作,台湾省已取得了不少经验,并建立了中文 MARC 系统。关于 MARC 系统及其应用,我们将在下面专门介绍。

本章主要参考文献

[1]武汉大学图书馆学系编:《图书馆自动化》讲义,1981 年。

[2]北京大学图书馆学系编:《自动化原理》,1981 年。

[3]L. A. TeDD.《An Introduction to Computer – Based Library System》,1977.

[4]东北师大图书馆学系:《西文图书编目学》上编。

[5]《Encyclopaedia of Library and Information Science》,Vol. 14,p. 350 – 383.

第七章 连续出版物自动化管理系统

在一些图书馆学著作中,对于期刊和其它一些连续出版物的管理系统往往是放在其它业务系统(如:采购、编目等)中叙述的。鉴于近年来连续出版物本身发展的特点,本书将它作为一个独立的业务管理系统,写成专门一章加以介绍。

作为独立的业务系统,连续出版物系统分为传统的手工管理系统和计算机化连续出版物系统。本章主要介绍计算机化连续出版物系统的知识。在图书馆现代化的业务实践中,建立计算机化连续出版物系统,不仅要解决连续出版物管理的科学合理化问题,更重要的是为适应现代图书馆加强情报服务的需要,实现多功能检索,不断提高这种文献的利用率。

第一节 连续出版物概述

连续出版物(Serials)是一种有总名称、分期连续出版的情报资料。它是科学研究人员最常使用的文献。连续出版物是现代科学文献中数量最大、利用率最高的文献资源。美国 Bowker 公司出版的《1950—1970 年连续出版物主题索引》所收的题录表明,仅美国和加拿大两国八百家图书馆收藏的世界各国出版的连续出版物就有二十二万种,平均每年增加一万种,目前每年增加二万种。全世界每年出版的连续出版物约三十万种以上,期刊论文的刊载量,每年可增加五十万篇。近年来,世界上一些著名的图书馆,越来越重视收集这种文献。美国国会图书馆的一千六百万册藏书中,竟有一千二百万册是连续出版物。据统计,全世界的出版物中,有75%是连续出版物。另外,从文献复制的业务中也能看出连续出版物的重要性。据统计,在要求复制的文献中有95%是连续出版物。

连续出版物的特点有:第一,每种连续出版物都有总名称或相同的内容范围;第二,无限期地分期连续出版发行;第三,为揭示各期的发行顺序和日期,每期均印有发行期数和日期;第四,有较固定的出版频率;第五,本式印刷物和缩微制品可同时出版。

连续出版物包括学(协)会团体和企业、事业单位出版的会报、研究报告、专题论文、年刊、年报、汇刊、记要和典型期刊等。它们又分为定期刊物和不定期刊物。定期刊物的刊期还可分为日刊、周刊、旬刊、双周刊、半月刊、月刊、双月刊、季刊、年刊等。根据刊物内容特点,又可分为以原著论文为主的学术期刊和检索性刊物。近年来随着科学事业的发展,正在大量出版"Advances in—"和"Progressin—"型报导性或预测性的专辑性刊物。

上述的发展特点,都是为了适应"情报量猛增"的新形势,使期刊更能体现科学技术情报报导的职能而产生的。连续出版物计算机化管理和利用,正是发挥这种职能的最有效的现代化技术措施。

第二节 连续出版物系统的基本功能

连续出版物系统的基本功能包括:收集、整理和实现情报服务三个方面。在实际业务操作中,系统围绕着这三个方面去处理以下一些具体事项：

  (1)订购、交换、帐目结算功能；

  (2)书目数据处理功能；

  (3)验收、催询、更改等功能；

  (4)期刊阅览与过刊整理功能；

  (5)流通管理功能；

  (6)生产目录和索引功能；

  (7)装订自动通知功能。

  连续出版物系统的基本流程如下：

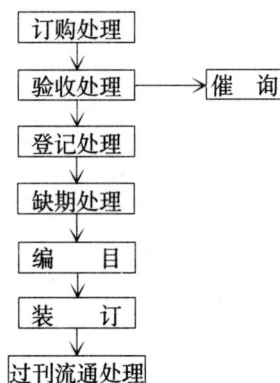

图7.1 连续出版物系统流程图

第三节 连续出版物系统类型

  利用电子计算机处理连续出版物主要包括以下各系统：

  1.刊名情报的直接列表系统。这是最简单的系统,它的基本

162

操作过程是先将关键刊名打入,检索时可按刊名、主题词、分藏地址和其它情报检索线索打印出来。通过复制可满足多用户的情报需求。

2.订购和收到处理系统。这是连续出版物系统的第一步。常用的方法是利用"预先穿孔卡片"(一般称为"收到卡")对每种刊物的出版发行频率加以编码,计算机按此编码对"收到卡"进行穿孔,记录该种刊物的收到周期。"收到卡"的记录内容一般包括记录的主要刊名以及有关该种刊物的预期性情报,如卷号和日期。此外,还有验收和催询方面的情报。"收到卡"上的数据自成独立文档。

3.独立的催询与索取系统。这是连续出版物特有的缺期处理系统。一般也是利用穿孔卡片穿孔编码记录缺期查询或索取数据。

4.自动通知装订系统。连续出版物一般都采用合订本保存的方法。这样既可防止某期期刊的丢失,又可防止损坏。不过,近年来期刊的保存也越来越多地采用缩微化的方法。不论采用何种办法,都必须注意索引、增刊和特刊的处理。

连续出版物装订计算机化处理系统,也是利用穿孔卡片自动生产装订通知单。

第四节　连续出版物计算机化处理系统

连续出版物计算机化处理系统,基本上和以前讲过的采购、流通、编目系统是一样的,主要包括:

脱机批式处理;

联机处理;

输入处理;

建主文档和更新文档；

查询与输出处理；

续订与综合系统处理。

一、脱机批处理

情报检索的发展，一般都经历了脱机批处理和联机处理两大阶段。从 1959 年开始到六十年代末是脱机批处理阶段。1964 年密支根大学图书馆利用穿孔卡片借助于 1401 型电子计算机，按年份打印《密支根大学图书馆科学和技术连续出版物联合目录》，并照相复制出版。1965 年坎萨斯大学利用计算机批式处理，生产《坎萨斯州立大学图书馆连续出版物大型地区联合目录》，当时收录的约有二万二千个连续出版物款目。1968 年，伊里诺斯大学图书馆建立计算机化连续出版物管理系统，使用的是 IBM360/50 型计算机，并生成早期的磁带形式，它收录的款目已有六万多。1969 年，美国兰德图书馆期刊自动化系统（批处理）开始运行，所用机器是 IBM360/65 型计算机，应用程序为 PL/1 语言编写的。这个系统有个值得注意的特点，即采用负输入方法进行登记处理。其具体方法是，用未到馆的期刊标识判断已到馆的期刊。

上面介绍的系统，一般都包括两个主要程序系列：一是更新程序、管理主文档、生产主目录索引、登记、输入标识、催询单、错误报告、到馆日期目录、统计表报和生成工作文档等；二是打印订购单、续订单、期刊发送和收到通知单等。

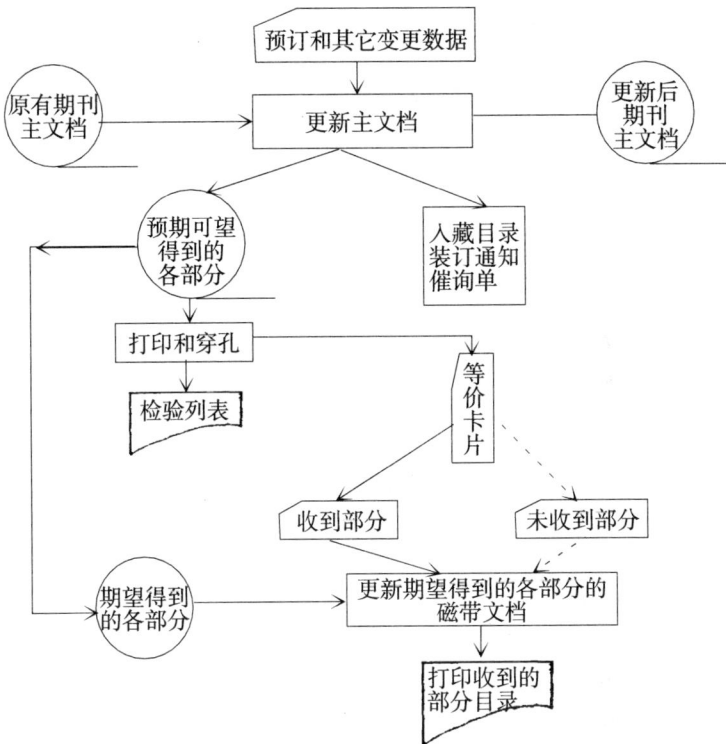

图7.2　批处理流程图

二、联机处理连续出版物系统

连续出版物联机处理系统,最早是加拿大魁北克拉伐尔大学图书馆于 1968 年开始建立的。当时它采用三台 IBM2260 显示终端与 IBM360/50 型计算机联机。接着美国国家医学图书馆从 1969 年开始,采用联机系统处理连续出版物,即有名的 MEDLINE

（MEDLARSOn – LINE）– MEDLARS 联机系统。到 1971 年，MED-LARS 数据库已大约收录了二千三百种期刊题录。从 1972 年开始，这个数据库分为两个：MEDFILE，收录主要期刊一千二百种；COMPFILE，收录其它期刊一千一百种。

现在，国外的连续出版物计算机化系统基本上都采用联机处理系统。

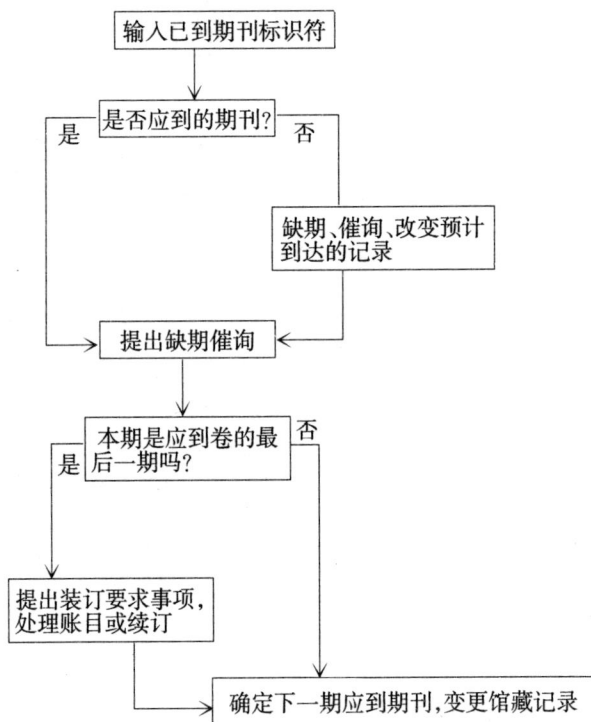

图7.3　联机处理示意图

第五节　连续出版物 MARC 系统

　　计算机化连续出版物系统的实质意义,在于实现连续出版物处理的机械化,实现检索系统的自动化。美国国会图书馆 MARC 系统,在处理期刊和其它连续出版物方面取得了丰富经验。世界上有些国家通过引进 LC·MARC 系统,相继建立了本国的 MARC 系统,如日本图书情报界专门组织力量研究和建立了日本 MARC 系统。目前日本大学图书馆认为,各馆无需都建立自己的系统,比较经济的方法是直接购入 LC 生产的"LC·MARC 连续出版物系统"磁带。

　　鉴于我国这方面的经验较少,所以,在这里对 LC·MARC(S) 系统作简单的介绍。

一、期刊出版发行的频率与记录

　　LC 连续出版物 MARC 系统,实际上就是美国国会图书馆发行的有关连续出版物的书目数据库。它是在国际市场上很容易买到的产品。一年发行一卷,到 1978 年已出刊第六卷。从第一卷到第四卷,每年度出一卷,从第五卷开始,改为季刊。现在每四周出一期。

　　LC·MARC(S) 系统每一刊名产生一个记录,即刊名与记录是一对一的关系。所以,记录数和所收录的刊名数是一致的。它的第一卷收录约六千个记录,到第五卷时,已达到二万八千多个记录。下面是美国国会图书馆连续出版物 MARC 卷数与记录数:

卷	期	物 理字块数	逻 辑记录数	索引记录输出件数(字段)合计(245、247、780、785、787*)
1	全	}(校正)	14611	18138 （全刊名 247,14611）
2	全			
3	全	4202	12447	16179 （247,12447）
4	全	6169	16902	23579 （245,16901）
5	Q₁	2286	5915	8521 （245,5915）
5	Q₂	3198	8264	12290 （245,8264）
5	Q₃	3645	8837	13098 （245,8837）
5	11	259	693	989 （245,693）
5	12	1677	4288	6201 （245,4288）
6	1	922	2289	3464 （245,2289）
6	2	725	1737	2705 （245,1737）
6	3	833	1936	2978 （245,1936）
6	4	412	972	1478 （245,972）
6	5	1324	3049	4910 （245,3049）
6	6	264	591	968 （245,591）
6	7	1340	3114	4728 （245,9114）
6	8	1977	4598	6894 （245,4598）
6	9	823	1961	2944 （245,1961）

* 字段标识符(Tag#)

二、记录格式与组合字块

下面所列的格式摘自 1974 年美国国会图书馆《连续出版物：MARC 格式》第二版。每个记录的字数为可变长，分为二千零四十八字节的字块，是一种可变格式可变长的记录格式。

MARC(S)记录格式结构由四部分组成：

1. 头标区。与前述的图书 MARC 格式相同，只是第三项凡例中的书目级别为"S"。

2. 目录区。与图书 MARC 格式完全相同。

3. 控制区(见下表)。

4. 可变区。

LC·MARC 连续出版物字段与标识符号

标识号	字 段 名 称	说 明
001	控制号	用 ISSN
002	专刊、特刊子记录指南	
004	相关记录指南	用于丛书、期刊刊名与单行本相互联系
008	固定长数据单元	比图书 MARC 多三项
010	LC 卡片号	
015	国家书目编号	
022	ISSN	
025	海外采购号	
030	CODEN	代码数字系统
035	区域系统号	
037	库藏号	
040	编目来源	
041	语言	
042	鉴定中心	
043	地理区域编码	
045	编年范围编码	
050	LC 索引号	
051	LC 复制说明	
055	加拿大图书馆索取号	
060	国家医学图书馆索取号	
070	国家农业图书馆索取号	
072	NAL 主题范畴号	

（续表）

标识号	字 段 名 称	说　　明
073	加拿大国家图书馆主题范畴号	
074	联邦政府出版局项目号	
080	国际十进分类法	
082	杜威十进分类法	
100	主要著录——人名	
110	主要著录——团体名	
111	主要著录——会议名称	
130	主要著录——统一刊名标题	
200	封面刊名	
210	简化款目或刊名	
222	关键题名	按 ANSI 标准
240	统一刊名	
242	翻译刊名	
250	出版项	
260	印刷	
265	订购地址	
300	稽核项	
310	出版频率	指不定期刊物
320	出版频率控制情报	
321	以前频率控制	
330	出版型号	指编号规格
331	以上出版型号	
350	订购价格	
362	出版日期、卷数	
500	附注	
510	索引和文摘附注	
525	副刊注记	指明增刊、特刊和副刊情况

标识号	字 段 名 称	说 明
530	可供使用的物质形式	
570	著者附注	
600	主题标题——人名	
610	主题标题——团体名	
611	主题标题——会议名	
630	主题标题——统一刊名	
635	累积索引	
650	主题标题——论题	
651	主题标题——地名	
700	附加款目	
760	丛书款目	
762	副丛书款目	
765	原文款目	
767	翻译款目	
770	副刊/特刊款目	
772	母体记录款目	指母刊存取标识符号
775	其它可供使用款目	指本刊外号有可供使用的版本记录
776	其它可供使用的物质形式款目	
777	共同发行款目	
780	以前的款目	
785	以后的款目	
800	丛书附加款目	
850	入藏数	

上表所列 008 固定长数据单元共二十二项。包括：

刊物出版起止日期；

终刊日期；

国家代码；

出版周期（日刊、周刊、半月刊、双周刊、月刊、双月刊、季刊、半年刊、年刊等）；

出版规律；

丛书；

子丛书；

出版物类型名称（期刊、丛刊、报纸）；

物质形式（印刷形式、缩微形式、穿孔卡等）；

复制形式；

内容形式（文摘纪要、统计、年鉴、指南、书评等）；

政府出版物名称；

会议文献；

索引；

附件；

特刊；

出版物上所提刊名；

语文；

编目来源。

三、LC·MARC(S)刊名变更著录方式

连续出版物常有刊名变更情况，其著录方式有两种：独立刊名著录和新刊刊名著录。两种著录方式连续出版物的 MARC 系统都采用。若用前一种方式，字段标识符 780 续以前的刊名，785 接以后刊名。而新刊著录方式则以 247 字段标识符表示以前刊名。下面是关于刊名变更的字段著录格式：

●字段标识符 245：刊名全称

指示符（从略）

子字段编码

　　$a　简短刊名

　　b　副刊名

　　d　分段/分部/丛书指定名称

　　e　分段/分部/丛书名称

　　c　书名页转页残部

●标识符 780：

第二指示符		子字段	
○	接前页	$a	团体/个人名称主款目
1	部分接前页	t	刊名全称
2	更换	c	出版地
3	部分更换	d	出版日期
4	用连词 and 造句	g	有关联的日期
5	并入	x	ISSN
6	部分并入		

●标识符 285：　　　　　　　　标识符 247：

第二指示符			
○	承继名	$a	简短刊名
1	部分承继名	b	副刊名
2	更换名	d	}与 245 同
3	部分更换名	e	
4	并入	f	卷 1 期号或日期
5	部分并入	h	混杂情报
6	分割为__和__	x	ISSN
7	合并成为		
8	变更后		

子字段与字段 780 相同。

注意:关于 785 字段的第七个指示符的使用法,如下图例所示,MARC(S)第四卷的 31 号记录与 167 号记录"合并成为"新记录。例中《EURODEAN COMPUTER SURVEY》(缩写为 ECS),《BRITISH COMMERCIAL COMPOTER DIGEST》(缩写为 BCCD),《EUROPEAN COMPUTER USERS HANDBOOK》(缩写为 ECUH),三刊合并为《COMPUTER IN EUROPE》(缩写为 CE)。其中,31 号记录为 ECS,167 号为 CE。这就不难看出:CE 是由 ECS、BCCD、ECUH 合并而成的。

刊名变更著录实例:

REC. NO = 31

Leader 01030nas 2200277 4500

001 0018 68021672//r75

⋮

245 0030 00 $aEUROPEAN COMPUTER SURVEY

⋮

580 0126 a UNITED KITH THE BRITISH COMMERCIAL DIGEST and THE EUROPEAN COMPUTER USERS'HANDBOOK to FORM COMPUTERS IN EUROPE.

⋮

785 0040 17 $tBRITISH COMMERCIAL COMPUTER DIGEST.

785 0038 17 $tEUROPEAN COMPUTER USERS HANDBOOK.

785 0025 17 $tCOMPUTERS IN EUROPE.

REC. NO = 167

Leader 00893nas 2200241 4500

001 0018 72182845//r75

⋮

245 0025 00 $aCOMPUTERS IN EUROPE.

⋮

580 0140 a FORMED by the UNION of the BRITISH COM-
MERCIAL COMPUTER DIGEST, the EUROPEAN COMPUTES USE-
RS HANDBOOK, and the EUROPEAN COMPUTER SORVEY.
650 0038 0a COMPUTERS xCATALOGS xPERIODICAL.

⋮

⋮

⋮

四、连续出版物的索引编制法

LC·MARC(S)编制刊名索引,一般采取与 ISSN 同样的格式,
包含同样的记录项目。只是这两种索引的输出顺序不同。所以,
下面先介绍构成索引记录的数据项目。下表就是索引记录的格式
和数据项目。

连续出版物的索引记录是由索引标题词部分和连接本文的对
应符号部分组成的。索引标题词部分包括的数据项目有:刊名、
ISSN、CODEN、LC 卡片号和附加字段标识符。对应符号部分,包
括卷号、记录号、辅助情报的字块号。

由于相似的刊名比较多,为便于区别,可尽量使索引标题词完
整一些,不过,考虑到索引列表形式如用两行记述索引词,则有碍
查阅,所以,规定只取刊名的前五十字符。

刊名变更调查用记录:

卷号×	字块号×(15)	记录号×(5)	字段×(3)	指示符×(2)	刊名×(50)	ISSN×(9)	CODEN×(6)	LC卡片号×(25)
键盘输入	字块数	记录数						

		字段	指示符	刊名	ISSN	CODEN	LC卡片号
A型	245	字段指示符	245子字段a数据	字段022子字段a的数据	字段030子字段a的数据	子段001数据
B型	247	指示符247的子字段数据	247子字段a的数据	247子字段x的数据	空白	空白
C型	780	指示符780的子字段数据	780子字段t的数据	780子字段x的数据	空白	空白
D型	785	指示符785的子字段数据	785子字段t的数据	785子字段x的数据	空白	空白
E型	787	指示符787的子字段数据	787子字段t的数据	787子字段x的数据	空白	空白

如上所述,刊名包括:现刊名、以前刊名、续以前刊、接继以后刊及相关刊物等,对这些字段都分别给以标识符 245、247、780、785、787。此外,对于有关刊名变更的辅助数据,则用一定的指示符表示之。总之,在追查刊名变更事项时,标识符(TAG)和指示符(indicator)的数据是很必要的。

另外,刊名中有全称刊名和键词刊名,一般都取全称刊名。如上图将刊名分为 A、B、C、D、E 五种类型,以便索取相应的数据。

ISSN 的字段长定为九个字符,即 9bit。

CODEN 只用于现刊,使用频率不高。不过,它对于科技部门来说,是一种很实用的编码法。这种编码可以编索引。字段长规定为六个,即 6bit。

美国国会图书馆卡片号码已成为连续出版物 MARC 的控制关键,所以,也应当编出索引。不过,它的字段长很不一致,从第一卷到第四卷这个范围来看,25bit 就足够用了。实际上有的卷,二

卷	块　　号	记录号	标识符	指示号	
3	1,817	5,424	245	00	SCHOOL LIBRARY JOURN
4	42	91	787	1	IRREGULAR SERIALS & A
4	5,144	16,834	787	1	IRREGULAR SERIALS & A
1	8,434	8,434	245	00	PREVIEWS:
4	835	2,171	245	00	PREVIEWS:
1	87	87	245	00	BOWKER SERIALS BIBLI(
4	270	655	245	00	BOWKER SERIALS BIBLI(
4	42	91	245	00	ULRICH'S INTERNATION
4	5,144	16,834	245	00	ULRICH'S INTERNATION
1	73	73	245	00	SCIENTIFIC AND TECHNI
1	4,133	4,133	245	00	INTERNATIONAL BIBLIO(
4	550	1,667	245	00	INTERNATIONAL BIBLIO(
3	4,055	11,974	245	00	LAW BOOK GUIDE.
1	402	402	245	00	LAW BOOK GUIDE.
4	355	884	245	00	LAW BOOK GUIDE.
1	383	388	245	00	FINE ARTS MARKET PLA

刊 名	ISSN	CODEN	LC 卡片号
AL	0000 – 0035		75641012
NNUALS	0000 – 0043		
NNUALS	0000 – 0043		
	0000 – 0051		74640638／R75
	0000 – 0051		74640638／R75
GRAPHY SUPPLE MENT.	0000 – 0094		72002677
GRAPHY SUPPLE MENT.	0000 – 0094		72002677
AL PEREODICAL DI RECTORY.	0000 – 0175		32016320
AL PEREODICAL DI RECTORY.	0000 – 0175		SC77000350
CAL BOOKS IN PRINT.	0000 – 0248		71037614
RAPHY , INFORMA TION , DOOUMENTA	0000 – 0329		73646333
RAPHY , INFORMA TION , DOOUMENTA	0000 – 0329		73646333
	0001 – 0353		76640021
	0001 – 0353		73075445
	0001 – 0353		73002497
CE.	0001 – 0361		73008590

块号 = 000001   **记录号 = 000001**   头标 = 00542nas 22001691

　　001：   4703410011r73   008：740129U19UU999

　　042：   alc   050：00 aLH3   b. U56

　110：20   aUniversidad Nacional de san Agust in.

　245：00   a Revista.

　260：10   a Arequipe. Paru.   300：billus，plates（Patr f

　500：   a Some Numbers issued without and others with slight var

　610：20   a Universidad Nacional de san Agust in.

块号 = 000002   **记录号 = 000002**   头标 = 00625nas   22001931

　　001：   5003485011r552   008：731213U19479999

　　042：   alc   043：anvvmq

　245：00   aRecueil des actes adminstratifs.

　260：10   a［Fort − de − France］   300：   c32   cm

　500：   a Numbers   for sept. 1947 −〈Jan. 15   1947〉add   subtitle

　650：0   a Administrative law ZMartinique.

块号 = 000003   **记录号 = 000003**   头标 = 00371nas   220

4500

PC ×   0   0spa

082： a378.85/3   010： a   47034100//r73

ld) ports   Ports. , fassims. c21 cm.

ation   in title.

4500

q   wx1   1   30   0fre

050：00   alaw   010；a   50034850//r552

110；10   aMartinique

362： 0   al. – ann ee；25   sept. 1947 –

actes   1   egislatifs；arr et. d'ecisions et circutaion du pr'efet.

651；0   aMartinique XPolitics and government.

1571   4   500

十五个字符是不够用的,例如,第五卷第一册第一字块的记录,竟多达三十六个字符,如:

　　bbb72342164//R752Zbbb726274336//R73

　　这个数据,实际上是由两个 LC 卡片号码组成的。这样的例子五、六卷上可常常遇到。

　　下面简要介绍一下磁带的连续出版物索引文档编制索引情况。

　　磁带制成的索引文档,是由排序程序和合并程序构成的文档。如果是刊名索引,则排序键的第一键码是刊名,第二键码是 LC 卡片号码,第三键码是记录号。如果是 ISSN 索引,则不要空白记录,而按标准刊物号码排序。上述这样制成的索引文档,一般可不用打印程序(REPTS),而由联机打印输出。

　　为便于读者参考,现将《刊名索引》、《ISSN 索引》、《CODEN 索引》和《LC·MARC(S)索引》附列如下(摘自《日本大学图书馆系统化》)。

本章主要参考文献

[1]《大学図書館のシステム化》,1981,p. 354 – 365。

[2]《Encyclopaedia of Library and lnformation Science》,1975,p. 389 – 396

[3]沈迪飞等编:《电子计算机在图书情报工作中的应用》,1982.98 – 107 页。

第八章 文献叙词标引技术

第一节 基本概念

所谓标引就是用一定的语词或其它符号形式描述或标识文献的主题内容的过程和方法。从这个一般意义来讲，图书分类法、标题法、单元词法、键词法以及叙词法都属于文献标引法范围。标引的主要目的是为了便于检索。无论是电子计算机化的检索还是一般手工检索，标引的作用就是引导检索者准确而迅速地找到所需要的文献。

现在，我们把文献标引法作为图书馆的现代化技术来介绍，是因为它与情报检索行为和建立情报检索系统有着密不可分的联系的缘故。众所周知，情报检索本身就属于现代化的概念，而情报检索的最主要的现代化手段就是计算机化。计算机化的情报检索系统，所以能够高效能地工作，除机械化本身的条件外，就是要求情报输入标识的高度准确性和一致性。上面谈到的叙词标引法就是针对这种需要而发展起来的，所以叙词标引法是一种新的文献标引技术。

叙词法不同于传统的分类法和标题法。后两者都是利用先组式检索语言（分类表、标题表）提供一种文献组织的技术，而叙词法则是利用后组式检索语言（叙词表），为文献内容主题间的后显关系提供一种"坐标组配标引"，它是选定一套（或一组）叙词来表明一篇文献的内容主题特点的。所谓坐标组配标引,就是把一定知识领域里的所有主题看作是一个多维空间,空间中的每一点代表某一事物概念,把它用一组"坐标"的组配来表示,这些坐标就是叙词。所以,叙词组配标引法体系和思想与传统的分类法体系有着本质的区别。

叙词法的组配原则是通过布尔代数的逻辑乘用简单概念构成更复杂概念提供广泛的可能性,使这种标引法具有很强的构词能力,也就是具有很大的表达主题后显关系的语义力。这种语义力可使叙词情报检索语言减少词汇量。例如:国际十进分类法的五和六大类包括十万个子类目,相应的标题表包括七万个主题标目,而叙词语言只用五到七千个叙词和词组就可发挥同样词汇量的标引作用。

叙词标引法是 1947—1949 年间,由穆尔斯(Calvin. N. Mooers)提出来的。当时是为了准确地识别情报的主题,提高情报检索效能而提出的一种智能技术。这种方法一提出便引起图书馆学和情报学界的广泛重视。根据穆尔斯对于这种思想的总结得出,在情报科学发展史中叙词法之所以引起人们重视的主要原因是:①叙词法作为一种智能标引技术,它是杜威·布里斯和阮冈纳赞等人的文献分类法的先驱思想的逻辑继续和新发展。而这种先驱思想发展的核心,就在于它为检索机械化和计算机在情报检索中应用的可行性提供了方向。②叙词法是主题分类检索的先驱思想的新发展。③叙词法适用范围十分广泛,不论自然科学或社会科学的各种文献的标引都可运用这种方法。④叙词法的出现促进了情报检索系统的发展,使它开始了新的转折,从根本上动摇了统治了一百多年的传统的等级分类法的基础,为文献标引法开辟了一个新的起点。⑤引起图书馆界对传统的组织文献原则和方法发生怀疑。

从此,叙词标引法便被广泛地应用于情报科学、图书馆学、电子计算机科学和其它一些领域。特别是情报检索系统的建立和利用,都必须经过这种标引。现在,有人用数学语言来描述标引的特殊规律,形成了标引理论(Theory of Indexing)。标引作为一种文献管理技术,一般把它理解为一个过程,这个过程通常包括如下两个阶段:①确定(靠人的直观经验和智力)一篇文献的中心问题或主题;②选用一定情报检索系统所采用的检索语言描述或标识文献的中心问题或主题。这种标引法既可用于机检系统,也可用于手检系统,不过,无论用于什么系统,人是标引过程的必要因素。在目前的技术水平上,还没有研究出比人的智力更有效的形式和方法来确定文献的中心问题或主题,换句话说,标引过程还不能完全实现自动化。不过,对于从事文献标引的人员来说,"要作好标引工作必需具备专业知识,这一点怎么强调也不过分"。

第二节　标引语言与词表控制

一、什么是标引语言

标引语言是根据情报存贮和情报检索的需要而产生的一种人工语言。这种语言专用于描述文献的中心问题或主题,以及其它文献特征(包括外表特征),或用于情报提问的内容的规范化。

所谓人工语言是对自然语言而言的。作为人类社会的交际工具,自然语言是一种信息交流、思想交流的符号系统,是人类思维的特有的表象形式。人类思维规律是人类共同固有的特征,所以,尽管由于自然的、人文的历史环境不同而产生了全世界数百种语言,但它们所表达的思维规律却是一致的。这就是语言所以成为人类社会交际工具的自然根据。正是因为语言的这一特点,才使翻译(口译、笔译、自动翻译等)成为可能。

语言（指自然语言）在整个人类文化发展史中对人的思维表现力是无限的，语言几乎能够表达已被认识的世界的一切概念和知识。为体现它的无限表现力或语义力，语言往往要靠它的用词的灵活性、表达的多样性，例如：同义概念的多词性、同词的多义性、不同词的类义性、同音异义性等。我们日常所用的义符文字的汉语词，上述特点更为突出。

上述自然语言的特点，适于社会交际的直接信息交换，如直接对话或写文章时，为了表达发言者的态度、观点，往往利用自然语言的特点，发挥语言的表现力和艺术。如我们对于"做买卖"的人，叫它"老板"、"商人"，也可叫他"资本家"。但是，如果用这样的自然语言进行文献情报存贮和检索，就将碰到一些困难，例如：谷物中的"玉米"这个词，在东北三省的文献上用的是"包米"或"棒子"，在四川省的文献上用"包谷"，福建用"玉蜀黍"，广东用"蜀米"等等。如果按自然语言的形态把这些词输入检索系统，无疑将把同一事物的表达分散在五、六个地方，像这样同一事物不同名称，加以不同标识，就不可能进行比较，当然也就无法进行交流，从而也就不可能有准确而完整的情报输出。因此，参加情报检索系统的自然语言，必须加以规范化的控制。其控制过程如下图所示：

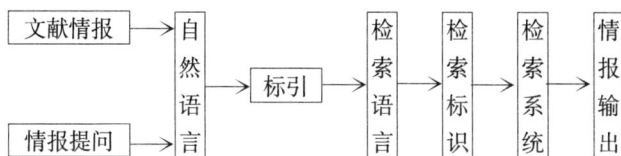

图8.1　标引语言规范化处理过程

如上图所示，文献和提问所用的自然语言经过标引处理，转换为检索语言或标引语言，由标引语言组成检索标识，用有结构的检索标识的集合构成检索系统，最后完成情报输出的任务。

标引语言规范化处理,主要使自然语言的多义性、同义性、同音异义性成为一词一义的单义性。像这样经过规范处理的语言就称为情报检索语言。

二、情报检索语言的功用与特点

情报存贮和标引用的情报检索语言应具备以下功用和特点:

1. 标引语言应和普通语言现象一样,具有词汇和语法的功能,应能准确地表达文献内容涉及的中心问题或主题,使它们成为具有高度可检性的检索标识。

2. 构成标引语言的基本词汇,应当单义化、规范化,为检索标识与情报提问提供两相比较的前提。

3. 为适应检索机械化的需要,标引语言应当具备逻辑代数的算法比较的特点。

例如:"图书馆和自动化"这两个并列的概念,就是在"图书馆"这个概念的坐标系中和在"自动化"这个概念的坐标系中,查找出那些中心问题或主题既属图书馆,又属于自动化的文献。其操作的结果,被查找的文献集合如下图所示:

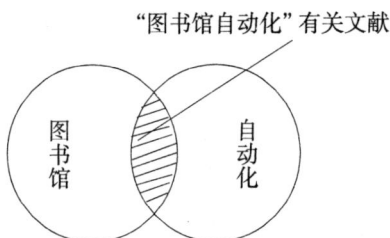

图8.2　相并概念逻辑乘图

4. 标引语言的标识原则应表现出明显的客观性,即使用标引语言进行标引的人员不得随意赋予语言以主观性因素,不能随加限义或评论。

5. 为有效地表达词间关系,标引语言应具备完整的参照系统。参照系统应能反映两种关系:①语词间的关系,如反义词、类义词、同义词的参照关系,就属于语词间的关系;②语义逻辑关系,如概念间的诸关系就属于逻辑关系。例如:汞和水银,是同义词,这两个词之间的关系就是词间关系,而水银的毒性则是水银和毒性之间的关系,就是一种事物和它的属性之间的关系,即语义逻辑关系。

标引语言就是要把这些关系用一定的符号和体制显示出来。

为保证标引语言能够实现上述的功能,必须采取一定的控制手段,设制一定的控制工具。这种控制工具就是我们所熟知的叙词表(Thesaurus)。

第三节　叙词表

一、什么是叙词表

叙词表的英文原词为 THESAURUS。这个古老的名词用于情报学是从五十年代开始的。"THESAURUS"这个词是从古希腊语来的,东罗马帝国时代,它通用于雅典。当时的词义为宝库、军械库,后转义为知识库,到欧洲文艺复兴时期,THESAURUS 成为词典的同义词了。十九世纪五十年代,英国语言学家罗杰特(Roget)写了一本很有名的书:《THESAURUS of English words and phrase》(《英语词和词组的词库》),书中用了这个词。一百年后的 1950 年,这个词又出现在美国。到五十年代中期以后,又出现在日本,被译作《情报检索词典》或音译为《シソルース》。六十年代初期它被引进到我国,译名不统一,大多数译为叙词表。"THESAU-RUS"初出现在美国时,曾一度引起理解上的混乱,后经联合国教

科文组织所属"世界科学情报系统"（UNISIST）进行整理,提出了一个标准定义:

"按 THESAURUS 的功用,它是用来把文献中、标引者和用户的自然语言转译成可控制的'系统语言'的一种术语控制工具。按 THESAURUS 的结构,它是关于一定学科领域的具有语义相关、族系相关的规范化动态性词典。"

根据上面的定义可以看出,叙词表(或控制词表)的主要功用是:①为文献组配标引提供后组式的规范词;②为情报检索提供控制的语言工具,把语义上相关的控制词汇联系起来,便于全面检索。为此,叙词表所提供的叙词(或控制词)必须能够准确表达文献的情报内容和数据。叙词表提供的叙词的词义,必须确切,不能含混。为解决这些问题,叙词表所收的叙词必须加以语词控制。

二、叙词表结构与词的控制

叙词表的基本结构是建立在叙词之间的相互关系的基础上的。叙词之间的关系基本上有三种:①同义词的优选关系;②族系关系(同语族的等级关系);③相关关系(不同语族的相关关系)。

在叙词表中分别采用了三种符号来表示上述的三种关系。

1.表示优选关系及其符号。

UF　UF＋　SF

这三种符号都是指明在同义词当中优选为标引词的词,即作为优先选用的词。这种词在叙词表结构中称为正式主题词或叙词。在优选过程中有三种不同情况。

第一种情况:从几个同义词中优选出一个词作为标引词。这时,在被选作优选词的下面加符号"UF"。如:

化学反应

UF　异构化

第二种情况:在处理同义词的优选关系时,有时被优选的标引

184

词不足以代相应的落选词,需要两个以上的优选词才能全代相应的落选词或称非正式主题词,也就是需要组合两个或两个以上的叙词才足以代一个非叙词,所以,称为"组代"。它的符号为"UF +"。如:

　　化学反应

　　　　　UF　异构化

　　　　　UF +　离子反应

　　第三种情况:有的未被优选的非正式主题词,不能用相应的优选叙词来代,而需要别的正式主题词代。从这两个正式主题词的关系来看,是"见代"关系,所以,称"见代"。符号为"SF"。如:

　　化学反应

　　　　　UF　　异构化

　　　　　UF +　离子反应

　　　　　SF　　生成

　　2. 表示同语族的等级关系及其符号。

　　同语族的等级关系,指的是一个标引词(或叙词)和它的上位概念与下位概念的词间关系。这种关系可表示为:A_1、A_{11}、A_{111} 的关系,显然是概念的族系关系。鉴别这个关系应掌握一点,即它是指同族概念而不同等级或不同的专指级的词间关系。表示这种关系的符号为族系符号,至少由两个符号表示:

　　上位概念符号为"BT"。为表示不同层次,可用 BT1,BT2,BT3……为上属项;

　　下位概念符号为"NT",不同级可用 NT1,NT2,NT3…为下分项。如:

　　化学反应

　　　　　NT1　分解

　　　　　NT2　溶剂分解

　　　　　NT3　水解

　　　　　NT4　皂化

皂化

     BT1   水解

      BT2   溶剂分解

       BT3   分解

        BT4   化学反应

注意:根据国际标准规则,最典型的族系关系,有地理区域划分和人体解剖系统与器官的关系。另外,专指叙词必须是较广义叙词所表达的概念的下位概念方能按族系关系处理。

叙词的族系关系还有个现象值得注意,即如果叙词是最专指级,即最低位概念,则它的关联词就都是上属项,反之,是族首词时,则它的关联词全是下分项。如:

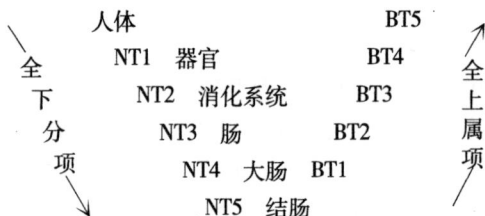

3. 表示不同语族的同一专指级的词间关系及其符号。

这是不同语族的词间相关关系。它与上述的族系关系正相反,所用的相关符号为"RT"。如:

化学反应

     RT   催化

     RT   同位素交换

4. 叙词单元与关联词。

叙词单元是构成叙词表的基本结构单位,一个词单元有时也称为叙词表的一条款目。一般在词表中按字顺排列的每一条款目,就是一个词单元(Word Block)。

词单元中的全部词项称为关联词（Associated terms）。它包括叙词的上属词、下分词、相关词和见项、用项、代项、见代等项目,都是该叙词的关联词。不过,不是每个词单元都要把这些项目全列举上去的。

从现有的中外叙词表的词单元结构来看,一般词单元是由三部分构成的:

①叙词标目部分,包括:

正式主题词(标引词);

等价词(多语种对译词)。

②叙词附加部分,包括:

限义词;

定义注释、范围注释;

范畴号码;

族首词标识符(*)。

③关联词部分,包括:

上属词(BT);

下分词(NT);

相关词(RT);

见项(See);

用项(USE);

代项(UF);

见代(SF);

组代(UF +)。

不同的叙词表所用的标注词间关系的符号不尽相同,而且与不同的语种密切相关。为此,国际标准化组织提出两种标准形式:一种是文字型标注符号,另一种是中性的与语种无关的纯符号型的标注符号。见下表:

英文符号	中文符号	法文符号	德文符号	国际通用符号	特号含义
BT	S(属)	TG	OB	<	上位词
NT	F(分)	TS	UB	>	下分专指词
RT	C(参)	VA	VB	–	相关词
SN	注释	NE	D		
TT	Z(族首词)				
UF	D(代)	EP	BF	⊬	指所代的非叙词
USE	Y(用)	EM	BS	=	指应使用的正式词

说明:上表中所列举的标注符号是根据国际标准草案(ISO/DIS2788)《单语种叙词表编制规则》1981年版的附件和正文所列的标注符号整理的。值得注意的是,这些标注符号只适用于书本式叙词表,对机读载体词表(如磁盘或磁带等)中的词间关系符号则可用其它任何字符组合形式,只要在打印的书本式词表中能转换成标准的符号体系即可。

三、叙词表编制方法

根据国际标准有关规定,叙词表有三种编制方法:①主表字顺编排法,附注释和关联词。②主表范畴族系编排法,附字顺索引。③主表图示法,附字顺部分。

此外,近年来在国外多采用机编法。下面分别举例说明。

1. 字顺编排法。

字顺编排法,是编排叙词表最通用的一种方法,也是最简易的方法。这种编排法是把全部主题词,包括正式主题词和非正式主题词都作为一条单独的叙词款目按照字母顺序(或汉字排检顺序)编排。这种编排法的每个非正式主题词通常都附有一个参照项,即"USE"(用)项,用它指出同义的正式主题词。在每条正式主题词下面,可列出必要的下列各参照项:

①含义注释和事项注释。

②代(UF)项,指出同义的非正式主题词。

③族首词(TT),必要时用它指明上属的族首词。

④属项(BT),指出上位词。

⑤分项(NT),指出下分词。

⑥参照项(RT),指出相关词。

字顺表编排举例:

CAMERAS

BT	OPTICAL EQUIPMENT
NT	MOVING PICTURE CAMERAS
	STEREO CAMERAS
	STILL CAMERAS
	UNDERWATER CAMERAS
RT	PHOTOGRAPY

CINE CAMERAS

BT	MOVING PICTURE CAMERAS
NT	UNDERWATER CINE CAMERAS
RT	CINEMA

CINEMA

RT	CINE CAMERAS

DIVING

RT	UNDERWATER CAMERAS

INSTANT PICTURE CAMERAS

SN	Cameras which produce a finished print directly.
BT	STILL CAMERAS

2.叙词表范畴或族系编排方式。

叙词表中的词按范畴或族系编排时应包括两部分:①按概念的逻辑关系体系或词义关系将叙词编排成范畴表或词族表;②附

列字顺索引。

　　上面两个部分之间可用词序号连接起来,即在范畴表中的每条正式主题词都编个序列号,有的表采用层累制的标记体系。这种编排形式是以叙词范畴表作为主表(主体部分),关联词主要编在这部分,而字顺表则作为辅助部分。下面就是一种典型的范畴表编排实例:

　　主体部分(词族部分):

301　OPTICAL EQUIPMENT

302　　CAMERAS

　　　RT PHTOGRAPHY　824

303　　MOVING PICTURE CAMERAS

304　　　CINE CAMERAS

　　　RT CINEMA　895

305　　　　UNDERWATER CINE CAMERAS

306　　　TELEVSION CAMERAS

　　　RT TELEVISION　897

307　　STEREO CAMERAS

308　　STILL CAMERAS

309　　　INSTANT PICTURE CAMERAS

　　　SN Cameras which produce a

　　　　finished print directly

310　　　MINIATURE CAMERAS

　　·

　　·

　　·

　　辅助部分(字顺部分):

CAMERAS　302

　RT PHTOGRAPHY　824

190

CINE CAMERAS   304

DAVING   391

  RT UNDERWATER CAMERAS   316

INSTANT PICTURE CAMERAS   309

  SN Cameras which produce a finished

    print directly

  ·

  ·

  ·

MOVING PICTURE CAMERAS   303

OPTICAL EQUIPMENT   301

PHTOGRAPHY   824

  RT CAMERAS   302

STEREO CAMERAS   307

STILL CAMERAS   308

TELEVISION   897

  RT TELEVISION CAMERAS   306

TELEVISION CAMERAS   306

  RT TELEVISION   897

  ·

  ·

  ·

　　3. 叙词表图示编排法。

　　这种图示法是把词与词间的关系用二维图形表示,通过图示法可以直观地了解一族叙词的相互关系。现有的图示法叙词表有许多种,不过,最主要的形式有树型结构图和箭头关系图两种。

　　图示法叙词表也应包括两个组成部分:即图示部分和字顺部分。前者只用于编排正式主题词,各词下不附注释和关联词,用代号表示主款目图。注意,每个词不需要再排序号。每条叙词在图中的位置采用方格坐标系统表示。

树型结构图举例:

仍取"CAMERAS"一词为例,将它作为最上位词列于表头,下分词按树型结构分列在下面。以线段表示属种关系。

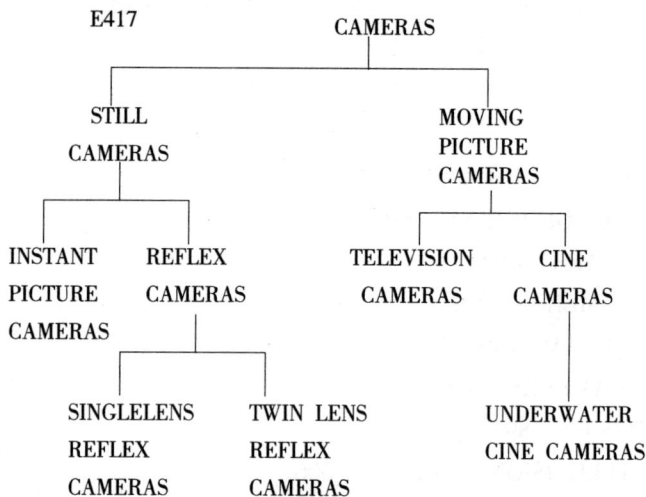

E417　　　　　　　　　　CAMERAS

STILL
CAMERAS

MOVING
PICTURE
CAMERAS

INSTANT
PICTURE
CAMERAS

REFLEX
CAMERAS

TELEVISION
CAMERAS

CINE
CAMERAS

SINGLELENS
REFLEX
CAMERAS

TWIN LENS
REFLEX
CAMERAS

UNDERWATER
CINE CAMERAS

树型结构图字顺索引从略。

箭头关系图:

这种图示法也由两部分构成。下面只介绍"箭头关系图",字顺索引部分从略。

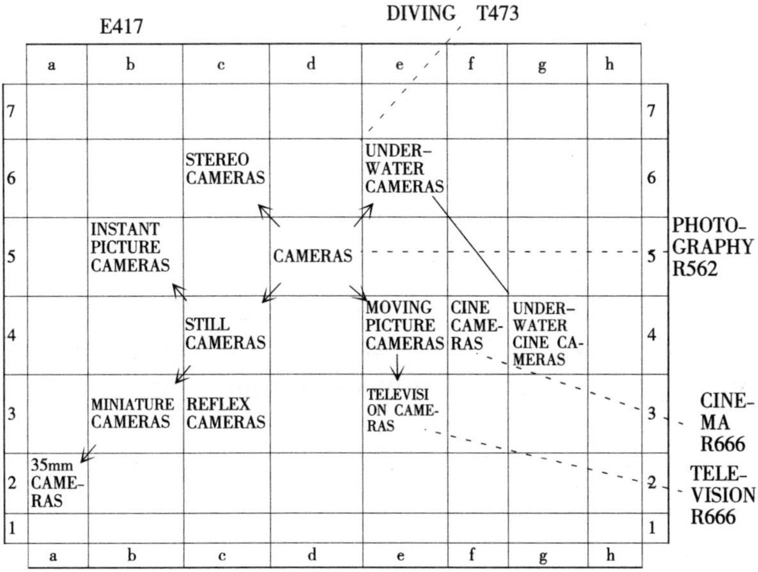

E417　　　　　　　　　　DIVING　T473

	a	b	c	d	e	f	g	h	
7									7
6		STEREO CAMERAS			UNDER-WATER CAMERAS				6
5	INSTANT PICTURE CAMERAS		CAMERAS						5 PHOTO-GRAPHY R562
4		STILL CAMERAS		MOVING PICTURE CAMERAS	CINE CAME-RAS	UNDER-WATER CINE CA-MERAS			4
3	MINIATURE CAMERAS	REFLEX CAMERAS		TELEVISI ON CAME-RAS					3 CINE-MA R666
2	35mm CAME-RAS								2 TELE-VISION R666
1									1
	a	b	c	d	e	f	g	h	

图8.3　箭头关系图

四、计算机编表法

靠手工编制叙词表是一项十分繁重的工作。它不仅工作量大，而且操作必须十分细致，稍有不慎，就会造成误差。所以，现在一般都采用计算机编表。不过，计算机编表是要在人工选词和确定词表形式的前提下实现的。目前可以利用机器操作的一般有下列一些工作。

1. 数据收入处理。

这项操作就是把选好的叙词作为输入的源程序进行输入。情报载体多用八十列穿孔卡片，作分区输入，即一到八列为关联词区，九到三十八列为叙词区。第一张卡片输入款目叙词，字符不能超过三十个,否则采取截词的方法。关联词逐项占用一张卡片,即从第二张卡片起为关联词项输入载体。其中,注释项因用字较多,可以续卡,但不得超过九张,续卡要编顺序号。例如,把下列的词单元有关数据输入:

CAMERAS

    BT   OPTICAL EQUIPMENT

    NT   MOVING PICTURE CAMERAS

    RT   PHOTOGRAPHY

第一,通过字母穿孔把 CAMERAS 穿入第一张卡片。

第二,在穿孔卡片一到八列的部位上把 OPTICAL EQUIP-MENT 穿入第二张卡片,把 MOVING PICTURE CAMERAS 穿入第三张卡片,把 PHOTOGRAPHY 穿入第四张卡片。

穿孔卡片输入计算机后,机器按编定的程序自动进行校对和转译自由词为规范词。

2. 上位项自动登记。

电子计算机对输入的叙词按编定的程序自动将全部叙词的上位项实行登记处理,以备在以后查表时可通过不同专指级的上位项的自动显示优选叙词。

3. 自动反参照项显示。

计算机收到任一参照项的信息,都能自动地将其相对的参照项显示出来,如机器收到 UF(代)项这个信息时,就即刻显示出其相对的 USE(用)项的叙词。我们把下列的词单元输入机器:

CAMERAS

    BT   OPTICAL EQUIPMENT

    NT   MOVING PICTURE CAMERAS

    RT   PHOTOGRAPHY

机器可自动显示出下列的相反项的叙词:

OPTICAL   EQUIPMENT

```
    NT   CAMERAS
MOVING   PICTURE CAMERAS
    BT   CAMERAS
PHOTOGRAPHY
    RT   CAMERAS
```

4.计算机可自动校对和记录叙词使用频率。如:CAMERAS〔25;30〕

上例中的 25 是标引用频率数,30 为标引次数加上上位登记用次数。

第四节 叙词标引技术

一、标引技术的实质

标引(Indexing)就是从文献中为自己的用户选取有价值的情报的过程。标引过程就是在分析文献主题内容的基础上,确定有标引价值的基本主题概念,而后借助于叙词表所提供的情报检索语言词汇对基本主题概念加以全面而准确的描述或标识,为叙词情报检索系统提供情报来源。从标引的目的来看,它是有对象地为一定范围的读者群从大量的文献集合中选取有价值的情报资料。

情报价值的客观标准就是符合用户的切实需要,换句话说,就是选择那些切实符合用户需要的可靠的情报。所以,标引者的立足点,必须放在本系统的既知的读者(群)的地位上,从节省他们的时间考虑,从精简情报内容出发,最大限度地排除无关紧要的文献资料,主动地有目的地提供有价值的情报。为此,标引人员应从每篇文献中提炼出一到三个最符合需要的基本概念。标引实践表明,确定重要主题的基本概念,要比概念确定之后从词表中选取合适的叙词困难得多,而且它是决定标引质量的关键。

二、怎样确定主题的基本概念

1.动态概念公式法。

有人根据概念的性质把概念分为静态事物概念和动态事物概念。

(1)静态事物概念公式——对某一事物进行静态式描述的主题概念,一般不包含操作、行为、动作、作用等动态概念,称为静态概念。如:"集成电路微处理机的功能"、"现代中国人口问题"、"灰化土壤中的 pH 值"、"太空飞行失重的生理现象",这些主题概念就是事物的静态描述。设描述的对象为"O",对象的属性为"P",对象存在的条件为"C",时间关系为"T",空间关系为"S",列成公式为:

$$\begin{array}{c} O \!\!=\!\! C \\ (P) \diagdown \diagup \\ T \cdot S \end{array}$$

将上边说的"集成电路微处理机的功能"代入公式:

微处理机 = 功能

(集成电路)

(2)动态过程概念公式。在这种概念集合中(往往是个完整的语句形态),应包含:动态的主体概念、动态的受体概念、动态形式概念、动态发生条件概念和效果概念等,所以把它称为动态过程概念。如:"紫外线对图书的损害"、"海水对金属设备的腐蚀"、"中国第二次人口普查"、"γ 辐射诱发甘蔗的抗腐霉作用"和"低温下减速剂对核燃料的腐蚀"等。

公式:设动态发生源概念为"I",动态受体概念为"A",动态作用结果概念为"R",动态条件概念为"C",事物属性概念为"P",则

196

可得概念关系的公式：

① I→A→R
   （PI）　（PR）

上例中的 I 为动态源概念，它作用于 A，而后产生的结果为 R，（PI）为动态源属性，（PR）为结果的属性。

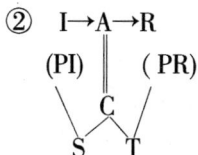

② I→A→R
   (PI) │ (PR)
      C
     S　T

如把"紫外线对图书的损害"这一概念代入公式，应为：
紫外线——→图书——→损害
（I）　　（A）　　（R）

2. 概念句法比拟法。

所谓概念句法比拟法，是把所有文献内容主题的后显关系用语法结构关系加以比拟，即用句法的基本概念，显示主题内容的后显关系。如：

主体概念—主语—A
动态概念—谓语—B
受体概念—宾语—C
定性概念—定语—D
定状概念—状语—E

说明：A－B－C－D－E 表示文献内容基本概念的主题结构序列。如：

"拱型　结构　冬季　施工　方法"
　D　　A　　E　　B　　E

3. 通用范畴法。

早在三十年代初期，印度图书馆学家阮冈纳赞（Ranganathan）

在他的"冒号分类法"中提出了概念关系的五种范畴,即大家熟知的:A 本体(Personality)、B 事物(Matter)、C 能(Energy)、D 空间(Space)、E 时间(Time)。在这种思想的影响下,英国图书馆学界于五十年代相继提出专业性范畴组面法。如 1953 年建筑学领域提出了六种范畴:A 实物:建筑结构;B 材料;C 施工;D 空间;E 时间;F 文献。1954 年,仪器制造领域提出了八种范畴:A 测试状态;B 原理;C 被测对象;D 仪器;E 应用范围;F 开发和适用;G 功能;H 文献。到七十年代,日本情报学界又提出了十种范畴(见:《日本科学技术情报手册》,第七十六页)。这里不一一列举了。

上面介绍的这些方法都是设想为文献的基本概念的主要内容提供一种模式或结构,它们对主题的分析都是经过试验证明有效的手段。从这些方法的发展趋势看来,这种抽象演绎的方法日益细致具体。实际上,在标引的实践中可以在已有成果的基础上,按照处理对象的知识领域及其语言等特点进一步加细处理,从而为一定的主题的多维空间的概念组配拟制一定的"主题范畴模式"。

三、选词标引——组配标引

经过主题分析,确定了基本概念的主题内容结构之后,标引工作就开始从叙词表中选定标引词,产生检索标识。这里不准备介绍一般的选词标引法,主要想简要介绍叙词组配标引法(Coordinated Indexing)。组配标引法是建立叙词情报检索系统的基础,是实现情报检索机械化的必要手段。

所谓组配标引,就是在确定标引词(或检索标识)过程中,选取二个或更多的叙词组配起来,表达一个更专指的概念。组配的方法有手工式的和计算机化的两种。前者是通过标点符号显示组配关系,如概念限定关系的组配,用"—"表示;概念相交关系的组配,用":"表示。

例如:飞机—结构设计

超音速飞机:轰炸机

超音速飞机:轰炸机—结构设计

计算机化叙词组配则通过逻辑运算方式进行。一般多用逻辑并,即"与"运算(AND 或＋),很少用"或"运算(OR 或·)和"非"运算(NOT,—)。

从原则上说,组配的概念必须是在语义上有内在联系的概念,这种联系关系,一般归纳为如下三种:

1.同级并列关系的概念组配,用"与"运算。如:"图书馆和自动化"组配,检索要求:在有关图书馆文献中和自动化文献中查出凡内容既涉及图书馆又论及自动化的文献。其关系如下图:

依此类推,可用简单的概念组配成更复杂的概念,找出更专指的检索标识。如:"飞机、推进器、流体力学"的组配,其检索要求是:查出兼论飞机、推进器、流体力学的所有入藏文献。

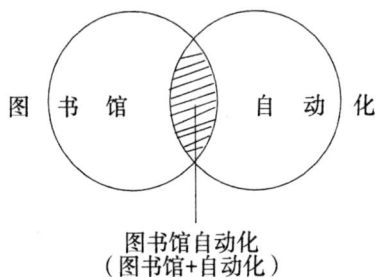

图书馆自动化
(图书馆+自动化)

图8.4

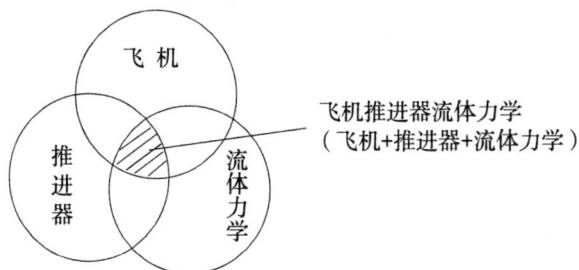

飞机推进器流体力学
(飞机+推进器+流体力学)

图8.5

199

可见,叙词组配具有很强的构词能力。

2. 概念限定关系的概念组配,用"与"运算。通过这种组配可使某一概念本身的涵义更专指,带有族系相关的性质。具体地说,是指同一事物的上位概念与其某一方面的概念之间的组配。实际上是一种语义相关的组配。所以,这种组配关系是很多的。如:

(1)事物整体概念与局部概念组配。

例如:汽车与发动机、底盘、制动装置等的组配。

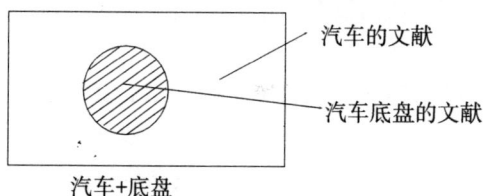

汽车+底盘

图8.6

(2)产品(生成品)与原材料概念组配。

如:"光敏电阻(光导管)半导体材料",其检索要求是:查出所有关于光敏电阻用的半导体材料。逻辑运算:

光敏电阻 + 半导体材料

(3)产品及其工艺间的概念组配。如:

轴承 + 抛光──→轴承抛光

(4)制品及其设备间的概念组配。如:

铝制品 + 合金炉──→铝制品合金炉

(5)研究对象及其所用的技术方法间的概念组配。如:

飞机 + 风洞试验──→飞机风洞试验

(6)研究对象及其性质间的概念组配。如:

硫化锌 + 光敏性──→硫化锌光敏性

(7)研究对象及其学科间的概念组配。

如:飞机 + 空气动力学──→飞机空气动力学

限定概念范围的组配关系是大量存在的。这里不多列举。

3. 概念概括组配。

这种组配是将几个相关概念组配起来,构成一个新的概念,但组配的结果不使概念范围缩小或更加专指,往往使新概念更加概括,涵义范围更大。如:

数学＋物理学──→数理科学

铁路运输＋公路运输──→陆路运输

四、叙词标引质量控制

要控制标引质量,加强标引效果,需采取如下措施:

1. 连符法(Link)。

叙词标引显示的复杂的主题关系,只靠叙词本身是不能准确地显现出来的,单靠叙词来显示也容易造成误差或"假组配",会使检索过程中应输出的情报未得输出,造成漏检现象,影响检全率;而不该输出的情报却输了出来,造成误检,影响检准率。例如:

文献输入:"硅二极管和锗三极管"

主题概念:硅、锗、二极管、三极管

组配标引:①硅＋三极管

②硅＋二极管

③锗＋二极管

④锗＋三极管

情报提问:查出有关硅三极管和锗二极管的文献。

情报输出:①硅＋三极管,③锗＋二极管。

结果:把有关硅二极管和锗三极管的文献情报也输出去了。造成误检。

为此,在标引实践中采用一种符号,把同一概念的主题连接起来,形成叙词连组,同组的叙词编相同的符号,这种符号称为连符(LINK),连起来的叙词组称为连组(LINK BIOCK)。如上例:

$$\text{连组 }1\begin{cases}\text{硅—1}\\\text{二极管—1}\end{cases}$$

$$\text{连组 }2\begin{cases}\text{锗—2}\\\text{三极管—2}\end{cases}$$

如果文献有编号，可用下列的形式：

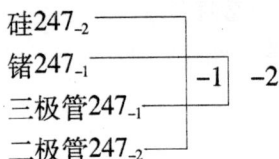

```
硅247₋₂ ┐
锗247₋₁ ┤
        ├─ -1 ─ -2
三极管247₋₁ ┤
二极管247₋₂ ┘
```

硅247_{-2}

锗247_{-1}

三极管247_{-1} —1 —2

二极管247_{-2}

符号也可用字母表示，如：

《大连苹果和旅顺水蜜桃》的文献号为222，连组为：

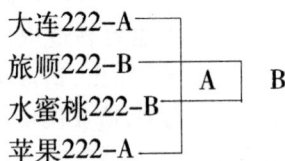

大连222–A

旅顺222–B

水蜜桃222–B A B

苹果222–A

2. 职符法（Role directors）

职符是用以表示叙词在概念语句中的逻辑的或语法的功能，一般表示主位和宾位的关系。职符也分为数字和字母两种标注法。如：

文献：《中国向日本输出大豆》

叙词：中国、日本、输出、（输入）大豆

如果单从这些叙词的字面进行组配，就可能当作"日本向中国输出大豆"而输出错误的情报。所以，必须用职符加以控制。如：

A　中国

　　日本　B

A　大豆　B

A　输出

　　（输入）B

A 组：中国输出大豆

B 组：日本输入大豆

3. 加权法（Weighting）。

提高标引的检索效果，除上述两种方法外，还有一种加权法。"加权"就是根据文献中所涉及的主题的重要程度，也就是情报价值的不同，对标引词给以不同的加权符号。加权的主要作用就是为了避免输出不必要的情报资料。

一篇文献中，可能包括五到十个或者更多的主题，而它们的情报价值却不同。为了有区别地输出情报，则需要作加权处理，具体作法有：

（1）排序法。

将一篇文献的全部主题分为 A、B、C 三类，A 类主题构成基本概念的核心主题，也就是情报价值最高的主题概念；B 类主题为补充说明 A 类主题的主题概念；C 类主题为限定检索范围的主题概念。

（2）符号标注法。

用不同的符号标注不同价值的主题概念，一般用的符号是：

＊为一级情报价值的符号；

N 为次级情报价值的符号；

D 为三等情报价值的符号；

；一般参考性符号。

（3）递减法——八级递减法。

规定情报价值为八级，最高级标作 8/8，主要的情报为 7/8，比较主要的为 6/8，非主要的情报主题为 5/8，接近非主要主题为 4/8，次要主题为 3/8，相关线索主题为 2/8，不需要的远缘主题为 1/8。

（4）阈值法。

为表示不同情报价值,首先取一定的正负值系数,如 1—9,
–1— –9;其次,确定最低的价值值（阈值）;每个情报指令给个权
值数,如果这个权值数的和等于或超过阈值,情报可输出,为最低
输出标准。如一篇文献含有六个不同价值的主题概念,分别赋予
六个权值:

ABCDEF; A = 6, B = 9, C = 1, D = –3, E = 9, F = 6

利用加权系数确定输出标准,可用如下的公式表示:

$$若 \sum_{j=1}^{j=m} WJ \begin{cases} < tq \\ \geq tq \end{cases} \quad Di \begin{cases} 不输出 \\ 输\quad出 \end{cases}$$

$$设 WJ = K, 则如果 \begin{cases} di \notin pi, K = 0 \\ dj \in pi, –n \leq K – 1, 1 \leq Kn, \\ （K—整数） \end{cases}$$

标引质量的控制,除上述的各种技术方法外,还有两个重要条
件是很值得注意的。

第一,提高标引人员的业务素质。

标引人员必须掌握各项标引技能,熟悉所用情报检索语言的
特点和使用规则。标引人员必须懂得一定的专业知识,最好应由
受过专业教育的人员担任,并要求具备外语知识。

第二,建立健全标引工具的质量管理制度。

本章主要参考文献

[1]《单语种叙词表编制规则》,ISO2788（1981）。

[2]《文献工作—文献审查、主题分析与选定标引词的方法》,ISO／DIS 5963。

[3]《文献标引手册与实例》,科技文献出版社,1981。

[4]黄万新编:《情报检索语言与标引》讲义。

第九章　索引和文摘编制技术

第一节　索引编制技术

文献标引的主要目的是为建立情报检索系统,而任何一种情报检索系统的运行,都必须用某种专门的工具来记录和存贮文献的检索标识和文献的地址代码,也就是需要各种不同类型的情报存贮载体(Media)。这样各种类型的情报载体的相互配合便形成了情报检索工具系统。情报检索工具中的情报载体基本上可分为两大类型:离散型情报载体和连续型情报载体。书本式索引和各种目录卡片便是离散型情报载体的代表;缩微胶卷、磁带、磁盘等,便是连续型情报载体。本节要介绍的主要是关于各种索引的编制技术。由于情报管理技术的计算机化,使索引编制技术分为传统的手工编制和机编两种。因为本书的侧重面是介绍图书馆现代化技术,所以,我们将主要介绍索引的机编技术。

一、轮排索引(Permuterm Index)

轮排索引也称为题名键词索引或称轮排主题索引,是从键词索引法发展起来的一种新的适用于机检的索引方法。

这种索引是由主键词和副键词两级索引标目组成的。主键词也称为主题词,常用的标识符为 M、M_1、M_2……。主键词来源于文献题录或文摘中的关键词,是经过优选而确定的。在关键词中,除优选出的主键词外,其余的键词则作为副键词处理。副键词也称为副标题,它的标识符为 Q、Q_1、Q_2……。副键词的后面附列文献的地址号码。

轮排索引的主要功能就是使一条题录或一篇文摘中的全部关键词,通过轮番移项的办法全部能够轮到处于主键词(主标题)的位置上,所以,有的文献也称这种索引为移项索引或循环索引。例如:

《用硅铝催化剂使碘化物氧化》(论文,原文标题:《Oxidation of Iodides by Silicalumina Catalysts》)

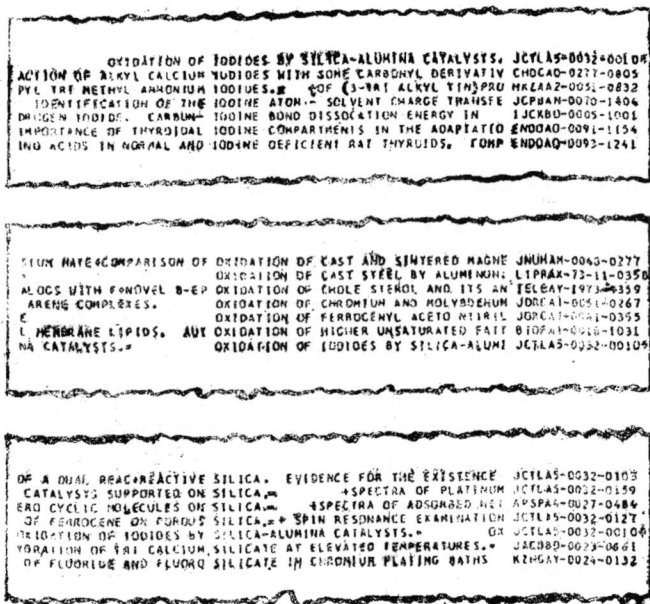

图9.1　轮排索引

来源:期刊代码:JCTLA5
　　　卷期号:0032
　　　起始页码:0010

206

代码:JCTLA5 – 0032 – 0010

键词:①Oxidation　　氧化

　　②Iodides　　　碘化物

　　③Silicalumina Catalysts　　硅铝催化剂

中止词:of、by

电子计算机处理过程中,通过移项(轮排)过程,使上列三个键词都能逐次分别排在主键词位置上,也就是三个不同的检索标识的位置上(见图9.1)。

键词著录格式:

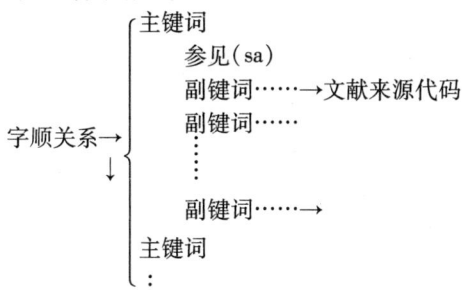

例如下图:

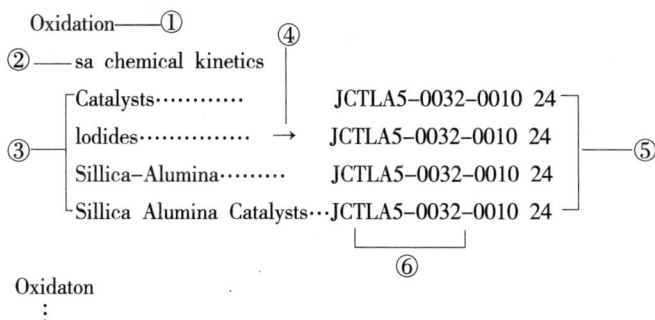

图9.2　键词著录格式

说明:①主键词,遇有单词和词组时,先排单词后排词组。②参照项 Sa = See also 用以扩大检索线索。③④副键词,每条副键词后附虚线,有箭头者④表示可做主键词一级标目,无箭头者表示该副键词与同一主键词标题下的其它一个或几个副键词共用一个标题。⑤论文的起始页码。⑥材料来源代码。

怎样选取键词呢?

关于关键词索引的著录项目,主要是通过详查文献标题中每个单词或词组来产生的,其具体步骤如下:

(1)审查文献标题的首词;

(2)如果经鉴定首词不是关键词,就跳到(4);

(3)形成索引著录款目,包括附有上下文的索引词及有关的参考文献;

(4)如果标题中没有更多的词就跳到(6);

(5)审查标题中的第二个词,跳回到(2);

(6)如果没有更多的可读的记录,就跳到(8);

(7)读第二个书目记录,跳到(1);

(8)新著录索引款目排档。终止。

文献中出现的各式各样的关键词为数相当大,而且不易预见到可能发生的关键词,特别是"半衰期"较短的学科领域就更加难于预测。所以,以单词的单位逐个进行单独描述不是很合适的方法。其中往往包含着相当数量的中止词(如:the、of、and、to、for、from)和半中止词(如:理论、方法、概论等)。原则地讲,去掉中止词所余下的词条均可作为关键词。

二、双轮排索引(Twin Permuted Index)

轮排索引于1966年出现后,得到广泛地应用。到1969年,又出现一种双轮排索引。它是轮排索引的一种,是为提高轮排效率而设计的。双轮排索引的特点是:第一,每条索引款目占两行,一行是主键词,下一行是主键词的上下文。第二,主键词排列在各检索行之首,如同字顺主题索引款目中的主标题,在主键词的下面列出与该键词有上下文关系的其余部分。第三,在这部分上下文中,将被提出作为主键词的相应词序位置上标以键词占位符"＋"。

例如:

1.《胃蛋白酶的 X 射线研究》

2.《蛋白质激发态发光》

双轮排关键词索引:

D 蛋白质

　　＋激发态发光　　　　2

F 发光

　　蛋白质激发态＋　　　2

J 激发态

　　蛋白质＋发光　　　　2

J 结构分析

　　胃蛋白酶 X－射线＋　1

W 胃蛋白酶

　　＋X－射线结构分析　1

XX－射线

　　胃蛋白酶＋结构分析　1

三、题内、题外关键词索引(Kwlc/Kwoc)

传统的键词索引比较简单,一般结构为:键词＋文摘号码。键词索引作为索引的初级形态,其长处是编制简单,不用语词规范化,也不需要叙词表之类的工具,编制速度快。但它也有缺点,即由于直接取用自然语言形态,不规范,从而影响索引功能的发挥,漏检率比较高。特别是各键词之间,形成离散的、并列的关系,所以,失去了原标题结构的语法制约性,容易造成误检。如"学校"、"图书馆"两个键词并在一起,就很难确定是"学校图书馆",还是"图书馆学校"。

上面谈的是传统的键词索引（已有一百年历史）。本世纪五十年代末期，美国人卢恩（Luhn）提出一种新的键词索引方法，即有名的"上下文键词索引"（Key – word In context Index – KWIC）。这种索引的特点，是在列出键词的同时，也保留非键词（即中止词和半中止词），使键词与非键词组成一种语句形态。这样，可使各键词的含义及其相互之间的关系，一目了然。1960 年，卢恩利用电子计算机对这种索引进行了实验。

上下文键词索引的格式，是在打印字段中间部位列成一个纵行，按键词的字顺排列。一般同一条索引款目都出现在一条线上，即不能回行。具体格式可见图 9.1。

KWIC 索引举例（JACM 综合索引:1954 – 63,附校正后格式）：

A Property of Semi Definite Hermition Matrics

JACM 583 242

The self – correstency of Definitions of generatization

JACM 622 280

Precision Modulators and Demodulators JACM 554 229

On the Demonstration of high speed

Digital…　　JACM 544 177

Descriptive Language for

symbol…　　JACM 614 579

Information processing system Design and Simulation of an

JACM 612 260

Design and Use of Harzard –

free Switch　　JACM 571 47

因为这种索引在使用上不很方便，于是人们又设计出另外一种格式，即将检索词放在题录的前面。因为在这种索引中，每个键词都安置在文献题录的外面，所以，称为"题外键词索引"（Key – word out Context Index – KWOC）。具体格式，见下图：

Definite	A property of Semi – D. Hermition Matrics
	JACM 583 242
Definitions	The Self – consistency of D. of generalization.
	JACM 622 280
Demodulation	Procesion modulators and D.
	JACM 544 177
Demonstration	On the D. of high – speed digital computer
	JACM 554 229
Deseriptive	A. D. Language for symbol manipulation
	JACM 614 579

四、引文索引（Citation Index）

引文索引也称文献来源索引。这种索引的主要功能是按照目录引文去查找所需要的文献。通过这种索引,可以由一篇文献追溯到它的"已有成果"。

引文索引体系由两部分构成:"引文索引" + "来源索引"。

引文索引的著录格式,列举如下:

文献 1 引用于:文献 3、37、89、202;

文献 2 引用于:文献 71、119、702、775;

文献 3 引用于:文献 1、91、119、650;

文献 4 引用于:文献 19、78、202、510、535、706、862。

具体的著录系列,可用一组引文的清单和倒置排序法产生。引文索引也可用自动化方式编制。下面列举部分引文索引:

引用过的著者→MARON L

引用过的文献　64 Archive General psy.11 503

Berger N.J.psyconpsy, 23 237 71

Glora.Z.comp. psychi 12 321 71

引用过的文献　Salzarul P. EEG CL Newr 30 399 71

Taub, J.M.JAbn psych. 78 229 71

引用过的著者 Maron M.

引用过的文献　60 ACMJ 7–216

Plotkin M. Inf. storage 7 79 71

60 J. Association comput 7

Cooper W.S.JAMS Inf.N.22 354 71

61 J.Assoc.comput.mach.8.404

Karasev Sa NAU T Inf 2 1970 570

．．．．．．．．．．．．．．．．．．．

说明：

①被引用的文献著录细目：

年份／出版物名称／卷期／页码

如：60　　ACM J　7　　216

（年份）（刊名）（卷）（页）

②引用着的文献著录细目：

著者／出版物名称／卷期／页码／年份

如：Plotkin M. INF STORAGE

（著者）　（期刊名称）

7　79　　71

（卷）（页）(年份)

　　引文索引的主要用途,是用于新近情报的报导 (Current Awareness)。这种检索服务的特点正好与追溯性检索相反,它主要是从新入藏的资料中搜索所需要的文献或核对新出现的文献。一般做法是针对研究人员所关心的若干种(一般不超过十几种)

"核心期刊"进行专指性的内容报导。

五、链式索引（Chain Index）

链式索引是在相关索引（Correlative Index）的基础上发展起来的一种先组式索引（Pre – Coordinate Index）。这种索引最初是由印度著名图书馆学家阮冈纳赞提出来的,主要是为编制分类主题索引而设计的。

链式索引的主要特点是:第一,它能与任何一种分类体系结合,以解决分类目录主题分散的问题;第二,它所编排的索引体系一定属于某种分类表的类目,包括层累制的、组配式的、相关的分类体制;第三,它的具体处理办法,是把某种分类体系的各级类目（包括交叉类目）分解成链条式的结构关系,这样可使检索者从任一检索线索都能溯链而找到所需的情报,甚至包括没有入藏的图书资料也可按相邻的类目（索引项目）来扩大检索线索。这是链式索引独具的特点。

下面举例说明链式索引的结构:

现在我们来为一本《噬菌体》的书进行分类或编制索引条目。首先,就要考虑到《噬菌体》在某种分类体系中的最高的类属。我们先确定它在科学分类体系中是属于生物学,然后排出它在生物学体系中的位置。

生物学
　微生物学
　　微生物体
　　　病毒
　　　　噬菌体
其次,用一定分类法（我们选用《中图法》）的有关类目与类码表示。其链式索引条目如下:

噬菌体　　　　Q939.48

病毒	Q939.4
微生物	Q939
微生物学	Q93
生物学	Q

一般传统的主题索引,"噬菌体"作为索引标目词只能单一地把"噬菌体"这个项目列入某种字顺的体系中,而看不到与它直接、间接相连接的相关概念的"环",因而一旦查不到时,也就得不到其它线索了。链式索引就能弥补这个缺陷,即使检索线索中断了,还可以按连环毗邻的关系,把"中断"的链环衔接起来,从而满足检索者的需要。

六、组配索引(Co – ordinate Index)

上面讲的链式索引,实际上也是一种组配索引,不过它是属于先组式的索引(Pre – coordinate Index)。这里讲的组配索引,则是后组式索引(Post – coordinate Index)。所谓组配,是指索引的标目词的形成而言。链式索引的标目词是用事先组配好的类名,所以,称它为先组式的,而组配索引的标目词是在使用索引时现组配的,所以,称之为后组或现组式索引。

这种索引虽然来源于手工操作,但作为大型的叙词情报检索系统的主要工具,却必须利用相应的机器才能把这种组配索引编制成大型文档的检索工具。

这种后组配索引有如下各种类型:

1.《Tabledex》索引。

这种索引是 1958 年美国人 R. Ledily 编成的一种组配索引工具。它是由以下三部分构成的。

(1)按文献号码组成的目录部分;

(2)叙词字顺表,每个叙词编有对应的号码;

(3)表格式相关索引。

这种索引的编制如下图所示：

	4.3			
24	4.4	5.1	5.3	6.2
34	4.4	5.1		
33	4.4	5.3	6.1	
21	6.7	7.1		

说明：图中的 4.3，是包含在文献 24、34、33、21 标题中的叙词代码；框内的号码是表示 24、34、33、21 所代表的每篇文献所选用的其它叙词的代码。其中的规律是框内的代码一定要比 4.3 大。第一部《Tabledex》索引是 1962 年由美国国会图书馆编在《国际地球物理年文献目的选编》中，当时是采用 IBM－7090 型计算机编制的。表中的叙词有二种处理方法：一是代号型式；二是用自然语言。

2.《Scan－column Index》索引。

《Scan－column Index》（直列扫描索引）也是六十年代初期由美国人 D. Oconner 提出的一种本式叙词索引。

这种索引的结构，是在每个印刷面上印制 50×50 的表格，表上列有十七个纵列和十个横行，共一百七十个方格，每一格分三个栏，只有第十七行的格为两栏。每一横格细分为五小段，每一小段依次编五个流水号，但仅编每行第一栏号码（见图 9.3）。表格零号的左边所列的是文献号。

词表中每个叙词都由一个字母和一个数字（1—50）所组成的混合符表示。为便于实现表的扫描程序，大写的字母只写在每行的中央栏内，而小写字母则写在边栏内。编号总数量可达一千三百（即 26×17×26×33）个。

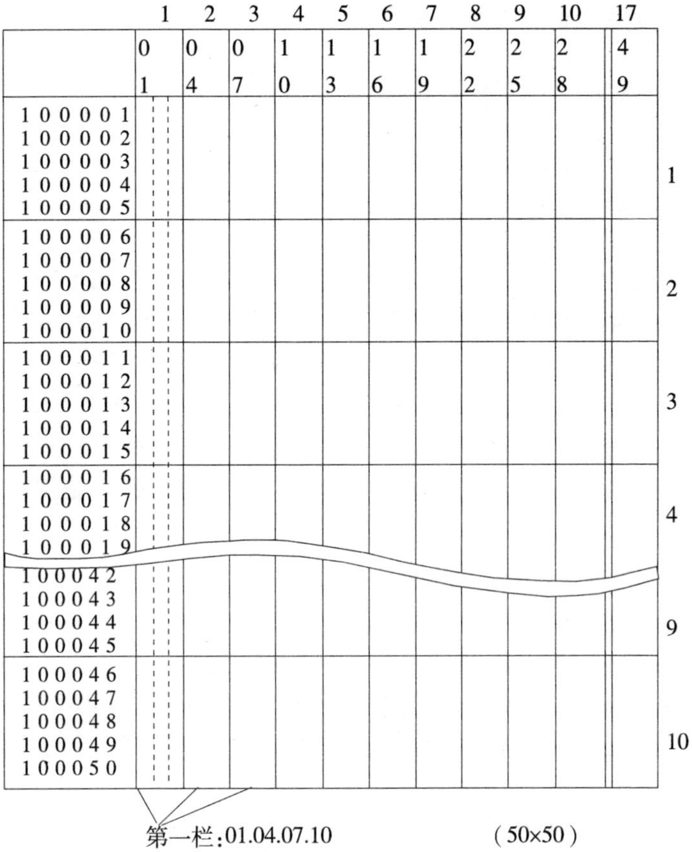

	1	2	3	4	5	6	7	8	9	10	17	
	0 1	0 4	0 7	1 0	1 3	1 6	1 9	2 2	2 5	2 8	4 9	
1 0 0 0 0 1												
1 0 0 0 0 2												
1 0 0 0 0 3												1
1 0 0 0 0 4												
1 0 0 0 0 5												
1 0 0 0 0 6												
1 0 0 0 0 7												
1 0 0 0 0 8												2
1 0 0 0 0 9												
1 0 0 0 1 0												
1 0 0 0 1 1												
1 0 0 0 1 2												
1 0 0 0 1 3												3
1 0 0 0 1 4												
1 0 0 0 1 5												
1 0 0 0 1 6												
1 0 0 0 1 7												
1 0 0 0 1 8												4
1 0 0 0 1 9												
1 0 0 0 4 2												
1 0 0 0 4 3												
1 0 0 0 4 4												9
1 0 0 0 4 5												
1 0 0 0 4 6												
1 0 0 0 4 7												
1 0 0 0 4 8												10
1 0 0 0 4 9												
1 0 0 0 5 0												

第一栏:01.04.07.10　　　　　　　　（50×50）

图9.3　Scan-columu Index

第二节　文摘编制技术

文摘（Abstracts）乃是图书情报部门的一种最通用的也是最重要的文献检索工具。众所周知，当读者从大量的文献集合中选取文献情报时,想把所需文献全部读完是不可能的。以石油化工专业领域为例,一年大约要发表一万二千篇有关的专业文献,按研究人员平均每三十分钟阅读一篇的速度计算,至少需要两年半的时间方能全部读完,而这两年多的时间里所发表的文献就无法阅读了。但是,如若把这些文献压缩为一、二百字的短文形式或摘要形式,就可在二十天的时间里读完。很明显,对文献压缩加工的作用和意义是非常重大的。这种精炼文献内容的手段称为文摘。

一、文摘的定义

文摘和索引虽然都是二次文献的主要部分,都是重要的文献检索工具,但在作用方面却有很大的不同。如果说索引主要是指引读者去获取文献的话,那末,文摘则是直接向读者提供原文献的摘要形式。文摘可帮助人们无需阅读原文就能了解或掌握文献的基本内容梗概,包括它的主要观点、研究成果、意义和目的,以及方法等。文摘的一般作法是把原文献压缩成简洁扼要的短文形式。它的直接作用是帮助读者判断是否需要阅读文献原文。不过,文摘本身却不能像目录和索引那样直接成为文献情报检索的门户,文摘本身不是检索标识。所以,要从馆藏的原文献集合或文摘集合中提取专指性主题内容的情报,必须利用一定的标引词或分类号码等标识,而这些标引词或分类号码等标识形式是要通过对文摘的主题分析加以标引而实现的。

关于文摘的标准定义,国际标准化组织(ISO)和联合国教科文组织(UNESCO)等重要国际组织曾作过如下的规定:

(1)ISO/DIS214 中规定:"所谓文摘,是指不加解释或评论,并且不表明文摘作者对文献的简化,而正确地再现原文献。"

(2)UNESCO 在 1949 年召开的"科学文摘国际会议"的总结报告中指出:"所谓文摘,就是刊物或文献的摘要,并附有借以查找该刊物或文献的充分的书目著录。"

（3）国际原子能委员会——国际核能情报系统（IAEAINIS）提出的文摘条例规定："所谓文摘，是联系某一文献作者及其潜在使用者之间最重要的工具，在编制某一主题的图书目录、文献述评、机构与公司报告，或者利用计算机系统存贮或检索情报过程中，作为原始文献的缩影来使用。它还必须具有吸引读者注意的报导功能及充分反应原文献内容的简化形式的功能。"

二、文摘的编写方法

1.文摘的编写原则。

编写文摘一般应遵守下列原则：

（1）明确文摘读者对象和编写文摘的目的；

（2）审明原文所属的学科领域和原文献特点；

（3）文摘内容、篇幅、著录格式和标记法等要有统一的规格；

（4）要拟定文摘编写规则。

2.编写文摘的基本步骤。

第一步：制定文摘编写规则，确定目的和范围，选定标准格式。

第二步：进行主题分析，明确原文特点，确定编写要点。

第三步：编写文摘正文。

上述的步骤是对手工操作而言的。如果机编文摘，其过程大致可分为：识别主题、提取主题和形成文摘三个处理过程。由于形成文摘的过程，也就是压缩原始文献的过程，算法是很复杂的，实际上是缀文自动化，在一定意义上说，一篇文献自动压缩形成文章要比自动翻译还复杂。所以，虽然人们正在努力实现计算机化编制的文摘能与人的智力编制文摘相同，但迄今仍未脱离试验的阶段。用发展的眼光来看，此工作在第五代电子计算机问世时将会有新的突破。

从六十年代末期开始，有人提出另一种压缩文献内容的新途径，即精炼文献（terse Literature）。从它的内容来看，是从原著文

218

献中摘录的结论、意图、数据、阐释、建议、评论的集合。实际上属于文献摘录的方法。采用这种方法较早的是卢恩（Luhn），他利用文献中相关术语出现的频率做过摘录实验。1969 年，H. P. 爱德满逊（Edmandson）也作过语句摘录实验。这些实验对文摘编制实现自动化起了一定的推动作用。不过，由于输入的问题没有找到理想的解决方法，所以，进展不快。

三、文摘的结构与格式

由于编写目的、文章类型、记述方式等的不同，所以，文摘没有一种固定的模式。一般文摘的标准项目如下：

1. 原著写作前提说明，主题学科范围，主要内容以及结论或考察结果等。

2. 文献评述。

3. 文摘本文写法：

（1）文体要用书面语言，力求简明，言简意赅。

（2）文章阐述力求简明扼要，明确主格和客格的关系。

（3）文摘中不得再重复使用标题中的语句。

（4）文摘中不使用含混不清的代词、数词。

（5）文摘中力诫自造新词或生僻的词。

（6）没有标准译名的单词应采取原文形式。

4. 文摘著录项目和格式。

（1）著录项目。

文摘的著录项目与目录、索引的著录项目不同，它不是关于文献内容和形式特征的分项描述，而是表明原文献的存贮地址和检索线索。所以，文摘的著录项目是查找原文献的依据，是利用文摘的必要途径，必须正确掌握。

按国际标准规定，文摘的著录项目应包括：著述者、所属机构名称、标题资料名称、卷期号、页次、发行年份、用语、记事区分图表、照片数、参考文献数、引用文献数、文摘号、文摘责任者姓名。

以上是一般性规定。此外，各国又都有自己的文摘标准规定。我国国家标准《科技期刊编辑规则》（1982 年 5 月报批稿）关于期刊的文摘著录项目规定如下：

作者姓名及其职称和工作单位。

篇名、所在期刊刊名、卷次（或年份）、期次、页次稽核（图、表、参考文献）。

文摘正文。

主题词。

（2）著录格式。

一般期刊论文文摘（Journal – Artical Abstracts）：

①文摘号——通卷连号，即每卷文摘号从 1 开始，通卷连号一直到最后一期的末篇文摘为止，每篇文摘有一个流水号码，文摘号码前面的用"："隔开的号码为卷号，如下图中的 88：，即 88 卷；每个号码后附有一个英文字母，称为校验字母。校验字母是指美国化学文摘从 66 卷起，在每个文摘号后，都带有校验字母。这种字母只与它前面的文摘号发生关系，而与文摘内容无关。校验文摘号的计算方法如下：

计算方程式是

$$\frac{29V_1 + 19V_2 + 17N_1 + 13N_2 + 11N_3 + 7N_4 + 3N_5 + 1N_6}{23} = Q + \frac{R}{23}$$

式中：V_1，V_2 为卷号；

$N_1 \sim N_6$ 为文摘号的六位数；

Q 为代入数字计算后的商，计算后舍去；

R 为所要计算的对应于核对字母的数码。

例如，计算 88 卷文摘号 141861 的核对字母。代入方程式，计算：

$$\frac{(29 \times 8) + (19 \times 8) + (17 \times 1) + (13 \times 4) + (11 \times 1) + (7 \times 8) + (3 \times 6) + (1 \times 1)}{23}$$

$=23+\dfrac{10}{23}$ Q $=23$（舍去），R $=10$。10 按 ABC 字顺次序为 K，所以，结果是 141861K。

②原文献标题——这部分都用黑体字母。均用本国语言标识。

③作者姓名——中外文均为姓前名后，多名作者用"；"分开。美国《化学文摘》规定，一篇文摘中至多只能印十个作者姓名，超过十个时，只录前九名作者。

④作者工作单位或论文寄发单位，一般均用缩写表示。

⑤刊物名称——用斜体字母表示，均附刊物代号。

⑥出版年份——一般用黑体字表示。

⑦卷、期号。

⑧页数。

⑨用语——指用原论文所用的语种，一般用缩写形式置于括号中。

下面是我国文摘的标准格式。

期刊论文的文摘格式：

---

⑪分类号　　　　　　　　　　　　⑬顺序号
①中文题目　②（外文题目）　③［文献类型］　④作者
⑤期刊代号（刊名）（国别或地方）　⑥年　⑦卷　⑧期
⑨页数　⑩文种
⑫主题词　　　　　　⑭索取号
⑮论文摘要……　⑯图×表×参×　⑰（文摘员或论文摘要译者和出处（检索刊物）年、卷、期、顺序号）

会议论文文摘格式：

⑪分类号　　　　　　　　　　　⑬顺序号
①中文题目　②（外文题目）　③［文摘类型］—④作者
⑤（会议录名称,年、月、日）（会址）　⑥年　⑦卷　⑧期
⑨页数　⑩文种
⑫主题词　　　　　　　　　　　⑭索取号
⑮论文摘要……　⑯图×表×参×　⑰（文摘员或论文摘要译者和出处（检索刊物）,年、卷、期、顺序号）

专利文摘格式：

⑪分类号　　　　　　　　　　　⑬顺序号
①中文题目　②（外文题目）　③［文献类型］—④作者
⑤（专利国别与号码）　⑥申请日期（批准日期）
⑨页数　⑩（文种）
⑫主题词　　　　　　　　　　　⑭索取号
⑮论文摘要……　⑯图×表×参　⑰（文摘员或论文摘要译者和出处（检索刊物）,年、卷、期、顺序号）

译文文摘格式：

⑪分类号　　　　　　　　　　　⑬顺序号
①中译题名　③［文献类型］—④译者　⑤（译文刊载处）……（参见2.1－2.4）　⑨页数
⑱作者（原文文献名称）（国别和地名）年、卷、期或年、月、日,页数（文种）
⑫主题词
⑮译文摘要……　⑯图×表×参×　⑰（文摘员）

四、文摘编制自动化技术的发展

利用电子计算机编制文摘,最早起于美国《化学文摘》。它从

1960 年开始就在美国国家科学基金会的资助下着手研究把数据处理的新技术应用到处理化学文献上。从 1965 年开始正式使用计算机对二百一十万种化合物进行登记。从 1967 年（六十六卷）起，利用计算机系统编排分子式索引和各期的文摘号。从 1969 年（七十一卷）开始，每卷各类索引的编排实现计算机化。1971 年（七十四卷）开始用计算机编键词索引；1972 年（七十六卷）起文摘的本文编制操作部分地试用电子计算机。到 1975 年（八十三卷），化学文摘编制基本上实现了电子计算机化。用计算机编制文摘，可将各期的文摘和索引存入计算机的存贮器内，从而缩短了卷索引和累积索引的出版时间，并可通过计算机输出装置提高情报检索速度。

本章主要参考文献

［1］C. D. Paice：《Information Retvieval and the Computer》,1977,p. 47－67.

［2］А. И. 切尔内：《情报检索理论概述》,1975,140－147 页。

［3］ISO/214 国际标准，文献工作——出版物的文摘和文献工作,1976－03－01,第一版,中华人民共和国国家标准《文献检索刊物的文摘与题录著录格式》(第二次修订草案)。

第十章 情报检索技术

第一节 概述

前几章主要讲的是图书馆业务管理方面的技术知识,本章则着重介绍图书馆和情报部门如何高速度、高效率、高质量地把所收集、整理、存贮、加工的文献提供给读者,而且,不仅要提供馆藏的图书文献,更要满足读者多方面的随机的文献情报的需求,也就是说要充分发挥现代图书馆的社会情报服务的职能。

图书馆为读者服务的方式方法是多种多样的,但归根结底不外乎两种:一是文献的直接提供(包括原始文献和复制品);二是提供情报和辅导读者检索情报。传统的图书馆工作主要是限于前一种服务方式。对于情报服务,图书馆迄今还未能把它作为改造图书馆传统工作的主要内容而积极地开展起来。但是,在当今,随着科学技术的发展,迅速形成了一门以图书馆学为基础的独立学科,即情报科学或称情报学(Informatics)。目前,在各国都建立起了与图书馆工作并行的情报管理部门和独立的业务系统。实际上,传统的图书馆和现代化的情报服务部门,从它们的社会历史职能来看,基本上是一致的。现在所以造成分立并存的局面,或者说是后来者居上的局面,除某些客观原因之外,更主要的是由于图书馆本身的畸形发展使得以传统的手工操作为基础的业务管理工作在一定程度上束缚了图书馆业务技术的发展。我们都很熟悉,一提到图书馆工作,人们立刻便联想到四件事:买书、编书、藏书和借书,图书馆这四个传统的业务系统,像四条绳索一样捆住了自己的手脚。特别值得注意的是,中外图书馆专业教育,长期以来也主要以培养这四种专业人才为目标。进入八十年代以后,技术先进的美国的图书馆学界已明显地显露出它们图书馆专业教育的危机感。

在现代,广大读者,特别是科学工作者越来越感到图书馆那套传统的工作方式、工作内容实在满足不了他们的需求。读者迫切要求图书馆真正成为科研、生产、决策的咨询机构、情报中心和科学技术战线上的尖兵。现代图书馆如果不能正视社会历史发展的现实,觉察不到新技术革命对自己的挑战,一味抱残守缺,它的前途确实是很危险的。

图书馆的未来发展,唯一的出路就是情报化、电子计算机化。

第二节　情报检索的意义和功能

"情报检索"("Information Retrieval")这一概念最早是在1950年由 C. 穆尔斯提出来的。在美国广泛通用这个术语是1960年以后的事。原先表达这个概念的术语是"情报存贮和检索"(Information Storage and Rerieval),后来简化为"情报检索"。现在,国外文献上较通用的缩写词为"IR"。

从"情报存贮和检索"这个术语中可以明显看出,情报检索是由存贮和检索两项情报功能所构成的,这两者之间是紧密联系、相互配合才能发挥作用的。概括地说来,情报检索的涵义,首先是为利用情报而搜集情报,其次是对收集的情报进行分析整理,编档存贮,形成情报检索系统,通过情报检索系统使读者获取所需要的情报。这就是情报检索服务的大致过程,也是对情报检索的广义的理解。具体地讲,情报检索还可分为狭义的情报检索和文献检索两种形式。前者指的是对某个问题的咨询(提问)给以直接地解答,如数据检索(Data Retrieval)和事件检索(Fact Retrieval)。例如,提问:"喜马拉雅山有多高?"回答:"八千四百十八公尺!"又如,提问:"卡尔·马克思生于何年、何月?"回答:"1818 年 5 月 5日。"诸如此类的咨询和解答,都属于狭义情报检索的范围。而文献检索或称文献情报检索,则与这种狭义的情报检索不同,其检索结果不能直接得到答案,而是提供记载有所需答案的文献的情报,所以,又称为文献情报。例如,有人需要关于喜马拉雅山的文献,这个检索结果应该是关于喜马拉雅山的一系列不同文献的名称、著者、出处等情报线索,而不是所需求的情报本身。当然,如果需要进一步查找关于喜马拉雅山的地质构造情况,可继续深入检索这方面的文献。像这样不能直接得到答案而只提供载有该类答案的文献情报的检索,称为文献情报检索(Document Retrieval)。

情报检索技术的主要内容,就是把情报合理地编成文档(情报的基本组织形式),即组成一定的情报系统,以便有效地检出所需的情报。从利用电子计算机的角度来看,这个过程基本上可分为情报源分析、文档编辑、存贮和情报检索三个阶段。经此而形成一个能够充分发挥系统作用的自动化综合体系,这种体系称为情报检索系统。确切地说,情报检索系统,不只限于利用电子计算机进行自动化检索,它包括手工的情报检索系统和机械化检索系统。应该指出,即使是自动化情报检索系统,人还是一定过程的必须参加者,如原始资料的分析、评价、选择,以及标引等,就目前的技术水平来看,还没有找到一种有效的形式和方法能够完全取代人的自动化的途径。

从情报检索系统工作的基本过程看,它应具备以下功能:

1. 文档编辑功能;

2. 文档更新功能(包括增补、更新和删除记录等);

3. 检索功能(包括给出情报检索指令语言);

4. 输出报导功能(终端显示、计算机打印、缩微复制等形式)。

情报检索系统就是针对不同功能要求,实现上述四个方面的基本功能的。不过,除这几项基本功能之外,情报检索系统还应该具备其它的辅助功能,如保密功能和工作记录功能等。如果作为联机系统使用时,情报检索系统还必须增加两个分系统:一是通讯控制系统,包括线路控制、信息处理、用户识别等;二是联机控制系统,包括分时、提问输入、读入/读出及优先处理、存贮装置管理等。在编制文档和检索时,还需要一个辅助工具,那就是程序设计语言词典,而这部词典本身就是"词"的文档,所以,也要求系统具有编辑、更新、检索和显示的功能。

　　上述各种功能的流程图示如下:

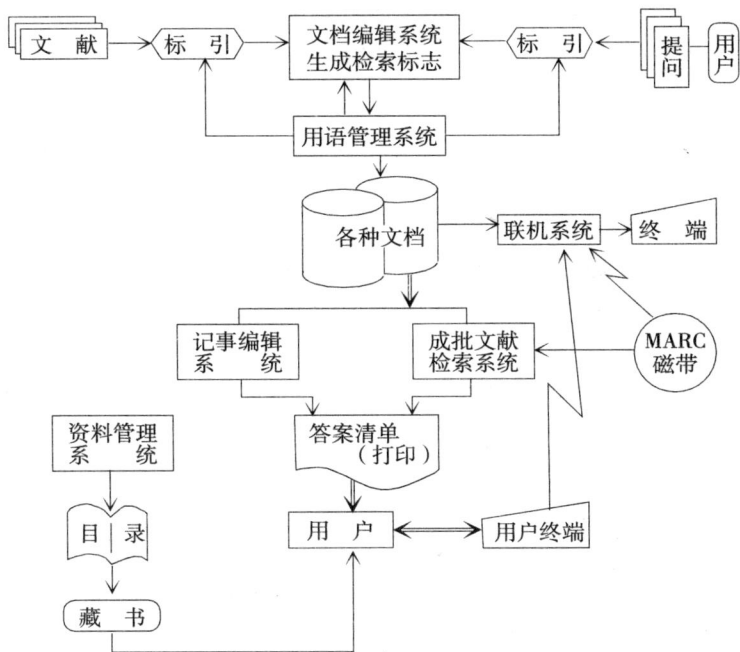

图10.1　情报检索系统功能

如果把上图所示的功能按处理流程进行表述的话，可绘成下面的处理流程图。

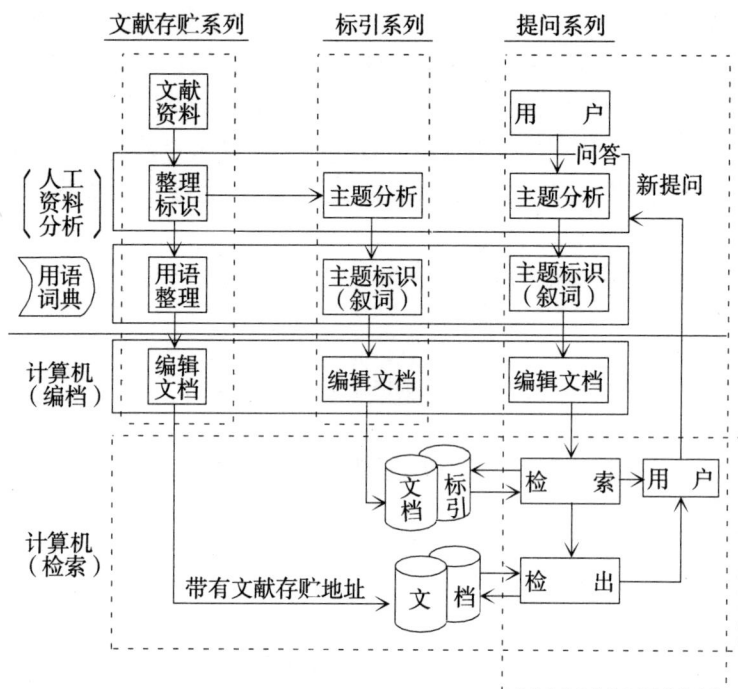

图10.2　情报检索系统处理流程

上图中计算机检索的控制程序,见下表:

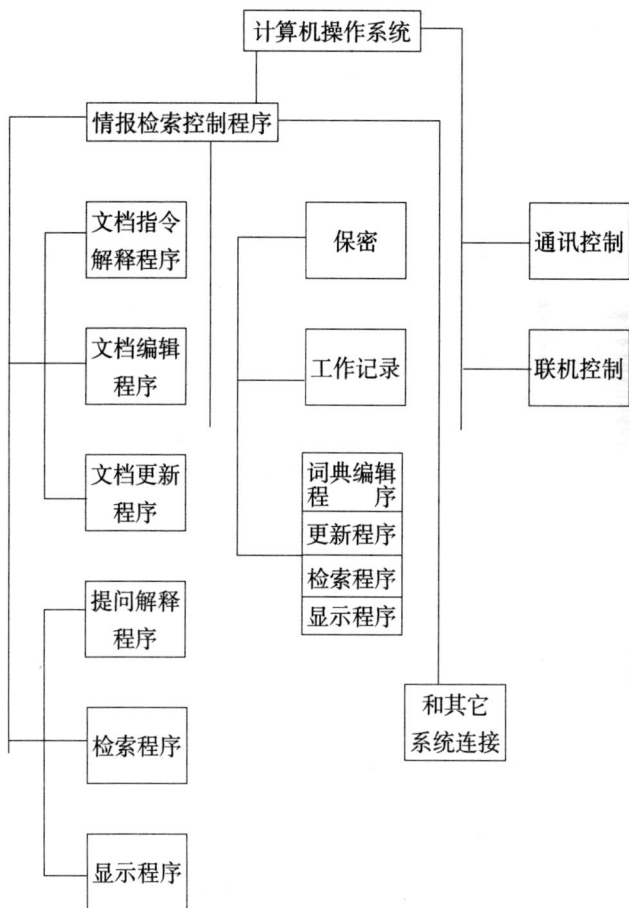

图10.3 情报检索控制系统

第三节　情报结构与记录格式

　　情报结构,实际上指的是情报载体的存贮方式,也可以说是情报存贮的体系。我们通过直观的图书馆藏书组织和目录体系很容易理解情报结构的实质。图书馆藏书组织和目录结构体系是各式各样的,但它们的组织原则不外乎两种:一种是按文献内容和形式的逻辑的或语义的特征进行组织的,这就是所谓逻辑结构;另一种是按文献形体的物理特点加以实体组织,称为物理结构。这样,逻辑结构可以通过物理结构来实现。

　　利用计算机存贮情报资料的编档方式也同样分为逻辑结构和物理结构。依上述,逻辑结构是体现情报记录单元之间的固有的、内在的联系关系,而不管它们在物理结构中是如何表现的,所以,同一逻辑结构的物理结构可以是不相同的。例如,有一组情报记录单元:A、P、H、Q、Z、B,如果按这几个字母的固有的字顺次序或按它们标识的主题语义特点进行组织,即为逻辑结构;如果按它们的自然次序贮存于计算机存贮装置中,就是物理结构(当然是最简单的物理结构)。

　　下面介绍几种逻辑结构的类型。

一、逻辑结构的主要类型

　　1.线型结构——把情报记录单元按照一定的顺序排成一列的结构,称为线型结构。如:A——B——C——D。线型结构的特点是每个单元至多有一个先行单元和一个后行单元,而这种逻辑结构反映在物理结构上是多种多样的。如按 A、B、C 字顺排列乃是线型结构的最简单的例子。

　　2.树型结构——把情报单元按一定层次进行组织,称为树型结构。如下图所示：

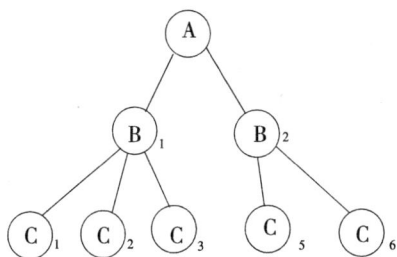

图10.4 树型结构图

从左图可看出,树型结构的特点是有严格的层次关系的:最高层只有一个结点,处于族首地位,称为根。根以下分枝结点都有一个上位结点,但每个下位结点只能有一个直接上位结点。这就是树型结构的主要特点。

3. 链型结构——把上述各情报单元结点结成个环状组织关系,而后再把几个环状结构连成链状结构。如：

文献1   包含键词 A、B、C
文献2   包含键词 B、C
文献3   包含键词 A、B
文献4   包含键词 B、C
文献5   包含键词 A、C

把上面的五个环结成链,可如下图所示：

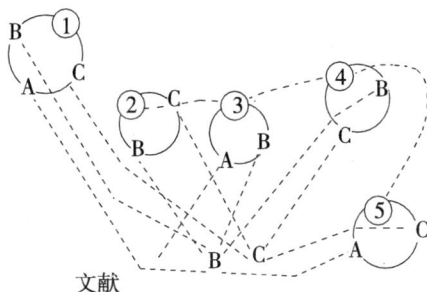

图10.5 链型结构

4. 网型结构——是更复杂的结构,主要用于表示一个下位单

231

元与几个上位单元互有交叉联系关系,即通过任一点均可相互联接,形成网状结构。如：

设有文献 1、2、3、4、5、6、7、8、9

文献中抽出键词 A、B、C、D、E、F、G、H、I、J

文献与键词关联关系：

A:1、3、4；

B:2、3、5、6；

C:2、3、6；

D:1、4、7；

E:2、5、6、7、8；

F:2、3、5、6、7、9；

G:3、5、7、9；

H:4、6、7、8；

I:3、4、6、7、8、9；

J:6、7

网状结构请见下图：

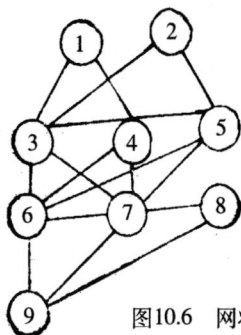

图10.6　网状结构

从上面可看出,网状结构是以上三种类型的混合型,如 5 - 7 - 9,6 - 7 - 8 为线型结构,1 - 3 - 4,2 - 3 - 5 等为树型结构等。

情报网状结构的物理结构有几种方式,如矩阵法、倒排档法、指示符法等。较常用的是倒排档法和矩阵法。现将矩阵法列在下面:

	1	2	3	4	5	6	7	8	9
A	1	0	1	1	0	0	0	0	0
B	0	1	1	0	1	1	0	0	0
C	0	1	1	0	0	1	0	0	0
D	1	0	0	1	0	0	1	0	0
E	0	1	0	0	1	1	1	1	0
F	0	1	1	0	1	1	1	1	1
G	0	0	1	0	1	0	1	0	1
H	0	0	0	1	0	1	1	1	0
I	0	0	1	1	0	1	1	1	1
J	0	0	0	0	0	1	1	0	0

二、情报结构逻辑关系

上面讲到的是有一定内部结构的记录,实际上还有大量的情报记录事先没有结构处理,而是在由记录组成检索线索的时候,将离散的记录予以合理的组配。计算机处理这种组配关系是根据布尔代数的算法,采用三种基本逻辑运算来进行的。现将这三种运算分别介绍如下:

1."或"(OR)运算,也称逻辑和。这种运算,可帮助我们进行同质异名的概念组配,并能帮助检索者查到同一对象的不同特征的情报记录。假如有一组论述同一化学物质的文献,如用 Mereury(汞)、Amalgam(汞合金)或 Quick Silver(水银),或者更多的名称叙述的文献,现在要求把以汞、汞合金和水银的名称发表的有关文献全部查出,其逻辑图示如下:

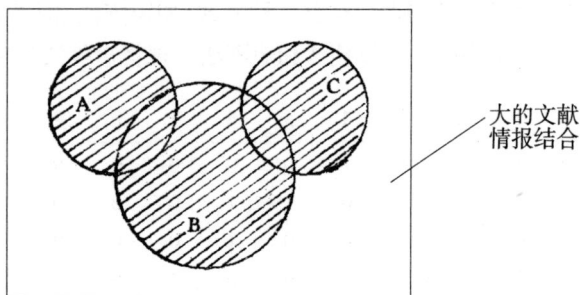

图10.7 三个记录的逻辑和

上图中,A 图是以汞的名称发表的文献,B 是以汞合金的名称发表的文献,C 是以水银的名称发表的文献。它的逻辑和为 A 或 B 或 C。

2. "与"(AND)运算,或称逻辑积。这种运算关系图如下:

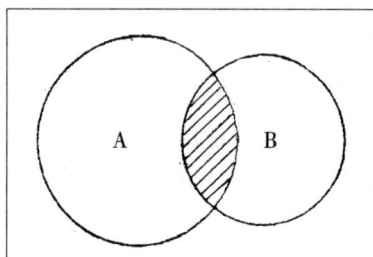

图10.8 两个情报记录的逻辑积

如果要查出关于"汞与毒性的作用"的文献,先查出所有汞与毒性的文献。上图中 A 为汞,B 为毒性的文献,组配后形成"汞与毒性"(阴影部分)的"或"(OR)运算。

3. "非"(NOT)运算,或称逻辑否定。这种运算关系比较简单,是单一性的。如在文献情报集合中查出所有"非 A"的情报就是"非"运算。如图10.9。

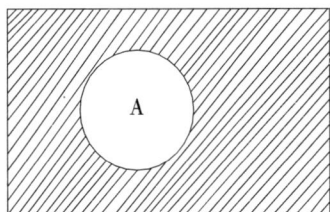

图10.9　逻辑否定（非A）

例如：要查出所有非汞的毒性金属的文献就可用此种运算提问。左图中阴影部分就表示所有非汞（NOTA）的毒性金属文献。

我们还可以提出所有"A 与非 B"的提问。

例如：要查出某班级内所有华侨学生和非中国籍留学生，其答案的逻辑运算为：华侨学生＋外国留学生，图示如下：

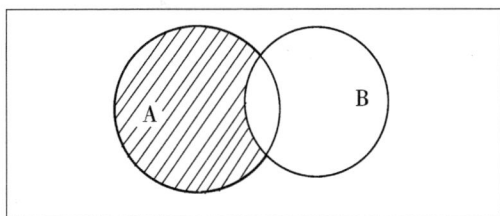

图10.10　逻辑差

4.逻辑和的逻辑积（A 或 B）与（C 或 D）。这是比较复杂的运算关系。

如要查出所有馆藏关于汞或钴的毒素或毒性的文献情报，就是逻辑和的逻辑积。图示如下：

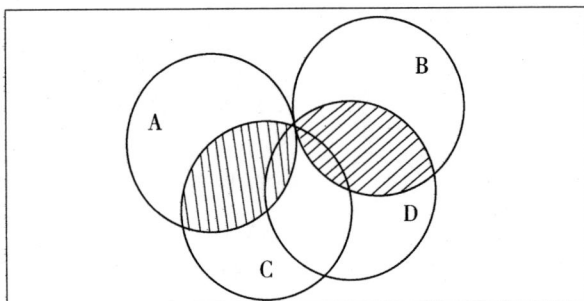

图10.11　逻辑和的逻辑积

　　上面所列举的逻辑运算图形,是情报界所熟知的文氏图(Vehn Program)。文氏图是把逻辑结构的诸关系绘制成六种闭合式图形的。上面列举了五种,还有一种是单一型的,如要查出所有包含 A 的记录。图示如下:

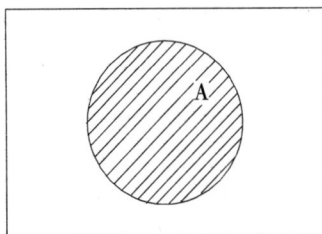

图10.12　单一结构

　　关于记录格式问题,在本书的前面"MARC"系统部分已介绍过了,这里不再重复。

第四节　文档组织与存取方式

一、基本概念

应用计算机建立情报检索系统总离不开文档(File)。前面已经讲过,文档不外是情报记录的集合体。现在我们想再探讨一下它的基本概念。前面我们从情报组织角度曾给文档下过定义,要是从应用计算机存贮系统来考虑,文档则是一批存贮在计算机存贮装置中的数据集合。所谓数据,广义地说,是指凡在计算机的存贮器和控制逻辑中的任何信息,都可称为数据。数据在机器里的形式都是二进制或十六进制数制的机器语言形式,具体数据形式(字符、数字)则取决于所用的程序。

既然数据包括数字和字符两种,那么文档就可能表现为字母、字符串或数字的系列。文档也像传统的目录一样,每个文档都要有个名称,即文档名。用户在向计算机存取文档时,只要告诉机器这部文档的名称,就可以实现文档的存取。

一个文档包含若干条记录(Records),每条记录包含若干个字段(Field)和子字段(Subfield)的信息。如在 DJS - 100 系列机中,每个记录包含二百五十六个字段。每个文档内的记录单元都从 0 号开始顺序排号,称为记录号。

文档的命名法对各种程序语言来说,是不尽相同的,现以DJS - 100系列计算机的文档名称为例,作一简介。

文档名称一般由两部分组成:

(1)主体部分:由字母、数字和符号 $ (即字符串标识符)组成。

(2)后缀部分:有效后缀不超过二个字符,也是由字母、数字

和 $ 符号组成。加后缀时,两部分要以"·"隔开。例如:

·SR   表示汇编语言文档;

·SV   表示二进制形式的备用文档;

·LS   表示 ASCⅡ码备用文档。

(3)文档外部载体的名称由四个字符组成:第一字符为 $,但磁盘文档名称的第一个字符不能是 $。如:

$ PTR   纸带读入机;

$ CDR   卡片读入机;

$ PTP   纸带穿孔机;

$ LPT   宽行打印机。

下面是几个文档名称:

"AO"——字母数字文档;

"AO、SR"——有后缀文档;

F $、F $ (2)、F $ (1 + 1,J)——字符串变量文档。

二、文档组织类型

按照在情报检索系统中的作用来划分,文档可分为现用文档和备用文档。

现用文档——是与指令直接进行比较、匹配的实现情报检索时首当其冲的文档。这种文档的内容包括文献的检索标识,附有文献本身或其复制品,附有文献在现用文档中的地址。这种文档也称为直接文档(Directfile),它能够直接决定是否输出某一篇文献,以回答对本情报系统的提问。

备用文档——是由文献本身或缩微复制品构成的。利用备用文档进行检索时,可按相关文献地址号码查找。作为检索系统来说,应该由现用文档和备用文档配合进行。前者主要提供检索情报线索,后者可直接提供文献或复制品。

按组织方式来划分,文档可分为顺排文档和倒排文档。

顺排文档,简称顺排档。因为它是按文献的编号顺序排列的,所以,也称文献编号档。现用文档就属于这种顺排档。顺排档的组织方式可用矩阵图示如下:

a_1		$d_{1i},\quad d_{12},\quad \cdots\ d_{1j},\quad \cdots,\quad d_{1m}$
a_2		$d_{21},\quad d_{22},\quad \cdots\ d_{2j},\quad \cdots,\quad d_{2m}$
$\cdots$		$\cdots\quad\cdots\quad\cdots\quad\cdots\quad\cdots\quad\cdots$
$\cdots$		$\cdots\quad\cdots\quad\cdots\quad\cdots\quad\cdots\quad\cdots$
a_i	$\equiv$	$d_{i1},\quad d_{i2},\quad \cdots\ d_{ij},\quad \cdots,\quad d_{im}$
$\cdots$		$\cdots\quad\cdots\quad\cdots\quad\cdots\quad\cdots\quad\cdots$
$\cdots$		$\cdots\quad\cdots\quad\cdots\quad\cdots\quad\cdots\quad\cdots$
$\cdots$		$\cdots\quad\cdots\quad\cdots\quad\cdots\quad\cdots\quad\cdots$
a_n		$d_{n1},\quad d_{n2},\quad \cdots\ d_{nj},\quad \cdots,\quad d_{nm}$

上图中,a 表示文献,a_1 表示第一篇文献,a_i 表示第 i 篇文献,表现形式为缩微复制品或存贮地址号码;d_{1-n} 为检索标识,表现形式为叙词字顺。d_{ij} 就是第 i 篇文献中的第 j 个叙词。

倒排文档,简称倒排档。因为它是按检索标识的字顺排档,所以,又称为字顺文档。倒排档的组织方式可用下图表示:

d_1		$a_{11},\quad a_{12},\quad \cdots,\quad a_{ij},\quad \cdots,\quad a_{1m}$
d_2		$a_{21},\quad a_{22},\quad \cdots,\quad a_{2j},\quad \cdots,\quad a_{2m}$
$\cdots$		$\cdots\quad\cdots\quad\cdots\quad\cdots\quad\cdots\quad\cdots$
$\cdots$		$\cdots\quad\cdots\quad\cdots\quad\cdots\quad\cdots\quad\cdots$
d_i	$\equiv$	$a_{i1},\quad a_{i2},\quad \cdots,\quad a_{ij},\quad \cdots,\quad a_{im}$
$\cdots$		$\cdots\quad\cdots\quad\cdots\quad\cdots\quad\cdots\quad\cdots$
$\cdots$		$\cdots\quad\cdots\quad\cdots\quad\cdots\quad\cdots\quad\cdots$
d_m		$a_{m1},\quad a_{m2},\quad \cdots,\quad a_{mj},\quad \cdots,\quad a_{mn}$

上图中,d_i 为情报检索语言第 i 个叙词;a_j 为检索文档中第 j

篇文献号码,即存贮地址。

图 10.13 是顺排档与倒排档组成检索文档的基本形式。

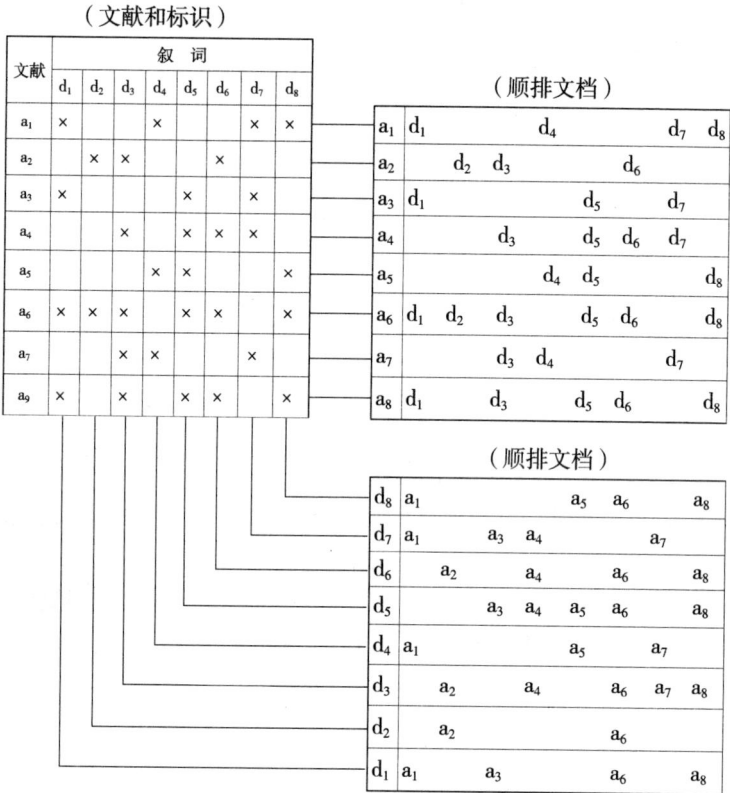

（文献和标识）

文献	叙 词							
	d₁	d₂	d₃	d₄	d₅	d₆	d₇	d₈
a₁	×			×			×	×
a₂		×	×			×		
a₃	×				×		×	
a₄			×		×	×	×	
a₅				×	×			×
a₆	×	×	×		×	×		×
a₇			×	×			×	
a₉	×		×		×	×		×

（顺排文档）

	d₁	d₂	d₃	d₄	d₅	d₆	d₇	d₈
a₁	d₁			d₄			d₇	d₈
a₂		d₂	d₃			d₆		
a₃	d₁				d₅		d₇	
a₄			d₃		d₅	d₆	d₇	
a₅				d₄	d₅			d₈
a₆	d₁	d₂	d₃		d₅	d₆		d₈
a₇			d₃	d₄			d₇	
a₈	d₁		d₃		d₅	d₆		d₈

（顺排文档）

	a₁	a₂	a₃	a₄	a₅	a₆	a₇	a₈
d₈	a₁				a₅	a₆		a₈
d₇	a₁		a₃	a₄			a₇	
d₆		a₂		a₄		a₆		a₈
d₅			a₃	a₄	a₅	a₆		a₈
d₄	a₁				a₅		a₇	
d₃		a₂		a₄		a₆	a₇	a₈
d₂		a₂				a₆		
d₁	a₁		a₃			a₆		a₈

图10.13　检索文档顺排与倒排组织形式图

从图示的排档方式可以清楚看出,在顺排档中每条记录就是一份情报主题或叙词的清单;而在倒排档中每个记录是一份文献的清单。

单项检索只不过是简单的查表过程,也就是按简单的线性选

240

择倒排的记录。但是,若在两个或更多的线索中,通过共性找出个性的成分,则应该对相应的倒排记录进行平行扫描处理,也就是两个进程同时按一定的顺序,一部分一部分地检索。因此,对每个有次序的倒排记录都应该有个记录号码。

顺排档和倒排档不能互相代用。应该说这两种文档组织方法是各有优缺点的:顺排档组织简单,容易对记录进行必要的修改和补充,但它回答每一个问题时必须比较所有文献的检索标识,这就会产生一个很大的缺点,即耗时过长。顺排档根本不适于计算机实时处理大型文档。倒排文档的主要优点是集中表现在不需要将文档所有文献的检索标识同每一条检索指令进行比较。这就恰与顺排档相反,它能够大大缩短情报检索时间。但倒排档也有一些缺点,主要表现在:①检索结果只能得到形式上相关文献的编号(即地址号码),而得不到有关这些文献的检索标识,因此,就失去了通过相关文献的完整检索标识对情报检索结果进行内容校对的可能性;②在情报检索时很难考虑文献检索标识的叙词之间的句法关系;③增添新记录和修改、补充已输入的记录比顺排档困难。

三、文档存取方式

文档存取方式一般可分为顺序存取和随机存取两类。

1. 顺序存取(Sequential access)。

顺序存取是适应顺排文档的存取方式,这种方式的特点是把数据按照一定的顺序连续存贮,并要求数据的逻辑记录顺序能和文档的物理记录顺序一致。

顺序存取也称串行存取或串联存取。它的数据是按记录号码的次序连续输入磁盘或其它外部设备。如下图所示:

	顺序号	书名	作者	主题词	语种
A	001	A 书名	A 作者	A 个主题词	汉语
A + C	002	B 书名	B 作者	B 个主题词	英语
A + 2C	003	C 书名	C 作者	C 个主题词	俄语
⋮	⋮	⋮	⋮	⋮	
A + NC	010	Q 书名	Q 作者	Q 个主题词	日语

上图中，A 为开始地址，C 为数据长度。

2. 随机存取（Random access）。

这种存取的特点是，将数据存入存贮器或从存贮器中取出数据所需的时间都和数据存贮的位置无关。适于这种存取方式的文档称为随机文档。用这种方式存取数据，无需按照任何顺序，而是随意在磁盘任一地址存取数据。用随机存取只要指令机器以文档名和记录号码就可以存取某一个记录。当然，这种存取方式是不能用磁带或穿孔纸带等连续载体，一般多用磁盘存取。

第五节　文档的输入和输出

作为计算机的一种作业，文档输入是把信息从存贮载体传送到主机的内存系统的过程，与此相反的过程便是输出。可见，输入/输出是从主机角度讲的。若从存贮的载体角度来说，把信息存入存贮载体称为写入（Load），而从存贮载体中取出信息则称为读出（Read - out）。下面以 BASIC 语言为例介绍文档的输入/输出的大致情况。

指令机器执行输入/输出操作是通过一定的语句来实现的。

一、开档语句（Open File）

1. 文档名和算术表达式。

按 BASIC 系列机的规定，文档名要用""括起来。格式中的算术表达式 I，既可以是 0 到 7 的任一整数，也可以是数值变量和数值表达式；变量和表达式的值也必须是 0 到 7 的整数。

算术表达式 1 代表文档号，也就是指定给予那个文档名的编号。这样便把文档名与文档号联系起来，以便区别于其它的文档语句。文档号 0 到 7，也就是同时打开八个文档。

算术表达式 2 规定存取文档的方式，它的值为 0 到 3 之间的整数，可以是数字、变量，也可以是表达式。

2. 开档后存取操作。

（1）随机存取。如前所述，随机存取是只用于磁盘的存取。如果磁盘上的文档目录中没有本语句所指定的文档名时，可随时自动补充进去。这种方式只适用于随机文档的读/写。

（2）顺序输出新文档。这指的是向磁盘或其它输出设备写入一个新文档。如果磁盘文档目录中已有被指定写入的文档名，则先清除原有内容，而后写入新内容，代替原有的文档。

（3）顺序增补文档。这指的是文档目录中已有该文档名，新写入的内容就接在它的后面，以增补或扩充原有的文档。如果目录中没有这个文档名，则要在目录中新建立这个文档名，并将写入的内容当作新文档存入。

（4）顺序输入。这是指从磁盘或其它输入设备输入文档。

下面举一段程序的例子：

```
110   Open file(0,1),"Test1"
120   Open file(1,3)," $PTR"
130   Open file(1,M),S$
```

这段程序表明：

①这三个语句各启开一个文档,共打开三个文档。

②按规定文档名要用" "括起来,如"Test. 1"和" $PTR",S $字符串虽然也可以,但必须预先赋值,而其值必须是合乎规定的文档名。

③括号中两个参数可以用数值变量或算术表达式,如 130语句。

④"Test. 1"," $PTR",S $ 所表示的文档名和启动设备如下:

"Test. 1"为第一个文档名,即磁盘文档名。启动的是磁盘。

" $PTR"为第二个文档名,是非磁盘文档,是纸带读入机文档。启动设备是纸带读入机。

"S $"既代表磁盘文档,也可以代表非磁盘文档。

⑤110 和 120 语句分别指定文档的工作方式。110 指定以"0"为文档号,代表磁盘文档 Test. 1,准备写入一个新文档;120 指定以"1"为文档号,代表特殊文档 $PTR,准备从纸带读入机读入一般纸带。

二、闭档语句(Close File)

文档的输入、输出操作结束以后,必须关闭文档,把通道截断,使文档号与文档名没有联系,这样可防止文档内容受到破坏。

此外还应注意,如果在输入/输出过程中要改变工作方式,必须先闭档,而后再重新启档,并在启档语句中指明新的工作方式。

第六节　情报检索基本方式

图书馆情报检索的基本方式,一般说来可分为手工检索和机械检索两种类型。本书主要介绍机械检索服务方式。机械检索服务大致又可分为两种方式:一种是情报需求者所提出的情报提问,由专门检索人员代替他从机读文档中进行检索,并将检索结果提供给情报需要者;另一种是情报需求者利用通讯线路和终端设备直接进行检索,查找所需要的情报。前一种还可分为定题情报提供服务和追溯检索服务,后者为联机检索服务。

一、定题情报提供服务

这种服务方式,最初是卢恩于 1958 年提出来的。当时他建议建立以计算机为基础的定题情报提供服务,这就是大家所熟知的"SDI"(Selected dissemination of Information)服务系统,其原意应为"有选择地分配情报",至今译法还不统一,一般都译作"定题服务"。

卢恩(H. P. Luhn)曾对这种情报服务方式提出了如下定义:"定题情报提供是这样一种服务,在某一机构中经常将从各种来源中收集到的新情报资料送到该组织的各个研究组,这些研究组可能在目前的工作中利用这些情报资料,或者至少对它们很感兴趣。"(注:H. P. Luhn. Selective dissemination New Scientific Information with the aid of electronic processing equipment. Yorktown Heights, N. Y., IBM Advanced Systems Development Division,1959.(参见:American Documentation, 1961, Vol.12, No2, pp. 135138)——"借助于电子处理装置有选择地散播新的科学情报"。)

卢恩提出的这种方式在 1959 年为 IBM 公司试用。最初,这个系统是在 IBM650 型计算机上为三十家用户服务并获得成功。这种系统投入使用之后,发展很快,到 1960 年便提出了第二个方案,即 SDI－2,接着 IBM 科研中心进一步拟定出三种定题情报提供系统的方案,即 SDI－3、SDI－4、SDI－5 三个系统。到 1966 年,在美国已有四十个定题情报提供系统投入使用。

从"定题服务"产生的那天起,它就受到广大用户的欢迎,不过,在我国除某些科研情报单位开展了这种服务外,大多数图书馆都没有开展这种服务工作,有的图书馆甚至还没有考虑开展这项服务工作,有人认为这种服务方式是属于情报管理单位的业务,而放弃了这个重要的服务方式。实际上这项业务对现代图书馆来说,不仅应该开展,而且必须开展,特别是高校图书馆和省级以上的大型图书馆都应该把开展定题服务工作作为自己业务活动的重要方向。实践证明,这是一项最有效的、最受读者欢迎的图书馆业务。

采用这种服务方式,有电子计算机设备固然最好,但是通过手工方式也完全可以取得类似的效果。如北京大学图书馆通过了解掌握本校科研活动的选题,掌握对资料的需求方向,利用社会上的电子计算机设备进行有针对性的情报服务,就已经收到了明显效果。

作为图书馆的一项重要的现代化服务手段,定题服务工作应做到:

(1)在高度的查准率和查全率的基础上保证满足用户的情报需要。

(2)定题服务的情报输出标准是要求保证用户取得查准率的时限不超过七天。

(3)保证向用户提供事先登记的题目以检索新到的情报,并能主动及时地把答案送给用户。所以,定题服务也称近期资料通报。

(4)用户可随时改变对情报要求的表达方式,为此,定题服务系统要与用户之间保持固定的反馈联系。

定题服务的一般工作步骤如下:

第一步:由图书馆或情报部门的情报专家、高级图书馆员对新近输入的文献(如核心期刊)进行标引或编写文摘。

第二步:填写标引工作单,包括文献的题录、标引的叙词和键词等,产生检索标识。

第三步:定期将这些填写项目输入计算机。计算机中已输入用户的"定题需求单",也就是检索要求的指令公式集合。

第四步:新近情报的检索标识输入计算机后,立刻自动地与"定题需求单"相比较或匹配,如恰好符合输出标准,包括"加权"系数、逻辑连符"与"、"或"、"非",计算机自动打印出定题服务用户的姓名、相关的文献题录和检索标识,如叙词、键词和代码等。

第五步:将打印的情报载体发送给用户。用户根据提供的情报内容来确定情报需要程度,而后向定题服务系统提出自己的具体需求。

上述这些步骤,既适用于机检,也适用于手检。由于联机检索技术的发展,可以在一定范围内实现用户与系统的对话。

下面是定题情报提供系统的流程图:

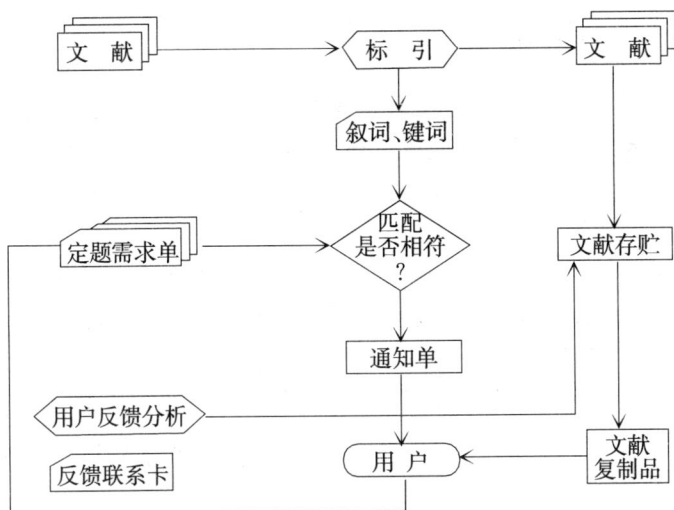

图10.14　定题情报服务系统流程图

二、追溯检索服务

追溯检索(RS = Retrospective Search)是对已存贮的文献情报进行成批式的追溯性检索。它的服务效能可从需要获得情报的时间起,一直追溯到过去某一时期为止,对此区间的情报资料档进行成批检索。这种检索系统需要设立较大的数据库和外存设备。数据库建立的时间越久,越便于开展这种检索服务。

三、联机检索(On – line processing)

联机检索也称联机情报检索。这个检索系统是从 1965 年开始发展起来的。最先实现联机检索的是有名的美国航空与航天局(NASA)的 NASA/RECON 系统。后来,美国各大学、科研部门和电子计算机厂商等相继研制成功各种联机检索系统。如本书第一章所介绍的在七十年代美国建立的最有名的联机系统有三个:洛克希德火箭公司的 DIALOG 系统、系统发展公司(SPC)的 ORBIT 系统和美国国家医学图书馆的 MEDLINE 系统。此后不久,欧洲航天局 ESA 系统也投入运行。1976 年美国书目检索服务公司的 BRS 联机系统建成。此外,还有日本情报处理开发中心的 JOLDOR 系统,以及日本科技情报中心的 JOIS 和东京大学的 TOOL – IR 等。

联机检索是利用邻近的终端设备直接与由通信线路相连接的中央计算机(计算中心)进行对话的一种检索方式。检索提问可通过键盘输入、提问输入后,情报中心通过终端显示立即提出答案。它可以经过人机对话,随时修改检索提问,直到检索出满意的情报为止。这种人机对话型的检索特点,主要表现在它的即时性和人机对话性上。

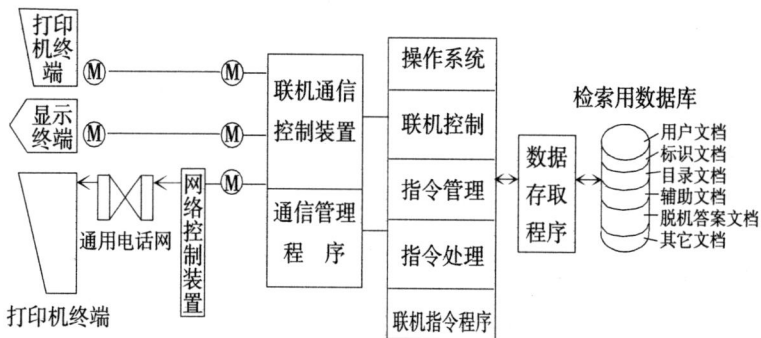

图10.15 联机检索示意图

四、远程成批检索（Remote Data processing）

这是电子计算机化的一种新型检索方式。检索时用自己身边的终端装置通过键盘输入提问信息，通过通信线路与计算机中心接通，而后由计算机中心进行检索处理，并将处理结果列成答案清单，而后输送到检索者身边的终端，完成批式检索的功能。这种检索方式与上述的联机检索不同，它不能实现人机对话，所以，是一种非对话型非即时性的联机检索。但是，它又与一般成批检索不一样，RDP 可以随时向终端输入情报提问，并能很快地得到答案（参见图10.16）。

五、国际联机情报检索终端网络

这是七十年代以后发展起来的一种实现国际通讯网络的新方式。它主要是利用国际通讯卫星（TYMNET 或 TELENET）网络与大的情报检索系统联机，来广泛利用该系统数据库中的情报资料。它是发达国家进行科研、生产所必备的一种科技情报技术。

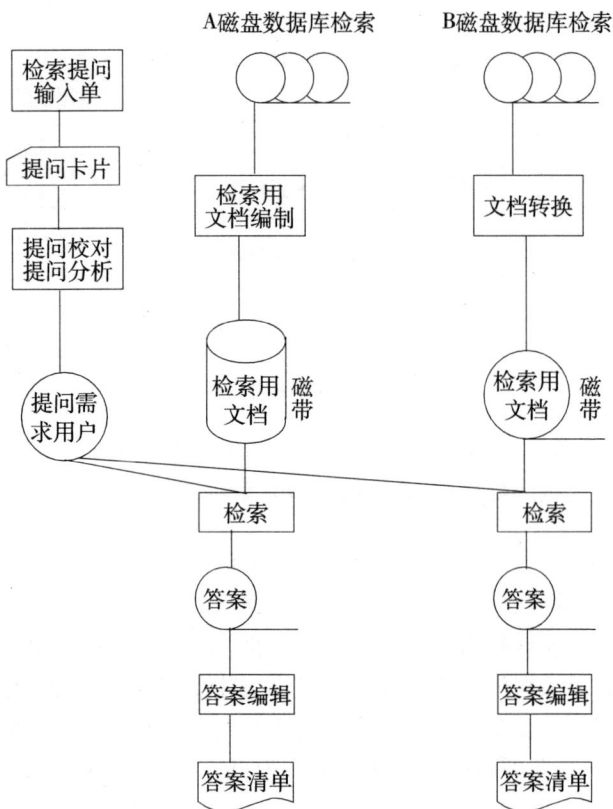

图10.16 成批检索流程略图

　　我国从 1980 年 4 月开始,由国务院所属十一个部委联合在香港安装了一台 DTC - 382 型国际联机情报检索终端机。通过香港大东电报局联接国际通讯卫星网络,与美国最大的,也是目前世界上最大的商业性国际联机检索系统——洛克希德的 DIALOG 和系统发展公司(SDC)的 ORBIT 情报检索系统联机。我国利用国际联机终端检索,要由各部情报所归口办理检索服务业务。这种设备检索效率高而费用低。一般检索一个课题只需要几分钟或十几分钟。它还可以进行追溯检索,可溯查十几年以内的情报。

第七节　情报检索系统的技术设备

建立任何一种情报检索系统都必须有专门的技术设备。情报检索的技术设备是多种多样的,而且目前还在日新月异地发展着。情报检索工具可根据不同的标准来分类。我们参照苏联 A. И. 切尔内的分类方法,按照情报载体的特点,把情报检索工具分为离散型情报检索工具和连续型情报检索工具两类。下面是切尔内关于检索工具的分类表(见图 10.17)。

一、单元词卡片

单元词卡片(Uniterms Cards)是组织单元词索引的工具。这种检索工具最初是美国陶伯(M. Tauber)于 1951 年编制单元词索引和现用检索文档时所用的一种卡片。它的规格是 $125 \times 75cm$,卡片上有一个横格,十个竖格(见图 10.18)。

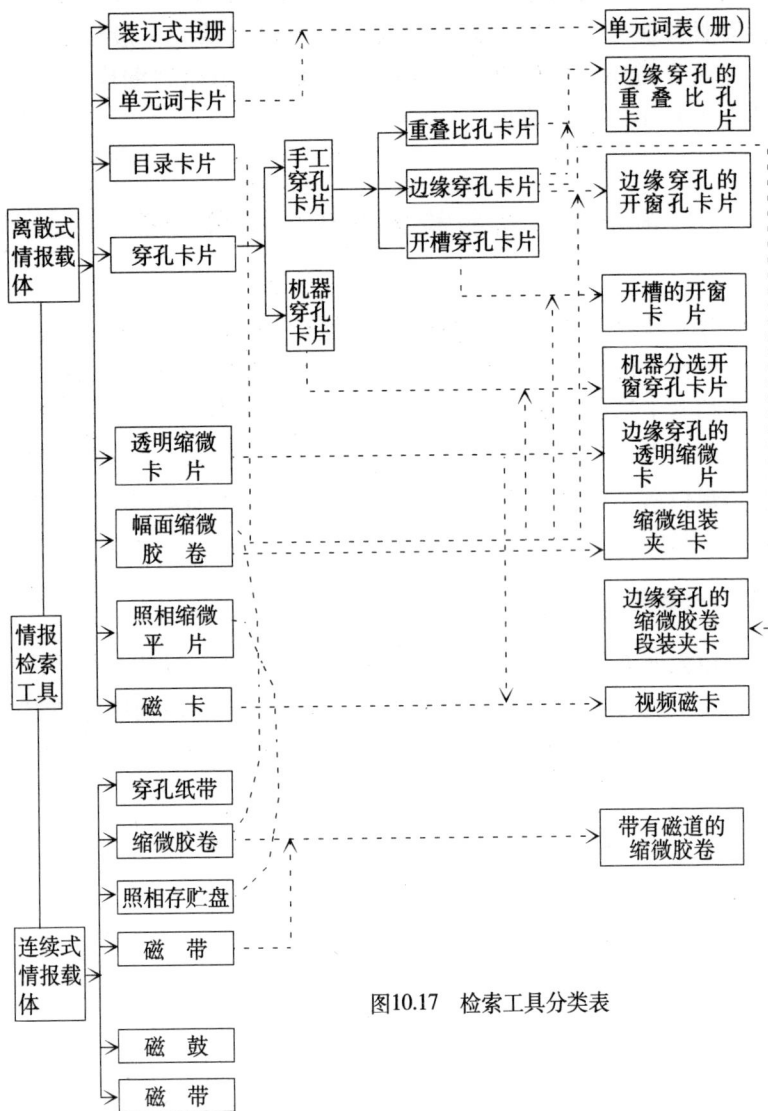

图10.17 检索工具分类表

磁　铁

10	321	2	33		75	36	7	48	19
50		22	93		85	106	17		39
100			123				87		49
							107		99

钴

50	11	2	103	44	25	36	117	18	9
50	31	52		74	35	86		58	49
120	51	82		124	95			78	59
	61			105				88	109
	71			125				118	
	101								
	111								

图10.18　单元词卡

单元词卡片上端的横格中著录的是叙词（或主题词）。单元词卡片就是按叙词的字母顺序来排列的一种倒排档,可保存在卡片盒内（见图 10. 19）。

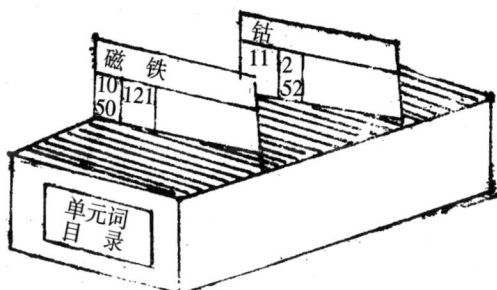

图10.19　单元词卡片目录（字顺）

在竖格内填写文献号码,即横格中所列叙词所载的文献编号,按文献编号尾数字分别排在'0—9'的十栏中。利用这种卡片系统进行情报检索的方法如下：

假如我们把一篇题名为"钴和镍在低温下的磁铁性质"的文献输入单元词目录系统中，首先把叙词（有时用键词）选出来，如本篇文章将标引："钴"、"镍"、"磁铁"和"低温"等叙词，这些叙词的总和就是这篇文献的检索标识。比如这篇文章的序号为50，这时从卡片盒中抽出著录有这几个叙词（按字顺）的卡片，每张卡片的0栏中都填上50这个文献编号。登记好文献号码之后，将卡片插回原处，以备其它文献中也涉及到该叙词时使用。

如果要利用这种单元词卡片查找上面所讲的这篇文献，其编写指令就是钴、镍、低温、磁铁，从卡片中抽出带有这些叙词的卡片，从而查到关于同一叙词的所有文献情报。

二、手工穿孔卡片

手工穿孔卡片的类型有边缘穿孔卡、重叠比孔卡、开槽穿孔卡等。现分述如下：

1. 边缘穿孔卡片（Edge - notched Cards）。

这种检索工具出现比较早。这项发明曾于1896年获得专利权，但应用于图书馆工作中，却是本世纪三十年代以后的事。

边缘穿孔卡片一般都在卡片四周边缘部分穿有一排或几排小孔（如图10.20），为便于整理，每张卡片都切去右上角。卡片大小没有严格标准，有 5cm × 7.5cm 的和 10cm × 27.5cm 的等，大小不等。

图10.20是仿实物画的。从图上可以看出这种卡片通"1、2、4、7"编码法，能够表示阿拉伯数字、罗马数字和拉丁字母等，可以组成各种数据形式。卡片中央部分可以记载文献题录、检索标识、文摘。现在有的穿孔卡片上贴有缩微制品。图10.20是双行孔的，也有单行孔的，如图10.21，图10.22，图10.23。

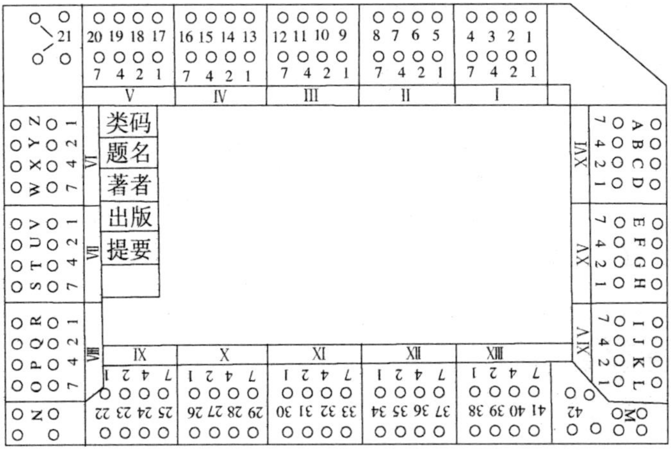

图10.20 边缘穿孔卡

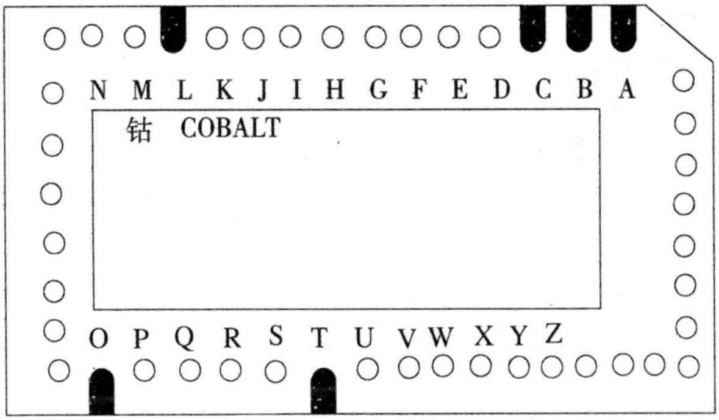

图10.21 单行孔卡片

这种卡片也和普通目录卡片一样,把关于记述文献特征的文字(如题录、文摘)记录在卡片中央部分,而后根据检索目录对四周的小孔做不同方式、不同部位的切口,通过这样不同的切口部位的组合、编码方法来反映文献的不同特征,如作者姓名、主题名称、

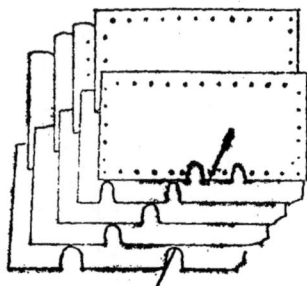 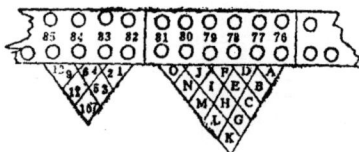

图10.22　手检原理示意图　　　图10.23　部分穿孔卡、三角编码

出版事项等。

现在举例说明穿孔卡片的使用方法：

①文献题录：

C. E. Angood and B, Sells. ; Magnetie Properties of Nickel and Cobalt at Temperatures below 60 Deg K. J. Utopian Phys. Soc. , 24, 18896(1966).

②编目与标引：

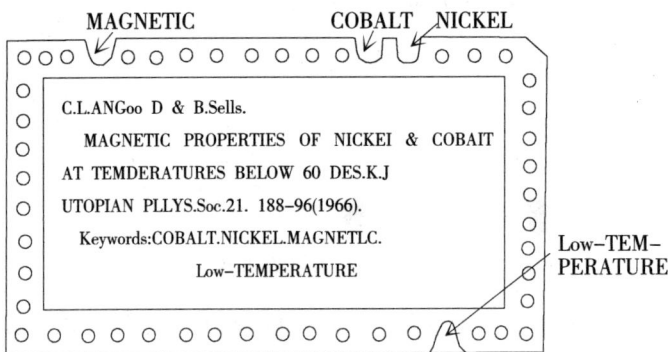

图10.24

③编码与切口：

256

图 10.24 就是从同一个记录卡片中检出四个键词,可作四张卡片(见图 10.25)。

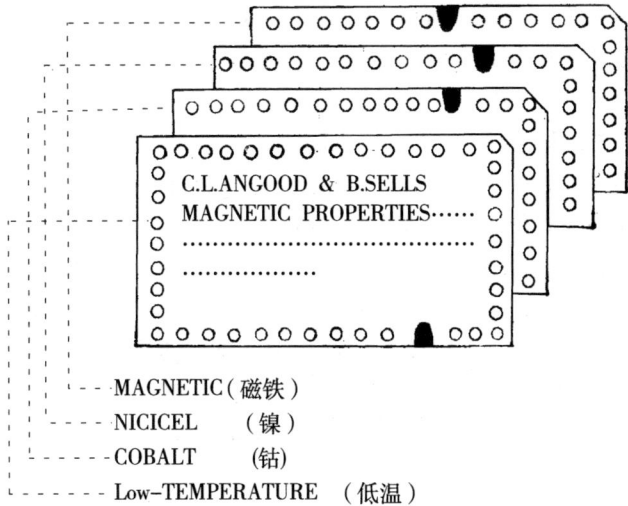

MAGNETIC(磁铁)
NICICEL (镍)
COBALT (钴)
Low–TEMPERATURE (低温)

图10.25

④检索操作:

检索时,金属针穿入表示某种检索标识的孔,向上挑动一叠卡片,凡被切口的卡片自然落下,非检索卡片仍穿在针上,由此便可查出符合检索命题的卡片。通过切口处理,可使一套卡片组合成多套目录,从而解决一般目录卡片检索功能的局限性的问题。

这种卡片在检索时需分批操作,每次最多可穿检一百到二百张卡片,显然比普通单孔卡片的检索效率高得多。这种检索方式虽然很低级,但是它已经用穿针的机械作用代替了人们历来用双手和视觉翻检卡片的劳动,而现代的情报检索机械化和自动化系统,正是由此发展起来的。

边缘穿孔卡片既然是用边缘轧孔表示信息,自然孔数越多表达的信息量也越大,但同时也要考虑到轧孔的方便,所以,这种卡片一般都设计单排或双排两种孔型。孔表示信息,轧口表示需要检出的情报线索,而每个孔本身并不能直接表达信息,必须有一定的代码系统,也就是要有一套编码的方法。

穿孔卡片有如下编码方法:

(1)一孔一意法。

这种编码方法,也叫直接取码法,是一个孔代表一个固定的信息编码,如图 10.26 右数第二个孔代表国别信息的"日本"。也有用相邻两个孔代表一个信息的,这称为"二孔一意法"。

(2)7-4-2-1 法。

这是一种适用于固定字段或著录事项的指示代码系统。编码的原理,是用 7-4-2-1 四个孔表示一个字段,各孔分别由 7-4-2-1 标识(见图 10.26),每个字段里 0—9 任一数字均可用切开一或二个孔来编码。如果用单排的 7-4-2-1 编码,切五个口,就可得出编码数字为 576(见图 10.26)。

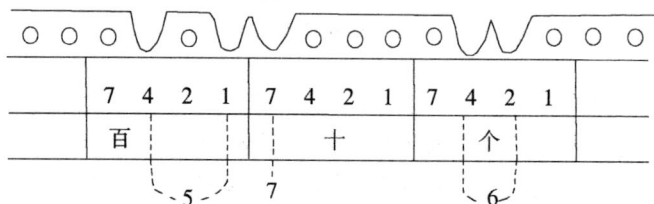

图10.26

7-4-2-1 编码法除表示阿拉伯数字外,也能表示二十六个拉丁字母或其他文字符号。具体方法是再多加一个孔,即 N-Z 孔,因为利用 7-4-2-1 四个孔编码,只能组合 A-M,加上 N-Z 孔正好可编全二十六个字母 A-Z(见图 10.27)。这是一种很有用的机械化编码技术。

(3)7-4-2-1-S-O 法。

这种编码技术也称为 7-4-2-1 SF 法。这种方法与 7-4-2-1 法一样,是 7-4-2-1 法的改进形式。主要是为了防止 7-

258

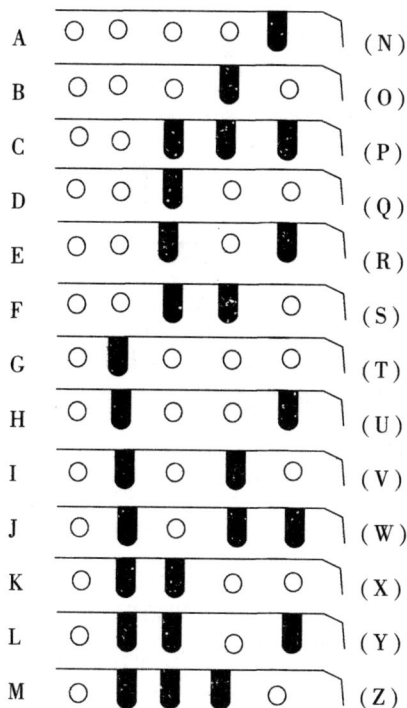

图10.27

4－2－1法的漏检而设计的。这种方法是用六个孔表示一个字段,除0以外都选检二个孔,以避免7－4－2－1法兼选一个孔或二个孔而造成的漏检。如下图,就都能双孔组一个数码。

0	0	0	0	0	0
7	4	2	1	5	0

00　1＋SF　2＋SF　1＋2　4＋SF　4＋1　2＋4　7＋SF　1＋7
2＋7＝0　1　2　3　4　5　6　7　8　9。

二列 7 – 4 – 2 – 1 法：

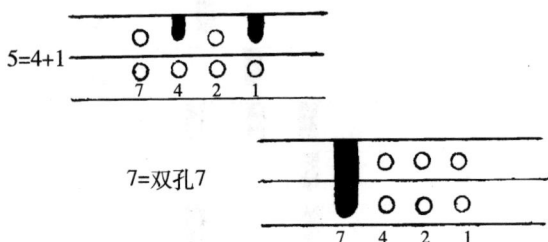

图10.28　双列7–4–2–1法

如上图所示,当取 7、4、2、1 时,深切口,即同列双孔全切,取其它数字时,则用浅切口组合编码。

（4）三角编码法。

三角编码法也称为三角表示法。因其孔列有单列、双列和三列的,所以,三角编码法分为一列三角法、二列三角法和三列三角法。如图 10.29 所示,设用五个孔表示一个字段图中十个方格,各有一个数字（文字也可以）,编码切口时,从所检的数字或文字所在的方格向两翼平行延伸,将两个方向所指的孔切口组码。如检 6 则 A、E 两孔切口（见图 10.31）。

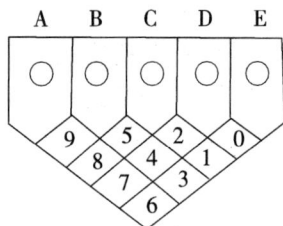

图10.29　一列三角法

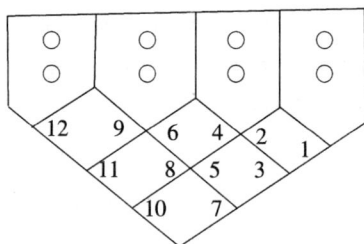

图10.30　二列三角法

一个方格里也可以设计两个文字或数字,这种方法称为二列三角法。切口编码时,所取数字同侧的切口为二列孔全切,反侧则

260

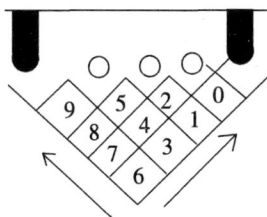

图10.31　单列取码切口　　　　　　　　图10.32

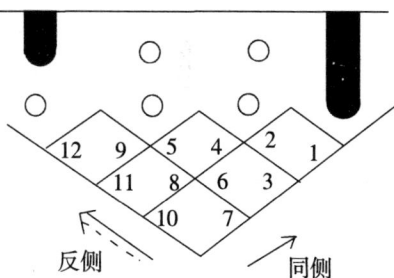

只浅切一个孔,这样便可识别每个所列的数字或文字符号等。

上述三角法用例是很多的,不但可以用它编数字,还可以编组文字、化学式等。

(5)四角表示法。

四角表示法也称直角代码,编码原理与三角法相同,只是检索标识印刷占的位置大,并且便于文献整理,所以,是一种常用的代码表示法。其切口方法,是检索对象的文字或记号所在格上方切浅孔,即切开浅层一个孔,沿着对象格横向查找,碰到粗框格(四角格)时,将该格上方的二列孔全切开,即深层切口,以表示检索的对象的某个方面的特征。如图 10.33,表示基本粒子的性质。

2.重叠比孔卡片。

重叠比孔卡片(peek－a－boo－cards)也称同位穿孔卡片、透光比孔卡片、光学重合卡片等,其译名很不统一。这种卡片最初是英国人巴登(W.E.Batten)发明的,所以,有时也称这种穿孔卡片为巴登卡片(Batten Cards)。比孔卡与边缘切口卡片不同,它不靠切口反映文献标识,它是靠卡片中间部分大量的孔点的编号表示一篇文献的代码。比如,要记录 001 号文献,就在第 001 孔点上打个小孔,要记录 9122 号文献,就在 9122 孔点上打个孔。检索时,

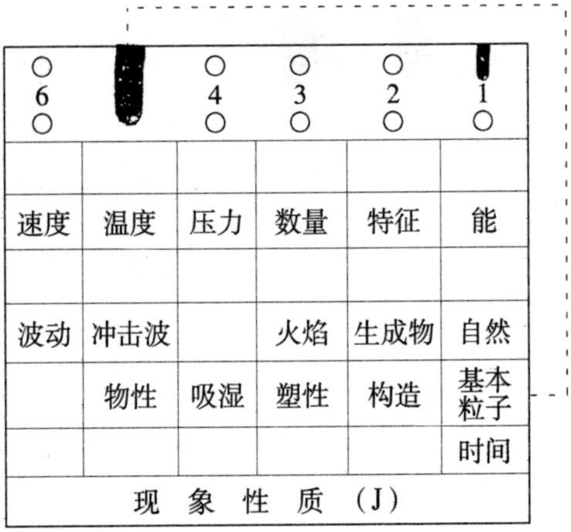

○ 6 ○	■	○ 4 ○	○ 3 ○	○ 2 ○	■ 1
速度	温度	压力	数量	特征	能
波动	冲击波		火焰	生成物	自然
	物性	吸湿	塑性	构造	基本粒子
					时间
现 象 性 质（J）					

图10.33

只须把有关的概念单元（叙词或键词等）卡片重叠在一起,对着光源观察,凡打孔一致的孔点就能透光,透光孔位都有号码,这就是符合检索命题的文献号码。例如,我们要查钴和镍的磁铁性质的文献,就先从字顺卡中选出有关这几个主题的穿孔卡片,然后把这些卡片重叠在一起,通过机械处理,查出透光孔位,就能发现该孔位的号码为50,而这50号文献就正是我们要查找的文献（见图10.34）。

使用这种卡片显然比组号卡片要方便得多,效率高得多。不过比孔法也有缺点:第一卡片的容量有限,检索仍不方便;第二必须有高度机械化的设备。此法作为手检穿孔技术,是比较复杂的一种。

目前市售重叠比孔卡片的规格有 187×82.5 厘米或 445×445 厘米两种,情报容量达四百到四千篇文献。最小孔径为六毫米,最大孔径为三厘米。

3. 开槽穿孔卡片。

这种穿孔卡片与前两种都不同,其主要区别在于这种卡片的

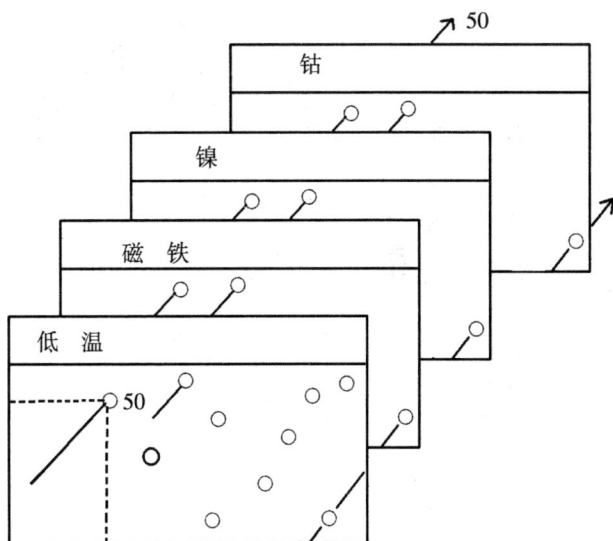

图10.34　重叠比孔卡片作用原理示意图

检索原理既不是切口也不是比孔，而是靠槽形孔的串动位置，即在卡片的两个相邻的槽形孔拉开一定距离，中间保持均匀的间隔来发挥作用（见图10.35）。这种卡片记录文献的代码与边缘穿孔卡片所采用的代码是一样的。这种卡片的主要优点是便于检索多观点、多标识的文献。不过，在分选卡片时必须使用专门的分选装置。

三、机器穿孔卡片

作为电子计算机输入载体的一种，机器穿孔卡片前面已经大致介绍过了。本节则从检索工具的角度再补述一些有关的知识。

机器穿孔卡片主要指的是1889年美国工程师Herman Hollerith所提出的机检穿孔卡片及其发展的各种形态。如前所述，这种卡片是一种用专门机器（如穿孔计算机）加工（穿孔、分类、复制

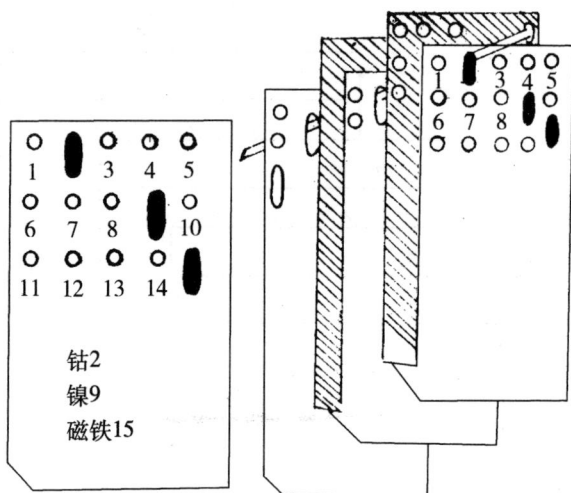

图10.35

等)的有标准尺寸的长方形卡片。通常使用的机检穿孔卡片是
187.4×82.5厘米,内有八十排孔位,共计九百六十个孔位。现代
穿孔计算机每分钟能分选七百到二千张卡片。

八十排机检穿孔卡片的文献情报登记原理是按一定的设计,
用穿孔的方法实现的。登记所用的代码,是和边缘穿孔卡片一
样的。

机检穿孔卡片可用来编制大型倒排文档和顺排文档,现在较
受欢迎的是开窗式穿孔卡片。使用的检索机有 IBM085、IBM087
等型号的。利用这些检索机器,可使八十排穿孔卡片每一排孔既
能表示 0－9 的数字,也能表示 A－Z 的字母,借此进行文献登记。

四、缩微化离散型情报载体

缩微化离散型情报载体,指的是带有文献缩微件的离散型情

264

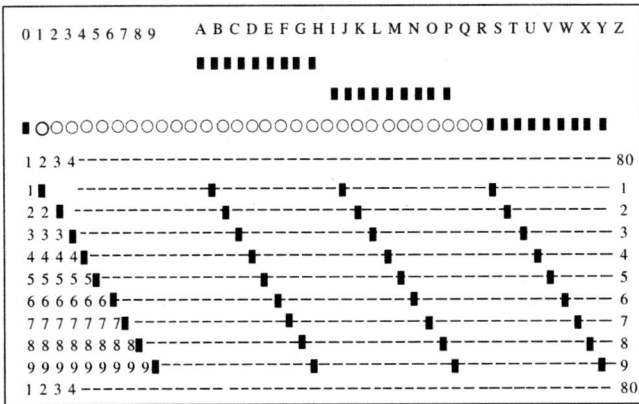

图10.36 IBM八十排穿孔卡片

报载体。除前面提到的开窗穿孔卡片以外,缩微平片、幅面缩微胶卷、照相缩微平片,以及磁片等,都是缩微化离散型情报载体。

1.缩微平片(Micro – fishe)。

这是一种有标准尺寸的长方形的照相胶片。胶片上载有缩微了的文献。当缩微平片作为检索工具的载体时,它的边缘部分要记载文献号码或检索标识。录载技术是通过缩微平片的上边进行代码切口。检索工具中所用的缩微平片有不同规格:Minicard 为 32×16 厘米,Filmorex 为 60×35 厘米,DARE – Magnavox 为 76×25 厘米,DARE – Bell and Howell 为 187.4×82.5 厘米等。

2.幅面缩微胶卷。

这是缩微胶卷的片断。录在这上面的文献地址一般是由录载该篇文献第一页的缩微复制品的幅面顺序号来规定的。也有用边缘切口的编码系统来表示的。

3.照相缩微平片。

这是一种正方形或长方形的带有照相涂层的薄片或上面摄有文献复制品幅面的照相涂层的薄片。每篇文献的号码由带有该文

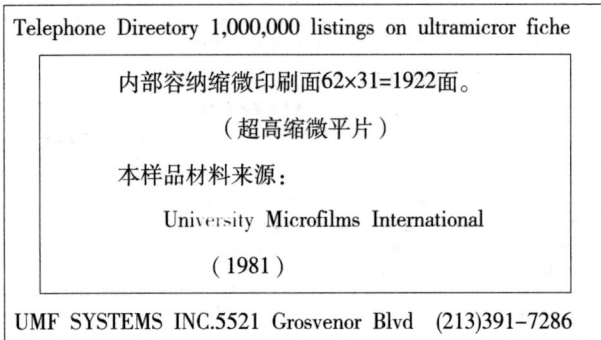

图10.37　缩微平片

献第一页缩微复制品幅面的坐标来规定。

此外，还有磁卡。它是带有磁涂层的正方形薄片。在这种薄片上记录着检索标识和文献号码或题录。

目前，上述这样的带有缩微文献复制品的离散型情报载体有几十种。这些载体多半用于编制备用文档。

五、缩微化连续型情报载体

连续型缩微情报载体的基本形式是缩微胶卷。缩微胶卷是一种十六厘米、三十五厘米、七十厘米或一百零五毫米宽的照相胶卷。这种胶卷是被应用于缩微阅读器上的。缩微阅读器是一种缩微胶卷专用的情报检索设备。它主要用来编制倒排文档。这种设备也称为缩微胶卷选择器，它能够在四分钟内从二千篇文献的缩微复制器中选出所需的任何一篇缩微型文献。这种设备的另一种用途是将选出的缩微文献立刻放大，以供阅读。目前在国外使用最多的、也是检索效率最高的阅读器，是美国的 EStman Kodak 公司出产的"Lodestar Pes－Ⅰ型和"PS－1K"型缩微阅读器。所用胶卷规格为十六厘米宽的轴式缩微胶卷。

作为情报检索用的机器设备,除上面所列举的之外,还有许多适于手检或机检的机器,如卡片分类机、排卡机、卡片检索机等。当然,实现情报检索自动化效率最高、价值最大的机器设备,莫过于电子计算机了。计算机被用来建立大型双路情报检索系统的第一路,即现行的计算机检索系统。

利用电子计算机作为情报检索工具,其检索效率是最高的,但其价格也是最贵的。所以,当我们考虑建立计算机检索系统时,应该考虑下面两个条件:

(1)文献数量的条件。这是很值得注意的条件,因为,文献情报数量越少机械检索或建立自动化检索系统的成本越高。所以,国际上有人提出,如果不超过十万篇文献,自建独立的自动化系统是不经济的。

(2)检索深度要求的条件。文献数量虽多,但检索深度比较单一,如只要求检索一般手检目录的检索深度,就没有必要建立独立的自动化检索系统。只有在多功能服务的条件下,如进行文献主题全面检索和多项组合检索时,建立自动化检索系统才是非常必要。

因此,目前在任何国家里,设想把全国各种类型的图书馆都建立起自动化检索系统,是值得研究的问题。

本章主要参考文献

[1] C. D. Paice:《Information Retrieval and the Computer》,1977. p. 4 – 25.

[2] L. A. tedd.《An Introduction to Computerbased Library Systems》,1977, p. 145 – 190.

[3]《电子计算机在情报工作中的应用》,1978,82 – 116 页。

[4] A. И. 切尔内:《情报检索理论概述》,1980,169 – 185 页。

第十一章　复制技术及其设备

第一节　复制方法与复印机

　　复制或复印技术（Copying technique）的主要涵义是，"利用光在感光层上形成与原件完全相同的潜像，经过显影，变为可见图像的复制件的技术处理过程"。因此，就复印技术的原理来说，和普通照相的定义基本上是相同的。所不同的是普通照相先要制成原版底片，再经过冲洗放大处理后复制成像片（现代摄影技术可以不经过冲洗过程而直接产生彩色正片），而复印过程则往往由原件直接获得复制的正片。

　　起初，人们复制文件和画面等不用机器设备，而是采用碳素纸（即复写纸）复写的方法。复写纸也是不断改进的，其种类很多，如两面复写纸、单面复写纸、内涂层复写纸、蜡膜纸（Wax Coated Carbon）、色带（Ribbon Carbon）等，这些都是碳素纸。现在，国外也有人用染料的中间体，利用化学反应而出色，制成非碳素复写纸。

　　由于文献管理和情报交流服务技术的发展，只靠复写法显然是不够的了。随着时代不断前进，复制技术逐渐走向机械化，复印机器设备也越来越多。近年来，复印技术正从机械化向自动化发展。

　　根据复制摄影技术的特点，一般把复印机器的工作方法分为四种类型：

（1）直接复印法——即不用任何透镜等介质，从原件直接复制的方法。

（2）间接复印法——即需要利用透镜等介质进行复制的方法。

（3）印刷复制法——即与印刷技术相结合进行复制的方法。

（4）其它方法。

上述复制方法的发展中有个共同的趋势，即与其它非复印机械或器材相结合，发挥越来越大的复制效能。

第二节　直接复印法

这种复印法是利用化学方法来实现复制的要求。它是第二次世界大战后最先迅速发展起来的复印技术。根据所用的化学光导材料，这种方法还可分为银盐法和非银盐法。前一种方法还可根据显影过程的特点分为扩散复印法、快速稳定法、转印法、直接影印法、自动正像法和缩微照相法等。非银盐法还可分为重氮法和晒图法。

一、重氮复印法(Diazo traus for process)

这种方法是静电复印机普及以前最为通用的复印方法。重氮复印法的特点有：①只适用于单面文献材料的复印；②复印的影像呈紫色；③原件上的图像与白色地相比都是正片，所以也称正片复印。

这种方法所用的机器、感光纸都比较便宜，使用也比较方便。

重氮复印的原理，是利用重氮化合物的光分解反应，使未被分解的化合物在碱媒质中与耦合剂（主要是酚和萘酚类）偶合，形成偶氮染料的像。因为重氮化合物有两个特性,一是它的显色成分遇到一定条件,就在感光纸上形成偶氮染料;另一个特性是重氮化合物光敏分解为无色的物质,而且这种分解生成物不与显色成分结合。重氮法就是利用这两种特性,把重氮化合物涂在正面感光纸上,使被复印的原件资料的背面与涂有重氮化合物的感光纸面紧密接触,而后从上方曝光。这样,光照部分感光纸上的重氮化合物分解变成无色物质,无光照的部分(即成像部分)经过显影处理,就呈现出图像,即成为有色的复制件。

重氮法的显影处理有三种方法:

1.湿法(Wet Process):首先把感光纸涂上重氮化合物和有机酸(作为稳定剂),以及蓝色染料和还原剂等,然后把化学处理过的感光纸放在显影液(由耦合剂、碱、还原剂配制而成)中,涂层产生化学作用而显色。

2.干法(Dry Process):即感光纸(上涂重氮化合物和显色剂)经曝光后,放入氨气中进行气体显影,这时重氮化合物与显色剂相结合而显色。

3.热敏法(Heatprocess):在感光纸上涂抹重氮化合物和显色剂,这和上述第二种方法相同,不过,在这以外还要涂上中性或酸性药品,经加热而分解呈碱性显像发色剂。

重氮复印法须用的设备和器材如下:

(1)湿法复印机:这种机器体积较小,价格较便宜,工作时不产生氨气味,很适于一般办公室使用。

(2)干法复印机:这种机器一般都是大型机,笨重,占空间大,使用氨气,工作时有臭味,需要有排气设备。这种机器多用于专业复制部门。

(3)热敏复印机:这种机器适于复印大幅原件。机身体积为$900mm \times 1100mm \times 700mm$;重量为八十公斤;复印速度:曝光$10 \sim 300m/hr$,显像为$100m/hr$;光源:800W石英水银灯。

这种复印机与前两种相比,有如下特点:①干燥型,但并无氨气臭味;②无需排气设备;③复印稿幅大。

二、扩散复印法(diffusion transfer reversal process)

这是在欧洲流行的一种复印方法。它和重氮法一样,是静电复印法前期被广为利用的复印方法。这种复印法的特点,是单面和双面印刷资料都能进行复制。

扩散复印法也称为"DTR"法。这种方法的原理与一般照相所用的银盐法是一样的。它的曝光方法有两种:

1. 反射法:是进行双面复印的唯一方法。它是由光源射出的光透过底版射在原稿上,由稿面上的黑白部分的反射光差而在底版上产生潜像的。

2. 透过法:这种方法主要用于单面印刷的原件,也就是适用于光线透过率较大的印纸。

上述两种方法都要把曝光的底片和正片相重合在一起,而后浸入显影液,便能从底片上显像。

DTR复印机在欧美使用较多,所以,这种复印机多数要从英美等国进口。

三、快速稳定处理法(Rapid Process with Stabitization)

普通黑白照相总要经过显影、定像、冲洗、烘干等一系列的处理和操作过程,才能取得稳定的图像,而且显像时必须备有暗室,一般需要三十到四十分钟,技术要求较复杂。快速稳定法是一种操作简单、不用暗室设备而很快就能获取图像的方法。它和普通照相方法相比较,大大地缩短了制作过程。

四、热敏复印法(Thermofax)

这种方法是以红外辐射为热源,所以,也称为红外复印法(Infrared copy）。热敏法也是在感光纸上涂重氮化合物和生色剂，以及受热能产生碱性物质的显影剂，曝光后通过红外照射加热产生碱而显影。热敏感光纸不论用湿法显影液还是用氨气都能显色。

这种方法的原理是把涂有重氮化合物和生色剂以及受热产生碱性物质的显影剂的感光纸合在被复制原件上面，而后用红外照射加热，热被黑色部分吸收，白色部分则被反射。这样原件上由黑色构成的文字或画面就显出来了。黑色的深浅不同，吸热量也不同，从而画面也将出现深浅不同的色调。

适用这种复印法的机器，日本"3M 社"有四种产品：ク－リエ，Secrerary、major、premier。这些热敏复印机的特点是，机型小而轻便，可复印双面印刷品。

第三节　间接复印法

间接复印法还可分为电子照相法（Electrophotography）和缩微照相法（Micro－copy）两种。本节主要介绍电子照相法。

电子照相复印是近年来急剧发展的一种新型复印方法，属于静电印刷术（Xerography）的一个分支，所以，人们通称为静电复印法（Electro static electrophotography）。

在日本，关于电子照相术有过这样的定义："电子照相（electrophotography）又名静电记录。它是应用于印刷、照相、通讯、无线电传真等领域，利用光电作用进行新的物理记录或复印的方式。"这种新式的照相技术和传统的照相复制相比，主要特点是完全不用水，而是利用物质的光导电性和静电吸力，在电场的作用下受到光照，增强电流的作用，形成电子复印或静电复印的效果。用这种方法，在感光载体上成像，然后可转印在普通纸上或涂有硫化锌的感光纸上直接成像。前一种称为 PPC（Plain Paper Copiers），即普

272

通纸复印方式;后一种称为电子照相方式。PPC 所用的载体是以硒为主,后一种所用的载体是以氧化锌为主。不过,硒、氧化锌和氧化镉等都是光导性物质,所以,复制原理基本上是一样的。

一、电子照相法原理

硒、氧化锌、氧化镉等具有光导性物质,通过电晕放电使这些光导性物质带电,从而也带有感光性。而这种带有感光性物质受到光照时,其感光膜表面的电荷消失。具体说来,就是受光程度轻的地方电荷没有动,在感光膜上只借助于静电就能形成静电潜像。然后,把相反电荷的粉状调色剂撒在这个静电潜像上,也就是撒在这种载体上,这时就可利用静电吸引而成像。这就是电子照相法的基本原理。

电子照相有两种方法。一种方法是"xero"法,即干法复印方式,另一种是电子传真方式。前者是把光导性物质硒涂在金属板上,后者是把光导性物质的氧化锌涂在纸上,两者成为感光载体,前种载体带正电,后种载体带负电。这样前者从硒板上可转印到普通纸上,形成复印的效果;后者纸质载体本身就被用作一种复印件,从而完成复印的功能。因为后一种载体本身(即纸本身)直接成为复制件,所以,也称为直接式静电复印。前一种是通过硒板把图像转印到纸上的,因而称为间接式静电复印。

二、电子照相法的处理过程

因为 PPC 法和电子传真(electrofax)法使用的光导性物质不同,所以,在照相过程的处理上也不一样。

Xerox 法(PPC 法):

第一步,对涂有硒的金属感光板予以正电荷(一般都用铝板,把硒均匀地涂在它的上面)。

第二步,曝光。从复印原件反射来的光通过透镜射到带电的感光板上,这时在感光板上由正电荷构成静电潜像。这个潜像对于原件来说,正是正片的逆像。

第三步,把带负电的调色剂(Tonen)撒在正电荷的潜像面上,由正负相引而显像。

第四步,把纸放在显像面上,纸带正电,调色剂带负电,正负相吸,就吸在纸上了。最后在纸上形成正像。

第五步,把纸从感光板上分离开,加热而后定像,完成复印过程(见图11.1)。

三、静电复印机

按照复印机内电摄影过程中所用光导材料及其显影方法的不同,可将静电复印机分为两类:

第一类是氧化锌直接式静电复印机。这种复印机与普通纸复印机相比,缺点在于需有专用的氧化锌纸,由于纸上有氧化锌涂层,因而纸厚,不耐折;在复印件上添注文字等较难,图像反差低,不能双面印,纸的成本高。但是这种复印机价格便宜,所以,尚有一定销路。目前已逐步被"PPC"即普通纸复印机所取代。

第二类是间接式静电复印机,也称普通纸复印机(PPC)。用普通纸复印可以给人们带来很大的方便,纸薄一点、厚一点、白纸、色纸,以及晒图用的硫酸纸和聚酯薄膜等均可复印。所用纸材得来方便,价格便宜。近年来,普及型的PPC复印机发展更快,已成为静电复印机的发展方向。

这种复印机所用的光导材料有硒、硒合金、硫化镉鼓、氧化锌版纸和带,以及有机光导体和可挠性镍基硒光导环带等。其中用硒合金鼓,即通常所说的硒鼓的为最多,因为一个硒合金鼓可复印几万次到几十万次,而且,硒合金鼓在国内也能镀,所以,现在国内生产的复印机多数是采用硒鼓这种导光体。

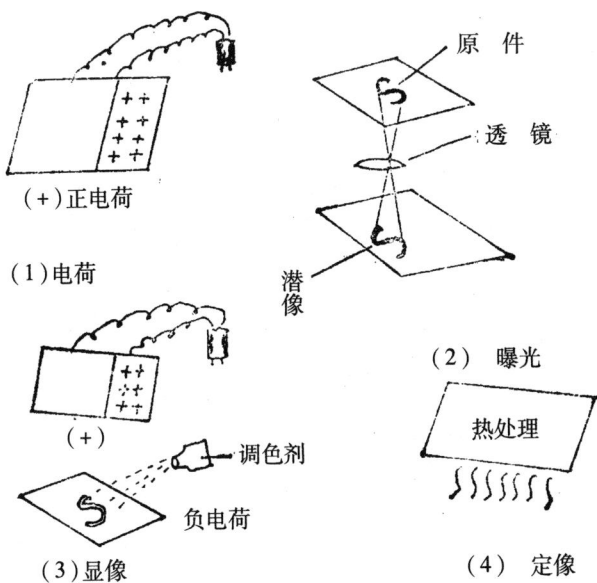

（+）正电荷

（1）电荷

原 件

透 镜

潜像

（2）曝光

热处理

（+）

调色剂

负电荷

（3）显像

（4）定像

图11.1　xero法示意图

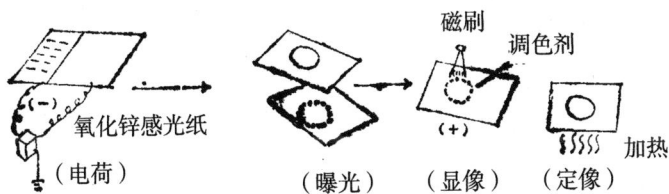

磁刷

调色剂

氧化锌感光纸

（-）

（电荷）

（曝光）

（+）

（显像）

加热

（定像）

图11.2　电子传真法示意图

275

第四节 复印机的选择和使用

一、国外生产静电复印机的主要厂商及产品

1. 日本：

小西六：产有 U–Bix2000R Ⅲ、U–Bix1500、U–Bix600W Ⅱ 等机型，都用氧化锌版纸为光导材料。从 1978 年开始，小西六的产品又从原来的氧化锌系列逐渐改成硒合金鼓系列。目前生产的产品有 U–Bixv、U–Bixw 和 U–Bixv3R 等机型。这个厂还生产单组分显影的采用氧化锌版的小型机 U–BiXT。

理光公司：产有 FT–6400、FT–6400R（可以缩小）、FT–6600 等机型，均采用氧化锌版纸为光导材料。此外，该公司还有 DT–850、DT–1300、DT–1700、DT–1800R 等新产品。这些新产品是属于一种液体显影的普通纸复印机，通常称为液干式 PPC。液干式普通纸复印机的复制品质量好，显影机构简单，能够控制色粉飞扬，防止污染机件。它只需一个简单的干燥器，不用定影加热设备。该机还有耗电量较少等优点。

佳能公司（CANON）：该公司生产的 NP 系列机是以硫化镉为光导材料的。生产有：NP–5000、NP–5500（可缩小）、NP–6000、NP–6300（附有自动进稿器）、NP–A$_2$ 等型号。NP–系列还能在 NP–5000、NP–6000、NP–6300 等机型上附加分页器。新近还展出了一种新型复印机，这个机器具有一档放大二档缩小的单组分显影的 A$_3$ 幅面，复印速度为每分钟四十页，带有单页进档器和十五格分页器，型号为 NP–400；此外还有用冷压定影的单组分显影的，幅面为 B$_4$ 的 NP–120 型的复印机。

佳能公司还生产一种小型的 NP–200 型复印机。这种机器

机型小、复印幅面大，采用光导纤维作透镜的单组分显影，是一种不用载体的新型复印机。此外，该公司还生产有液干式 PPC。

夏普（SHARP）公司：产有 SF－740、SF－741 等机型，都是用氧化锌版纸为光导材料的。

2. 英国：

兰克希洛克斯公司在七十年代中期投产一种与电子计算机相结合，具有高速复印和印刷性能的新型复印机。这种复印机的型号为 XEROX9200。这种机器的光导材料为可挠性镍基硒光导带，摄制过程为全幅闪光曝光，它的自动进稿器，一次可装五十张原稿，有五十个分页收集器，可连续复印九千九百九十九张。一条光导带至少可复印二十万张。这种机器采用计算机式电链控制板作为指令中心，具有存贮和显示功能，复印速度为每分钟一百二十张，是目前世界上最高速度的复印机。它一个月的平均复印量可达十万到五十万张，相当于一个小型印刷车间的印刷能力。所以，国外称这种无印刷底版的高速复印机为"复印——轻印刷机（Copiers Duplicator）"。

据文献介绍，1977 年展出的 XEROX9400 型机又增加了一些新功能，如自动进稿的容量增加到二百张，有自动双面复印的功能，还配备有电子故障自诊系统，可监视复印机的工作情况。不过，这种机器价格很高，只有那些大规模的情报机构或国家复制中心等才有条件使用。

3. 荷兰：

OCE 公司生产：OCE′－1700、OCE′1800、OCE′1900ARC（能自动进稿）等机型，采用氧化锌版带为光导材料，复印速度高，效果好。OCE′1700 装一次版可印六万张，复印效果属最佳级。OCE′1702 型是 OCE′1700 机加上分页器。原稿幅面为 A_3（297×400mm）、复印幅面为 216×356mm 的 OCE′1900 型机，带有缩幅装置，具有到达印数后自动抬起压稿板的性能。它还附有二十格分页器。这种复印机的型号为 OCE′1900ARC/S20。

二、国内生产复印机的情况

我国现有复印机制造厂二十多家，它们生产了多种类型的复印机。上海复印机厂生产海鸥四型图纸复印机和海鸥五型硒静电复印机（即海鸥 Se－5 静电复印机）。武汉复印机厂生产长江牌硒静电复印机。此外，桂林、邯郸、天津、重庆、营口等地也生产硒和氧化锌版普通纸复印机，质量虽还不够稳定，但都在积极改进之中。有的厂家还采用被淘汰的瀑布式显影方式，开始生产磁刷式显影的复印机。桂林仪表厂出产的 GXF－1200 型复印机已采用冷光源代替卤素（Halogen）灯。

三、选择复印机应注意的事项

要想从多种不同型号的复印机产品中选购自己所需的机器，首先必须作到知己知彼。所谓知己，就是指把本单位的需要情况、工作规模搞清楚；知彼指的是了解掌握各种机型的性能，特别是对国外厂商的了解，并掌握其产品性能、售价等情况是十分重要的。

国外有一家专门从事复印机市场调查的公司，这家公司根据复印机的售价、复印量等情况，把复印机（普通纸复印机）分成六类，列表如下：

类别	机种	主机售价	日复印量	复印速度	例
1	普及机	3,000 美元以下	500—2,500 张	15 张/分	U－Bixv OCE′1615 SF－741
2	中级机	5,000 美元	2,000—10,000 张	15—20 张/分	U－Bix 2000RⅢ NP5500

类别	机种	主机售价	日复印量	复印速度	例
3	高级机	10,000 美元	5000—25,000 张	20—30/分	OCE′1700 FT2500R
4	低速机（轻印刷机）	20,000 美元	10,000—50,000 张	30—60/分	Xerox3600 OCE 1900 ARC/S20
5	CD 中速机	40,000 美元	40,000—200,000 张	75/分	IBMⅢ系列
6	CD 高速机（注）	80,000 美元	100,000—500,000 张		Xerox 9200/9400

选择复印机首先要从本单位的实际需要出发,不要只片面追求先进和新型。比如,配合科研任务较少的图书馆,就不一定要选购高速机,一般选用上述的"普及机"和"中级机"就可以了。图书馆选择复印机应注意以下情况:

（1）应选择能够复印书本的普通纸复印机;

（2）图书馆要求复制品的幅面不宜过大,一般八开尺寸,即 B_4（257×364mm）就可以了。

（3）一般中小型图书馆选购以氧化锌版为光导材料的机器即可。

（4）瀑布式（倾泻式）显影的复印机基本上已被淘汰,所以,应选择磁刷显影的普通纸复印机。

（5）要注意机器所用的光导材料。前面提到,可作为光导材料的有硒合金鼓、硫化镉、有机光导鼓和氧化锌版纸等,目前国内只有硒鼓能够镀硒,其它材料尚不能生产和加工。这种情况是需要在选购时注意的。

四、复印机的使用与保管

1. 用前准备工作。

复印之前的准备工作是确保得到高质量复制品的重要条件之一。主要准备工作有：

第一，打开机门要检查充电、转印、消电三个电极以及放电灯表面是否有显影粉或灰尘，并要进行清除。

第二，打开吸尘箱，检查集尘袋堵塞情况，如积粉过多，应抽出清扫。

第三，打开主机侧门拉出显影箱，检查显影剂是否备好，加粉器内的显影粉是否充足。

第四，检查硒鼓表面是否清洁以及放置硒鼓四周是否清洁。

第五，关闭机门，检查原稿玻璃是否有手迹、灰尘等。

第六，要把待复制的原稿件整理好。

第七，上面各项处理完好之后，方可接通电源，开机工作。

2. 操作程序。

开机复印的主要操作程序如下：

第一，启动接通电源开关，待面板上指示灯亮，表示电源完全接通。这时复印按钮内指示灯亮，定影器开始预热。

第二，掀起压稿盖，将待复印的稿件面向原稿玻璃，按照定位线放置好，盖上稿盖。

第三，根据原稿反差情况调节好复印份数开关。

第四，待复印按钮内的指示灯熄灭后，即可启动复印按钮，开始复印。

第五，连续复印操作过程中，因故需要停止复印时，可按暂停钮，扫描停，份数指示不变，继续印时再按复印钮。但要注意，停机时如果纸已送入输纸器，则应先将纸排除，而后复印。

第六，根据复印品的色调调节色粉的补给量。

第七,稿件全部复印完后,待最后一张复印品从机内输出之后关机。关机十分钟后切断电源。

使用中注意事项:

(1)机内不清洁不能使用。

(2)必须在规定的条件下使用。条件是电源电压 220V ± 10V,温度 0~30℃,相对湿度 ≤75%,无氨气。

(3)必须在最后一张复印品出机后,方可按停机钮,否则纸可在机内燃烧;停机后电源不能立即切断,须于停机十分钟切断电源。

本章主要参考文献

[1]《日本科学技术情报手册》,中国科技情报所译,1979 年,102–107 页。
[2]《情报管理便览》,日本《情报管理便览》编委会编,1977 年,622–655 页。
[3]《北京情报学会通讯》,1982 年 1 期,44–48 页。

第十二章　缩微技术

第一节　概述

所谓缩微技术(Microcopying Technique),就是用光学的方法,主要是通过照相技术,将原始文献缩摄在一定规格的微小载体上,制成各种规格的缩微照片,并通过一定的显微阅读机器进行阅读的技术设备和使用方法的总称。

随着现代科学技术的发展,缩微存贮信息的密集度越来越高。有的缩微胶片能够做到在 105×148mm 的胶片上记录下三千二百面十六开本的印刷页。另据有关文献介绍,利用集成电路和激光技术(一般称为微米刻画技术)来收集文献,实现以微米(1m/1000000)作为一个存贮单元,就可以把所有上百万册藏书的馆藏用手提包大小的存贮器械提走。而且,现代科学技术的发展表明,这还不能算是极限的信息密集度,还可以缩微,缩到原子大小的尺寸,即再缩微一万倍。无疑,这样超高缩微密度的存贮性能,将促使图书情报工作产生很大的变革。

当然,这些高密度的存贮信息,不可能用人的视力直接阅读,而是需要用间接的办法,用光学的机器加以放大,放大到人的肉眼能够直接阅读的程度。这种帮助人们阅读缩微化了的文献的机器,就是阅读机,简称读机(Reader)。文献查询者不仅要求用阅读机阅读文献,有时还需要把文献带走,因此,缩微复制技术也应运而生。一种可使人们一面阅读一面复制的机器便产生了,这就是所谓的阅读印刷机(Reader printer)。

文献缩微制品,大体上可分为两种:卷式缩微载体(Reel)和平片式缩微载体(Fishe)。

第二节 缩微胶卷

一、缩微胶卷的特点和品种

缩微胶卷是缩微技术的基础,所以,若能对缩微胶卷的基本知识了解清楚,对其它缩微制品的了解就容易多了。同时,通过缩微胶卷性能的了解,也就可以认识到缩微照相技术作为现代图书情报存贮、检索的一种重要手段的发展前景是非常广阔的。

1.缩微胶卷的主要特点。

(1)缩微胶卷能大大缩小原文献的体积。不论有多大量的印刷型出版物,只要通过缩微化把它们转变成缩微胶卷或其它制品,都能够大幅度地缩小它的体积,从而也就能够大量节省保管空间,一般可使原保管容积缩小到15%以下。特别是缩微平片、缩微卡片、窗口卡片等制品,更容易邮寄、交流。缩微形态的出版物也越来越多了。

不过,原文献经过缩微化之后,人们就不能直接用肉眼阅读原始文献,这是缩微制品本身克服不了的缺陷。但是,由于新的小型阅读机的出现和复制技术的日新月异的改进,阅读缩微制品的困难也就容易克服了。

(2)缩微胶卷等制品规格容易统一,有利于实现标准化。这一特点,对于情报管理和机械检索是非常重要的。

(3)缩微制品便于保管的特点,应该看做是缩微技术的最有代表性的特点。因为缩微胶卷可以迅速而精确地复制原始文献，所以，缩微技术最适用于容易散失的文献的保管。同时，对于特藏珍本和贵重文献，可以通过缩微复制获得副本，原件可以珍藏，缩微复制件可以提供阅读，这样做对于防止文献散失、污毁等是非常必要的。

另外，由于缩微制品肉眼不能直接阅读，所以又可以起到一定的保密作用。

长期保存的缩微制品容易老化，所以对缩微制品的保管方法也应视为文献缩微技术的一部分。一般缩微胶卷可以保存二十五到五十年。据有关材料记载：在相对湿度为 40~50%、温度为 15~25℃的条件下，缩微胶卷可保存八百年。

（4）缩微胶卷与一般纸质出版物不同，它不易燃烧，也不像纸制品那样怕水湿和虫害，具有耐久性能。不过，要注意的是感光乳剂的明胶（galatine）部分容易发霉或被细菌侵蚀，所以，这种带有明胶的胶卷保存的温度要在 10℃—20℃ 之间，湿度应保持在 25%—60%。高温和过于干燥对胶卷有害。为使胶卷耐久，不仅要注意保管，而且在使用时要防止机械挫伤其表面。

（5）缩微胶卷使用起来经济。主要表现在：邮递业务合理化，邮费便宜，特别是国际文献交流，原始文献与缩微复制品的成本相比，差额是很大的。使用缩微文献更便于情报交流，可提高复制效率，而且缩微制版便宜，并可随意放大或缩小。

2.缩微胶卷的品种。

缩微制品基本可分为两类：一类是卷式，一类是片式。前者还可细分为卷轴式和盒式；后者又可分为透明平片和不透明平片。

现将文献缩微制品的类别列表如下：

```
                              ┌ 卷轴式胶卷(Roll film)
                   ┌ 卷轴式 ┤
                   │          └ 胶片带(film strip)
                   │          ┌ 单页胶卷(sheet film)
         ┌ 缩微胶卷 ┤ 单页式 ┤
         │         │          └ 缩微平片(microfishe)
         │         │          ┌ 胶片(slide)
         │         └ 片断式 ┤
缩微制品 ┤                    └ 窗口卡片(Aperture card)
         │                   ┌ 缩微卡片(microcard)
         │                   │
         └ 缩微不透明卡片 ┤ 缩微片夹(microlex)
                             │
                             └ 缩微印制机(micro – print)
```

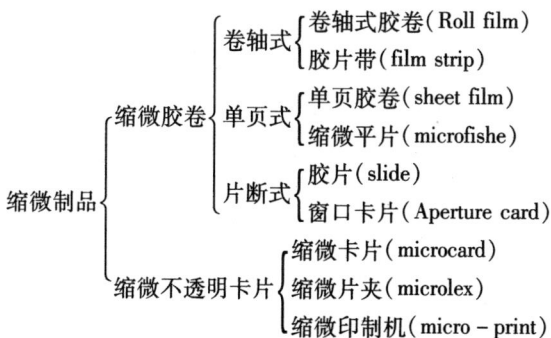

从上表可以看出,缩微文献资料品种是很多的。在第一大类缩微胶卷中,较早地被普遍采用的是卷轴式胶卷(Roll film)。这种胶卷与电影胶卷类似,是卷在轴上的长带形胶卷。胶卷的幅宽不一,有七十厘米、三十五厘米和十六厘米等。宽幅的胶卷适用于记录大型图面的资料,窄而长的胶卷则对记录连续增加的资料非常适用。一般记录报纸资料多用三十五厘米的轴式胶卷。

软片胶带(胶片带)(film strip)就是把上述的轴式胶卷分段切开,一般每三十厘米长截成一段,每一段记录原文献的一个印刷面。如一篇五印刷面的论文,就可用五段胶带软片。其具体形态是把截开的软片夹在一种带状的胶夹上,成为一种带状胶片,所以,称为胶带(strip)。这种胶带的特点是不受胶卷长度的限制,从而可按检索要求进行录制整理。目前这种缩微资料还没有被广泛利用。

二、缩微胶卷的主要用途

上面谈到缩微制品的特点时,已经涉及到相应的一些使用问题。这里准备在此基础上再较具体地介绍有关缩微胶卷的有效利用问题。

早在十九世纪七十年代,西方一些国家已开始使用缩微照相技术。如：1870年德法战争期间，法国人 Rene′Dagron 最先使用缩微照相为当时的军事情报服务。到本世纪三十年代，在美国又发明了旋转式照相机，这种相机的出现大大地推动了缩微照相技术的进展。四十年代的第二次世界大战，更进一步把缩微技术推向高潮。二战后，缩微技术已成为图书馆现代技术的一个重要方面，它不仅用于保管资料，以节省库藏空间，而且用于高速度、高密度的文献情报存贮、交流与检索服务等方面。现在，缩微技术和电子计算机一样，进入了各国科学技术情报活动，已成为技术发达国家共同关心的急待开发的技术领域。在美国、日本等国都设有缩微技术开发管理的专门机构。如美国的 NMA（National microfilm Association of the Unired State），即"美国国家缩微胶卷协会"一年能缩微处理三千万张图纸，据统计资料报导，它每年能为国家节约九百万以上的美元。

下面简单介绍缩微胶卷的主要用途：

1. 应用于安全保管贵重资料和节省保管空间方面。

目前，在我国的大型和科研图书馆里，缩微胶卷主要用来解决保管贵重图书文献和节省空间及设备的问题。特别是对于珍本、善本图书和贵重文献，为防止众人直接翻阅造成污损或散失，越来越多的图书馆把它们制成缩微胶卷，向使用者提供复制品。这样既可防止原文献的破坏，也便于多数人阅读。北京图书馆已将馆藏善本书和解放前的旧报纸复制成缩微胶卷。上海图书馆把积累数十年的《申报》摄制成缩微胶卷。辽宁省图书馆把馆藏《四库全书》摄制成缩微胶卷。这些对于保管我国历史文献和更好地发挥它们的作用都起到了很好的作用。应该指出，我国的缩微复制工作距图书情报事业发展的要求相差甚远，不仅缩微复制设备太少，而且各馆之间缺乏更紧密的合作，致使有的文献重复缩微复制，而有的文献却得不到复制，影响了交流。

国外有些国家是很重视这方面工作的。如日本通过国会图书馆把全国五十六家报社的主要报纸都摄制成了缩微胶卷,向全国发行。这种作法对收藏文献较少的图书馆是很有帮助的。美国把已公布的学位论文全部摄制成缩微胶卷,不仅供国内学术界参考使用,而且向国外供应。联合国教科文组织(UNESCO)从六十年代开始便采用缩微化的办法,搜集世界发展中国家的贵重文献。

2. 应用于科技文献情报管理方面。

随着科学技术的飞速发展,广大科学技术工作者迫切需要尽快地、廉价地得到日益激增的大量文献情报。缩微胶卷便是能够完成这项任务的重要工具之一。

3. 缩微胶卷的其它用途。

除上述的文献存贮和服务的功用外,缩微胶卷还可以其高速度、准确和缩微记录等性能处理商业管理、银行业务,以及统计资料的搜集管理(如人口普查的统计资料)等工作,如日本厚生省利用缩微胶卷把 1955 年以来的社会医疗调查统计资料收集起来,进行研究,取得了很大的成果。它的具体做法是,全国各都道府县地方政府向辖内各医疗单位配备缩微照相设备,各医疗单位按要求将医疗记录和统计数字摄制成胶卷,而后报送厚生省,省调查统计部门利用阅读机审阅,把需要的资料记录下来,进行综合分析,非常方便。

三、应用缩微胶卷的准备工作

图书馆采用缩微化技术的准备工作包括:

1. 明确采用缩微胶卷的目的。

就图书馆工作来说,采用缩微胶卷的一般目的,都不外是保管资料、节省空间、便于提供珍贵文献的复制品,但采用时必须考虑到图书馆的规模和特点。比如,规模较小的图书馆需要缩微的资料数量有限,用传统的保管方法基本可以解决,就不一定再用缩微胶卷。有了胶卷,必须有阅读设备,所以,要考虑经济条件,否则容易造成浪费。

2.明确缩微处理的对象。

搞缩微化首先必须明确要缩摄什么、缩摄数量多少、规格要求，以及缩摄的对象特点等。要分清所摄制的文献是珍贵的文献、重要的档案文件，还是普通的图书；是工程图纸还是票据资料。在形态方面，要分清文献是单页的还是装订成册的，是大型图面还是小型资料。此外，关于摄制对象的数量大小和保存期限要求等都应该事先确定下来。

3.要拟定开展缩微技术的长远计划。

缩微工作的目的、对象确定之后，就要拟定较长远的实施计划。经过周密考虑，计划一经拟定，就要避免中途变动，特别是对于摄制方法与保存方式都要有具体规定，否则不仅会造成技术上的困难，而且会造成经济上的损失。

4.选好缩微作业场所。

按照缩微作业和有关设备的要求，选择作业场所应注意以下几点：

①要避开有振动的地方。如靠铁路附近和交通流量大的地段等，都不适于缩微作业。在不得已情况下，可在建筑上采取措施，如向地下深建一米厚混凝土地基，以便安装缩微设备。

②作业点要设在便于给水和排水的地方。如果使用井水，需注意水中所含矿物质的情况。

③避开电压变化过大的工厂地段，必要时要有变压设备。

5.缩微器材的准备

缩微照相设备可以自备，也可以租用或委托摄影专业人员代制。这主要是根据使用多少和业务要求来决定。

6.建立缩微管理制度。

为使缩微工作有效而合理地进行，应有下列的管理制度：

①关于缩微化的记录范围、记录种类和区分标准的规定。

②关于缩微胶卷制成日期的规定。

③关于缩微摄制的责任的规定。

④关于缩微胶卷制作方法和操作规程的规定。

⑤关于缩微制品保管的规定。

四、缩微胶卷用器材

1. 照相机。

缩微胶卷用照相机,基本上可分为两大类:平版式照相机(Planetary Camera)和回旋式照相机(Rotary Camera)。它们通常使用 30.5m 长的轴式胶卷,也有用 15.25m 的。

①平版式照相机——工作时将被摄取的对象放置在固定的水平位置上,摄影时,胶卷和被摄对象都处于静止的状态。其摄影速度因相机型号不同而各异,一般每分钟可摄制十到二十幅。所用的胶卷分为 16mm,35mm,70mm 和 105mm。

②回旋式摄影机(Rotary Camera)——被摄对象与胶卷以同步的速度,一边转动一边一幅一幅地摄影。

2. 显像机(processor)。

这是对摄影或剪接的胶卷进行显像、定像冲洗、干燥处理的机器。这样机器常见的有下列几种:

①自动显像机(Continous type)——自动地连续通过各种有关装置,对胶卷进行显像、定像和冲洗的机器。

②返复式显像机(Rewind type)——类似打字机色带的装置,利用两个轮交互收卷胶卷,使胶卷在处理液中来回通过。它只处理显像,定像冲洗和干燥等则另行处理。

③涡卷式显像机——这是在涡卷式水槽中注入处理液体,进行显像的机器。

④桃架式显像机——它采用的是把胶卷桃在架上,而后放到液体中搅拌处理的方法。

3. 影印机（printer）。

这是一种从缩微胶卷向其它胶卷或底版上进行复制的机器。这种机器有两种：

①接触式印像机（Contact type）——按接触式晒像法向别的胶卷上连续印像的机器。这种机器能够产生与原胶卷同一尺寸的印制品。

②变倍机（Entarge type）——变倍机是印像放大器的一种，现在常见的有银盐式、电子式和重氮式三种。

4. 阅读机（Reader）。

阅读机应该看做是缩微胶卷资料的一个组成部分，而且是不可缺少的一部分，所以，阅读机的性能和阅读机配备的数量等，对于图书馆缩微化业务的开展往往起着决定性的作用。

阅读机（或简称读机）是专供阅读缩微制品放大投影的机器，是缩微资料的放大阅读设备。没有它，缩微资料就是无用的东西。

根据形体大小、投影屏幕的类别，以及适应胶卷的尺寸等，阅读机分为透视屏幕型和反射屏幕型两类；从调动装置上还可分为电动的和手调式的。它也和照相机一样分为 16mm、35mm、70mm、105mm 等型号。它的型号很多，JIS B 7186 – 1960 型的比较适用。

5. 阅读印刷机（Reader printer）。

阅读印刷机（Reader printer）也是一种放大阅读装置。它的特有性能是，除能将缩微资料放大阅读外，还能把屏幕上放大的影像按照原样印刷出来，所以被称为阅读印刷机。

近年来，随着电子计算机的发展，产生了缩微阅读装置与计算机相结合的新的机器，这就是我们以前讲到的"COM"和"CIM"。

"COM"这种装置可自动地将计算机存贮的情报数据缩微化，而后可以输出缩微制品，通过阅读装置进行阅读或复制；"CIM"是用激光在胶卷上记录下干涉带（光学处理结果），再在缩微胶片上制出计算机可读的区域，从而产生信息输入的效果。实际上这就是全息照相技术的应用,也就是计算机同缩微全息照相技术的结合。

从上述装置的发展来看,将会形成一种现代化的情报处理的新系列:①将文献资料用 OCR(Optical Character Reader)即光学字符阅读机进行阅读;②电子计算机存贮装置进行存贮,以备多功能使用;③用 COM 输出,最后根据需要,通过阅读印刷机将文献复印出来。

第三节　缩微卡片

缩微卡片分透明的和不透明的两种。透明缩微卡片通称为缩微平片(Microfishe);不透明的一般称为缩微卡片(Micro – cards)。

一、缩微平片

1. 概述。

如果说上述的轴式胶卷是从四十年代开始成为情报载体的话,那末,单张的,即离散式的缩微卡片的被广泛采用,则是六十年代以后的事。现在缩微卡片中最广泛使用的就是缩微平片。

缩微平片最初是由德国人格贝尔(Gebel,J.)发明的,而后推广到荷兰。缩微技术在西德是比较发达的。从 1972—1976 年五年间,它的缩微制品生产增长了四倍多。据 1980 年的西德图书馆业务考察报告报道,它们的各大型图书馆都有缩微复制设备,其中尤以缩微平片为最普遍。法兰克福国家图书馆已将 1960—1973 年的七十万张传统式卡片目录全部摄制成缩微平片,只用了四百零二张平片就全解决了。鉴于缩微技术的重要意义,西德当局于1976 年成立了缩微胶卷经济管理委员会(AWV),积极开展缩微复制的研究与协作活动。西德文献研究所设有专门的实验室和车间,并开展了这方面的理论研究与专业教育工作。

2. 缩微平片的制法。

缩微平片的制法主要有三种:①把缩微胶片贴附在透明的基片上;②把缩微胶片的窄条并列起来粘接成平片;③在单张的缩微胶片上直接摄影。

胶片规格,最初的尺寸是 $3 \times 5cm$,现在普通的缩微平片为 $10 \times 15cm$。一张平片上通常可摄录九十八页印刷资料,同样大小的超缩微平片可摄录二千五百到三千页印刷资料。在同普通照相用的 135 胶卷同样大小的感光片上,可容纳几百页图书的全部内容。关于缩微平片的缩小率,在日本的有关文献上举过这样一个例子:东京都二十三个区的电话号码簿(昭和 45 年版)按日本假名五十音顺分上、中、下三个分册发行,共三千五百五十八页,另一册按职业分上、下两册,共二千六百四十四页,这两种工具书合起来共为六千五百零二页,是个 $30 \times 21cm$ 的大册子,厚度达 25cm,重量八点七公斤。像这样大的印刷体,用超缩微平片只需要三张就够了。

3. 保管和利用。

①保管:通常是装在纸袋里,一个纸袋内装一张平片,袋面上记明文献标题和著录事项。为便于区分,纸袋可采用不同的颜色。

②利用:缩微平片也和其它缩微制品一样,必须通过阅读机放大以后才能阅读。因此,必须备有阅读机。

缩微胶卷是连续型文献微型载体,随机查阅个别部分的文献,会感到不方便。现在 KODAK 公司生产一种"万能胶卷检索机"(Universal Microfilm Retrievaler),解决了连续载体不能随机检索的问题。

二、不透明缩微卡片

通常所说的缩微卡片,就是指的不透明卡片。六十年代以前,这种卡片在美国最为盛行。美国原子能委员会(AE - C)的研究报告,就是用这种缩微卡片作为情报载体的,约计有二百万张。

这种缩微卡片有两种保管方法:

(1)缩微卡片和普通目录卡片混合排列,存放在卡片盒里。这种做法的好处是,可以使检索者在同一种检索渠道中既能查检原形资料,也能查到缩微卡片,同时,也用不着再为缩微卡片编制目录。

(2)缩微卡片完全另行排列,分别管理和使用。但必须为缩微卡片编制目录(micro – card shelflist)。

缩微卡片阅读机有两种:

①手提式读机。可随身携带,使用时可用一般的电灯作光源。

②反射式读机。是一种类似投影器的装置,没有旋动的卡片托台,只是在透视屏幕上进行放大投影。

日本"东京缩微照相有限公司"出产一种不透明缩微卡片阅读机,型号为 DEA – Scope RA7。

三、窗孔卡片

窗孔卡片(Aperture card)也是一种缩微制品的检索工具。这种卡片由两部分构成,一部分是利用普通卡片或边缘穿孔卡片,在卡片的一定部位上挖一个方洞,好像开个方形的窗口(见图12.1),另一部分就是把轴式胶卷裁成相应于"窗口"大小的段(Slide),段上载录缩微化了的情报。把这种缩微小片贴在"窗口"上,就成为窗孔(口)卡片了。这种卡片的优点是,既发挥了缩微化文献载体的优势,也能利用边缘穿孔卡片的长处,也就是把可见载体与缩微载体结合起来使用,便于管理和排检,为检索提供方便。由于这种卡片可以著录标目和其它著录项目,所以容易标引。

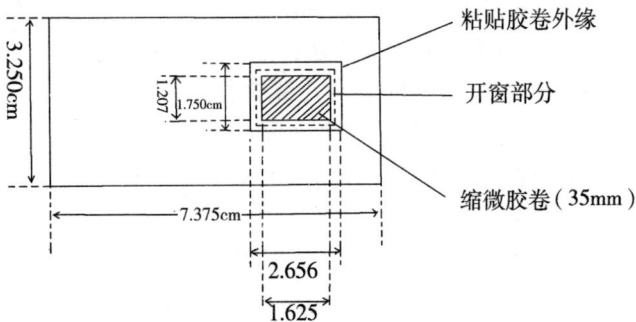

图12.1　窗孔卡片（尺寸取自DOD标准）

第四节　缩微制品的使用与保管

一、缩微胶卷的检索方法与装置

1.目标闪光法（Target flash）——就是用闪光的方法显示各检索单元之间段落，每隔一定的段落或隔若干张画面，将需要检索的目标拍摄成与资料图像相反的颜色。这样当通过阅读机查阅缩微胶卷时，便可利用这种闪光查到所需要的文献情报。这里所指的目标（Target）实际上等于普通目录组织中的导片，起检索标识作用。

2.计数标记法（Count Blip）——这种方法是在每个文献摄制单元，即每张画面下缘摄有记数用的小型标记，通过光电读取装置对这种标记进行计数。检索时，当到达所需要的那部分的号码时，便停止送胶卷。适用于这种方法的设备，是图像控制系统，所以，这种方法也称为图像控制法。

3.二进制法（binary code）——这种方法是在文献资料代码化

294

以后,用黑白方格组成的二进制代码形式摄录到胶卷上。检索时将该资料的代码输入,经过自动地比较处理,从而显示出所需要的文献情报。其设备有市售的代码检索装置。

二、缩微平片检索方法与装置

1. 平片组块检索方法。

这种检索方法需要一种特制的检索装置,在这种装置里安装有存放缩微卡片的卡片盒,是一种电动装置。检索时一按指示电钮,就显露出其中的一个卡片盒(在西德所见,有一次检出三个卡片盒的装置),运行方式大都是旋转式的。有的文献称这种装置为"电动文件检索机"(Power File)。

2. 单张平片检索装置。

这是检索单张缩微卡片的手动设备。目前在国际市场上可见到的这种装置有:RETRIK－205 和 IBM 标准卡片 Mosler410 等。

单张检索缩微卡片将会碰到一个问题,就是超缩微平片上画面太多,从而要产生画面检索的要求,为此,国外有适应这种需要的装置,如 HFCARD 阅读器和 SMARC 系统等。

3. 其它缩微制品的文献载体的检索方法与装置。

窗孔卡片——检索窗孔卡片有几种方法:①按载有文献情报的画面出现顺序,将其内容及其相应的缩微号码记录在登记帐本上,这就是目录清单,检索时按号码检出所需的画面;②通过穿孔编码的方法,在卡片上穿孔,而后用机械的选卡装置,进行检索;③利用计算机将卡片的号码编成文档输入,进行计算机检索等。

缩微胶带的(microstrip)检索设备有 Recordak 装置的胶片带系统。

图书馆的缩微化,是图书馆现代化的重要组成部分。目前美国科技情报工作发展的主要动向之一,就是进一步加强缩微化。西欧各国也在积极建立缩微化新型工业。在西德还设有缩微技术专业教育机构,专门培训这方面的生产、管理和研究人员。

在我国,缩微原材料及其制品、设备的生产和应用,都处于很薄弱的状态。为使我国图书情报工作尽快实现现代化,发展缩微技术是一项刻不容缓的工作。

本章主要参考文献

[1]《国外科技情报工作》第二集,1981年。

[2]《科技情报便览》(日文),1977年版。

[3]《日本科学技术情报手册》,1979年中译本。

[4]《Fishe and Reel:a guide to microfilm and its use》,E. Stevens Rice,Heiner Detlling,1980.

第十三章　声像资料服务技术

第一节　概述

近年来，随着科学技术的飞速发展，纸张印刷型的文献载体已越来越保持不住它的千百年来的统治地位了。新的文献载体不断出现，特别是当代微电子学、技术光学和应用物理学的迅猛发展，为新型文献载体的发展提供了广阔的前景。

进入本世纪六十年代以后，在一些经济发达的国家里，出现了一个新的重要的经济部门，那就是"情报工业"（Information Industry）。这种新型工业的问世，不仅是今后社会经济结构的重要组成部分，也将成为促进生产力的发展和改进社会生活方式的一种重要因素，因为它将提供"信息社会"长足发展的物质基础。从这个意义来看，过去一直为人漠视的图书情报行业，今后可能成为最活跃、变化最大的部门。现在国外已有人预言："在今后二十年中，图书馆将要出现一些显著的变革。"这种论断越来越使人感到了它的现实意义。

图书馆现代化技术的核心是计算机化。不过，如果只把图书馆现代化技术停留在电子计算机的应用上，则是不够的。还必须对那些能够直接使图书馆工作产生新的变革的新技术进行研究，其中，情报载体的发展变化和应用的研究就是一个重要方面。声像资料便是这方面需要研究的主要对象。

众所周知,直接用声音或影像的记录载体作为教育的手段,在人类近代文化史上早已经有了。但是,采用现代化的声像记录作为图书馆的一种服务方式或手段,却是最近二十年来的事。

美国图书馆协会 1949 年版的编目规则(《英美编目条例》1967 年版的前身),根本没有关于声像资料的著录规定。到 1967 年,《英美编目条例》初版问世,对声像资料的著录问题才开始有所涉及,但作为编目条例重要内容的非纸张印刷品的著录条例,是在 1978 年出版的《英美编目条例》第二版,即"AACR Ⅱ"上才比较全面地作了规定。AACR Ⅱ 的内容分两部分,第一部分是著录规则,第二部分是标目和统一书名等。第一部分共十三章,其中有关声像文献编目规则的有五项:

6　录音资料。

7　电影和录像资料。

9　机读资料文档。

10　三维(立体)教具和实物。

11　缩微制品。

第二节　声像资料的类型

按照声像资料的用途,可将其分为如下类型:

1. 录音资料。包括:唱片、录音磁带、声带片(soundtrackfilm)等。

2. 电影和录像资料。包括:录像磁带、录像盘(或录像磁盘)(Videoclisc);电影胶卷(电化教学参考用 8mm、16mm;大规模放映用 35mm 和 70mm)。

利用光源投射的声像文献载体,除电影和录像外,与图书馆读者服务有关的还有幻灯片,包括:幻灯片(Slides)、幻灯卷片和投影器透明片等。

3.实物的光源投射放映技术。它包括对不透明物件的投射放映技术,主要包括对不透明物的投射,如模型、标本照片、绘画、地图等。

4.缩微复制品。前章已有介绍,这里不再重复。

这里介绍的声像资料和前几章讲的电子计算机处理的机读文档等,还属于现阶段图书馆技术从传统方式向更高级的现代化技术的过渡形态,将来会有更新型、更多样化的知识载体出现。

当然,就现有的声像资料而论,比起传统的文献载体也产生了一些有关管理和使用方面的新特点。比较明显的特点有:

1.在质地和形态上是多种多样的。传统的文献载体基本上是单一的纸张印刷型的,而声像资料则多与现代工业产品有关,往往是胶质的、塑料的,而且形态是多样的,有卷轴式的、盒式的、盘式的,除载体本身之外,都附有不同的容器,而容器上都有文献编目的情报来源,如磁盘标签、磁带转盘标签、盒式磁带的盒面标签等。声像资料的容器对这种文献的整理和管理都是很重要的部分。

2.声像资料所需要的阅读条件与一般印刷品大不相同。首先需要适合于这种特殊载体的物理条件的设备和阅读空间,如放映室、电化阅览室等;其次需要特殊的阅读机器设备,如各种类型的阅读机、放映机、幻灯机、录像机、摄影机、录音机等。

3.声像资料作为阅读的对象与一般印刷品文献资料也有很大差异。印刷品的书刊文献与读者的关系基本上是一对一的,而声像资料则主要是一对多数的。这种特点使声像资料更适应于学校图书馆的读者参考服务工作。

4.图书馆利用声像资料为读者服务,往往带有组织性质,所以,很适于计划性和预约性强的工作,而一般书刊阅览工作往往是随机性的不可控的,甚至是被动的。

5.由于声像资料形体上的特殊性,用一般图书分类整理方法是不适用的,其存贮设备和方式都必须从其形体的特点出发加以处理,至于内容主题和知识类属体系的揭示问题,可用卡片目录形式解决。

第三节　声像资料的收集与管理

目前,我国声像资料的发行工作尚未纳入国家计划,而且,国产的声像资料数量有限,所以,收集声像资料要比收集一般图书资料更困难。

现在各图书馆通过购入、接受馈赠等方式收到的一定数量的声像资料,多半是国外进口的。其中大多数是胶卷和磁带,缩微胶片也日渐增多起来。

收集声像资料应注意如下几个问题:

1. 根据本馆的服务方向,确定选题范围,按范围有计划、有目的地收集。

2. 广泛掌握国外声像资料来源的情报。如国外照相复制品的主要供应单位有:美国国会图书馆所属的"照相复制服务部";（photodub－Lication Service）;英国图书馆所属的"照相服务部"（photographic Service）;法国国家图书馆所属的照相服务部（Service photographique）;联邦德国国家图书馆"照相部"（Lichtbildsteelle）等。

3. 收集声像资料要注意连续性。目前国外缩微复制资料,多半是连续出版物的内容,所以,在订购之前就需要确定目标,按照文献内容特点,确定是否加以收集,凡属连续出版的资料,订购时必须慎之于始。

4. 订购声像资料、缩微资料要避免重复,因为有些文献,同一个内容往往通过不同的载体出版发行。有的文献既以缩微的形式发行,又以普通书刊印刷品形式出版发行,选订时两方面必须兼顾。

5.应该把收集声像资料作为传统书刊采购工作的一个新课题加以系统研究。声像资料涉及多方面的关系问题,例如与一般印刷出版物的关系、与本单位内外的放映技术条件的关系、馆内外的应用关系、声像资料的管理技术与图书馆设施和设备的关系,以及与专业技术人员的关系等,都需要加以分析研究,以便为新型的藏书建设体系提供一个模式。这是非常重要的。

6.开展自制的技术活动。随着我国声像资料生产技术的发展,应广泛开辟各馆(主要是大型馆和科研图书馆)自己制备声像资料的道路。现在,有的图书馆就已借助电化教育技术力量制备录像资料和幻灯片等。这对于开展用户教育起了很好的作用。

入藏的声像资料应该从如下各方面加强管理工作:

1.入藏的声像资料,应作好财产登记,应设有独立的"声像资料登记簿"。

2.声像资料登记处理,应以每种资料为单元,用同一题名,登记同一号码,登记号码与整理号码打在同一个标签上,标签贴在载体的容器上或轴头和盘心上。

3.登记完了之后,按文献内容加以分类,并编制目录卡片。有的馆在图书分类表以外,另编有声像资料专用类表,实际上意义不大。

4.声像资料有的附有文字印刷附本,如英国剑桥大学发行的《灵格风》英语教本,既有文字教本又附带盒式录音带。遇有这种情况时,应以声像资料为主体,登记在"声像资料登记簿"上。

第四节　声像资料编目方法

一、电影胶卷的编目方法

1.**分类**：声像资料分类之后，主要是为用户制备一套检索工具，它与存贮方式无关。

2.**目录编制法**：

(1)标目要取资料的题名。

(2)只著录原著者，其它著作参加者不著录。

(3)附注：应充分记述其主要用途、卷数、放映时间（长短）、磁带长度、使用对象、动画颜色（黑白或彩色），以及制造者、型号等。下图所示的卡片格式，是参照日本有关资料拟制的，可供编目工作者参考。

16mm 电影胶卷著录格式：

类号	标	目							
		用途	卷、张、段	时间	对象	色	制作者	型	备注
登记号		附注：							

二、幻灯片的编目方法

1.**分类**：作法与电影胶卷同。

2. 目录编制法:

(1)标目取原题名。

(2)著者项与电影胶卷相同。

(3)附注项与电影胶卷相同。

三、录音磁带的编目方法

1. 分类:一般内容按幻灯片分类法进行,但音乐作品应按唱片分类法类分。

2. 目录编制方法:

(1)标目:载体有题名的取该题名为标目;载体上无题名的取容器上的题名为标目;两者都无题名,可按内容主题性质编拟题名,并用作标目。

(2)著者项:仿电影胶卷作法。

(3)附注项:用途仿幻灯片著录。要著录卷轴、盘、型号、录音时间、转速(每分钟以转数记转速,每秒钟以 cm 记转速)。

录音带著录卡片格式:

类号	标	目(题名)					
登记号 入藏 日期 来源 价格		用途	Reel 型	转数 c/s 速度 cm	对象	制作者	备注
		形式: 　附注说明:					

第五节　声像资料服务方式

一、服务种类和方法

1. 馆内服务。

主要用于参考阅览和读者辅导工作。图书馆内利用声像资料为读者服务,与一般书刊参考阅读服务不同,它需要有专用的辅助设施,如电影、录像放映厅(室)、隔音室、录音室、电化阅览室、广播室等。

声像资料服务项目,主要有以下几种:

(1)读者辅导:包括向读者进行怎样利用图书馆和怎样检索情报的教育。例如:大学图书馆可利用自摄的录像带,向新生或其他新到校的读者介绍图书馆历史、藏书情况、目录组织和文献检索方法,以及现代化设备的使用方法等,形象地向读者进行利用和爱护图书馆的教育;还可以利用录音机向读者宣传阅览规则;利用电影介绍国内外重要图书馆、情报机构的规模和现代技术成就等。辅导工作的另一个主要方面是向读者进行系统的文献情报检索技术教育。如有的图书馆通过录像向读者讲述美国化学文摘的使用方法,也有用幻灯片向读者介绍自动检索的方法、新型阅读机的使用方法及缩微卡片的使用方法等。

(2)普及科学教育。公共图书馆有项很重要的读者服务工作,就是向广大读者进行科学、文化和社会道德教育。图书馆进行这项工作时,可以利用幻灯片、录像片和电影片等声像资料。

(3)文献情报报导。可以通过录音录像等宣传新书、报导新书,以及报导科学技术新消息等。

2. 馆外读者服务。

目前主要采用三种方式：

（1）集体借用，如幻灯片、录像片、电影片以及录音带等都可通过集体（单位）外借或提供拷贝。

（2）通过流动图书馆或流动书车放映电影、录像和幻灯片。

（3）提供录音磁带。

二、利用声像资料开展社会服务活动

图书馆与其他行业协作，利用声像资料开展社会服务是现代图书馆新开发的一个读者服务领域。目前主要是公共图书馆与电视广播部门的合作，进行图书馆馆外社会服务工作。例如，近年来英国广播公司与公共图书馆协作，举办业余教育节目，受到听众与观众的好评，特别是对青年的教育，起了很重要的作用。

第六节　声像资料制备技术

以上所述的声像资料，按其性质可分为两大类：一类是通过声频向读者提供文献资料或情报；另一类是通过视频向读者提供文献资料或情报。但就其提供方式的特点来说，可分为四种：

1. 以放映方式分：包括幻灯片、幻灯卷片、有声幻灯片、电影胶卷、录像磁带、磁盘等。

2. 从非放映直觉方式来分：包括各种三维教具、模型、标本、照片、舆图、挂图等。

3. 从发声方式来分：包括录音带、唱片等。

4. 从播送方式来分：包括广播、电视等。

上述声像资料，有些是图书馆能够自行制作的，如录音、录像等，有的需要与其它行业协作制作，如电影。限于经费和设备条件，这些声像资料一般图书馆自己是不制备的，而是借用。但有一种放映资料,却是可以由图书馆自行制备的,那就是幻灯片、幻灯卷片,这种载体所需要的器材比较简单,制作方便,而且用途广泛。所以,我们想对幻灯片的制作与使用法多介绍几句。

幻灯片属于静画透明片,所以,只要在不需表达影像的动态特点的情况下,幻灯片是一种实用的读者辅导教具。幻灯片的制备比较简单,就是把摄影图片印在 35mm 的胶片上,也可把独立的胶片连续印在卷装胶片上,即可成为幻灯卷片。或者把图片裱在 50mm 的方形幻灯片框上,即常见的科学幻灯插片。

图书馆可利用摄影机拍摄读者利用图书馆的全过程,或某一项操作过程,而后制成幻灯片,作为长久使用的资料。对馆员进行业务教育,对读者进行使用图书馆的教育,幻灯片更是值得提倡的一种教具。

本章主要参考文献

[1]《情报管理便览》(日文版),1977 年,612—622 页。

[2]《现代教育》,香港教育科技国际公司编辑出版,1979 年,第四期。

第十四章 图书馆科学管理技术

第一节 概述

随着图书馆现代化技术的发展,图书馆的管理工作益趋复杂化。所以,科学管理的重要作用也就越来越明显了。各类型图书馆的管理人员和领导干部迫切需要了解和掌握有关图书馆管理的科学知识。

"管理"(Management)这一概念最初来源于企业管理。十九世纪后期,西方发达的资本主义国家,大工业生产方式迅速发展,劳动过程和生产组织益趋复杂化,迫切需要科学的管理方法。当时最著名的科学管理研究者就是大家所熟知的美国的 F. N. 泰勒(Taylor)。泰勒于 1911 年发表了他的名著《科学管理原理》("The Principles of Sientific Management")。在这部书里,他把科学管理归纳为如下四条原则:

1. 对每项工作的各个环节都要进行分析研究,避免单纯靠经验办事;

2. 要因事而用人,不要因人而设事,并且要对选用的人不断地加以培养,使其工作水平得以提高;

3. 提倡管理人员与业务执行人员之间建立真诚协作的关系,以确保工作按照设计的程序进行;

4. 要合理分工,各尽其责,避免人为的混乱。

显而易见,若能实现这四条原则,就可以使人尽其才,才尽其用,物无浪费,力无虚耗,其结果必然会提高工作效率,降低生产成本。为达此目的,泰勒要求管理、操作要实行制度化、标准化、效率化和简捷化。这就是泰勒制的主要内容。具体说来,泰勒制科学管理所研究的问题,主要有:

(1)动作研究——找出操作中的有效的标准动作;

(2)方法研究——采用生产的最佳程序;

(3)时间研究——规定生产的标准时间;

(4)工作流程的研究;

(5)工具设计的研究;

(6)设备的研究。

上述这些内容,完全可以用于现代图书馆的科学管理。所以,它是"图书馆管理学"的主要内容。图书馆管理学的专著国内外均有出版,这里不准备介绍。本书所要介绍的主要是现代"管理科学"知识。管理科学和科学管理是两个既相互交叉又不完全相同的概念。两者的主要区别是,前者着重于提高工作效率的研究,而后者则着重于增强效果的研究。运筹学就是为了适应后一种要求而产生的。

当前,运筹学作为一种现代的管理科学技术应用于图书馆管理,不论在国内国外尚不十分广泛。国外的图书馆专业教育中也很少开设这门课程。不过七十年代以后,图书馆管理应用运筹学的研究逐渐活跃起来。1972年,美国《图书馆学季刊》出版了一期关于运筹学的专号,较集中地介绍了图书馆运筹学的研究情况和成果。国内目前关于图书馆运筹学的知识了解得很少。但就图书馆现代化技术发展来看,在实现图书馆系统化、自动化、网络化的过程中,只靠传统的泰勒制科学管理方法是不能满足需要的。如所周知,图书馆现代化技术的发展,首先要建立计算机化的工作系统,在此基础上还要进行信息管理、计算机模拟、逻辑程序的运用、人工智能的开发等,不仅如此,还要有效地利用人力资源,注意行为科学的研究和运用等等。所有这些,只有借助于现代的管理科学,主要是运筹学才能实现。

由此可见,作为图书馆现代化技术的一个研究方面,对运筹学的系统的了解是完全必要的。

第二节　什么是运筹学

一、运筹学的定义

运筹学(Operation Research)一词,早期曾被译作"运算研究",到了六十年代以后学术界才逐渐通用"运筹学"这个词,习用的英文缩写名称为"OR"。

运筹学在本世纪五十年代初期被公认为是一门独立的学科。较权威的定义有如下几种:

1. 英国运筹学理事会对运筹学的定义是:"用现代科学来处理工业、商业、政府、国防各部门中由人员、机械、材料或货币组成的庞大体系与管理方面遇到的复杂问题。其特有的作用是结合测度诸如机遇和风险等因素,为系统寻找并发展一个科学的模型,以便对不同的决策、策略和控制的后果进行预报或比较。目的在帮助管理部门科学地为其政策及其行动作出决定。"

2. 美国出版的《运筹学手册》中关于运筹学的定义是:"运筹学是科学方法在可定量化的管理系统上的应用。所采用的科学方法主要是数学模型,以便对各种可供选用的行动方案进行预测和比较,从而决定取舍。"

3. 联合国国际科学技术发展局在《系统分析和运筹学》一书中下的定义是:"能够帮助决策人解决那些可以用定量方法和有

关理论来处理的问题。"

此外,也有个人研究者提出的定义。如英国人丘其曼等对运筹学的定义是:"把科学的方法、技术和工具应用到包括一个系统的管理在内的各种问题上,以便为那些掌管系统的人们提供最佳的解决问题的办法。"美国的哈伯·普尔(Herbert Poole)在《运筹学与科学图书馆》一文中下的定义是:"运筹学是表示采取决策或决定分析的一种科学方法的最通用的名词。运筹学主要是帮助掌管系统的人在制定决策时选用分析的定量形式。"

目前,关于运筹学的定义尚没有统一。不同的人,往往根据各自使用的角度不同而产生一些同义词,如:"管理分析"、"系统分析"、"系统科学"、"运算分析"、"定量分析"、"经营分析"和"决策科学"等。

上述各家定义的共同点是:

1. 运筹学的研究对象是可以定量化的作业系统,涉及范围很广,而以有限资源的合理分配问题为最重要;

2. 所采用的科学方法主要是数学模型;

3. 主要目的在于预言未来的发展和改善现有系统的功能;

4. 其结果是供决策者参考的最佳方法。

运筹学是一门年青的边缘学科。它的基础理论与应用技术正处在发展之中。运筹学作为一门独立学科,开始时主要是研究国防事务管理中提高效率的问题和经济活动中能用数量或以数学模型来表达的有关运用、筹划与管理等方面的问题。根据问题的要求,通过数学方法的处理,得出合理的决策性方案,由此而对某种系统的活动进行合理的安排,最后达到人力、物力、财力的运用能够取得最佳的经济效果。

二、运筹学的基本概念和特点

运筹学有两个基本概念:一是系统化的概念,二是最佳化的概念。

1. 系统化概念。通常关于"系统"（Systems）的定义，指的是"作用于一个共同目标的两个以上要素的集合体，但不是单纯的几个要素的集集，而是从输入到输出的整个过程"（日本《世界百科年鉴》1974 年版）。运筹学中所研究的"系统"是指一组互交的变量，而每一系统又是更大系统的一部分。如大学图书馆是个部门系统，是更大系统，即整个大学的一部分，而大学又是全国高教系统的一部分。不管哪一级系统的变量都会影响其他部门的变量。运筹学所研究的系统虽然可大可小，但主要着眼点却是从全局考虑，这一点是和传统的泰勒制只注意单独操作变量影响是根本不同的。

2. 最佳化概念。运筹学中常用的"最佳化"概念，是"指在一定的条件下，或者是最大限度的总收益或最低限度的总损失"。运筹学的重要功用是把多种变量加以定量化，以便提供最佳决策的依据。

运筹学以上述两个基本概念为核心形成了如下几个主要特点：

1. 运筹学作为一门综合性学科，其主要特点之一，是采用多科性综合研究的方法，因为运筹学涉及到社会学、经济学、心理学的成果，也包括数学、物理学、电子计算机科学等现代科学技术的成果，所以，它需要依靠许多专家从不同角度来综合考虑和处理问题。

2. 运筹学导源于十九世纪美国企业管理科学创始人泰勒的"科学管理"体系。泰勒的"科学管理"的思想集中反映在他的名著《科学管理原理》里。

世界无产阶级革命导师列宁对泰勒制是很注意的。他在《苏维埃政权的当前任务》一文中，对泰勒制的重要性作过精辟的论述："……泰勒制也同资本主义其它一切进步的东西一样，有两个方面,一方面是资产阶级剥削的巧妙的残酷手段,另方面是一系列的最丰富的科学成就,即按科学来分析人在劳动中的机械动作,省去多余的笨拙的动作,制定最精确的工作方法,实行最完善的计算和监督制等等。"

3. 运筹学处理问题,是从观察分析一定的现象或问题开始的。而且,只有在对问题的所有因素都能被定量化的条件下,运筹技术才能真正奏效。

第三节 运筹学研究的主要内容

运筹学所研究的内容是很广泛的。一般说来,凡是可以定量化的管理系统都可归入运筹学的研究范围。现将主要内容简要介绍如下:

一、决策论(Decision theory)

决策论是运筹学的基本理论。它是研究如何有效地进行决策的理论和方法。它能引导决策人掌握系统的状态信息,并根据这些信息去选取自己的行动方案。所谓决策也就是指在一些可选择的方案中,作出"最好"的抉择。决策是一个过程,一般决策过程由如下四部分构成:

(1)可供选择的策略性集合,即在一定条件下,向决策人提供全部可选择的策略清单;

(2)不受控的自然因素,就是构成一定系统的不受控的那些因素或条件。所以,预测估计、执行结果的预测都要求把可能的自然因素的参数考虑进去。

(3)结果的估价。

(4)"最佳化"的相对理解。在现实世界里,最优化或绝对的

312

合理性实际上是不存在的,只能做到相对的合理,所以,有人建议用"令人满意"来代替"最佳化",是有一定道理的。

二、对策论(或博弈论)(Gametheory)

对策论是在决策论的基础上发展起来的一种运筹学理论和方法。这种运筹方法的要点有:

(1)在企业经营中,竞争的对方就属于上述的自然因素。决策人在系统活动中如何做到既能取得最佳化的效果,又能在竞争中占优势,这就是对策论要解决的问题。

(2)对策论一般不能向每一个对手提供"最完整的万无一失的棋招,但是,向一个棋手提供概率性的棋招是完全可能做到的"。

(3)对策论是运用数学的方法,研究有利害冲突的双方在对立竞争性活动中,向一方提供能够制胜对方的最佳化策略,并能用数学模型描述出双方的损耗量,从而找出最佳策略。

三、分配论(或资源分配论)(Resource Allocation)

"资源分配论"也称规划论,是运筹学的一个重要分支。它研究的内容是如何将有限的人力、物力,包括设备、资金等资源最恰当最有效地分配给一定系统的各项活动,以满足系统的目标要求。分配论有两个基本要素:限制条件和目标功能(函数)。选取最佳方案就是求解目标函数在一定限制条件下的极值的过程。像这样用数学方法求解问题的过程,称为数学规划。数学规划有好多种,其中常用的是线性规划、整数规划和非线性规划。

四、排队论(Quening theory)

排队论有好几个同义词,如队论、等候理论、等待行列理论和随机服务系统等。排队论的实质就是"等待"服务,等待解决问题。某种系统的服务能力与需要之间往往存在着不平衡,这种不平衡的一般表现是供不应求,排队论就是一种旨在决定服务设施最佳数量的科学技术。排队论在解决这个问题时,至少要分析研究三种情况:①服务对象与等候线的长度;②等候时间;③服务质量。管理人员为提高服务质量和改进经济效果,就要分析服务系统中的用户的动态,如等候线的长度及其变化、服务设施的利用率以及总的服务时间等,然后建立明了的数学模型。通过数学模型预测不同时间的用户人数的概率和服务设施的闲置概率,以及用户的耗时数等。最后,解决问题的焦点在于究竟应当设立多少服务设施(如出纳台)才能使供需平衡。为此,则应研究由于等待服务所造成的损失和提供服务设施的成本问题,经过比较,确定服务设施的最佳量。这些就是排队论所要研究的主要问题。

五、模型论(Model theory)

模型法是运筹学最常用的根本方法。模型实际上就是一定系统或过程的描述,但它不是实际系统全部属性的复制,而只是部分属性的模仿。模型法的主要功用是帮助决策者更易于理解实际,易于操作和易于改变参数值。

运筹学所用模型有好多种,如根据所含变量情况,可分为:确定性模型和随机模型(或称概率性模型)。现在国外有人运用马尔柯夫过程来描述图书馆藏书老化的模型。

六、模拟法(Simulation)

现代的模拟法实际上是数学计算的一种技巧,是用一个系统来表示另一个相关系统的某些功能、参数的一种技巧。运筹学中凡是不能用数学分析的方法求解的复杂问题,或不易控制实验的动态系统等,则只能用模拟法来解决。模拟法与数学方法不同,它属于经验方法的一种,不能像数学模型那样表述出精确的最优解。

它是一种数学逼近的方法。

模拟法的特点是能够把复杂的系统分解成若干子系统,从而便于分析。另外,计算管理经费时间短,用计算机计算图书馆一年的经费开支与资金周转的关系,只需几秒钟就可以了。

模拟法包括:类似模拟、数字模拟、混合模拟和蒙特卡洛法等。

七、网络技术(Network technique)

网络技术是在五十年代后期发展起来的一种科学的计划方法,是运筹学的一个重要分支。它的特点是从系统的全局着眼,将整个系统中互相依存、相互制约的活动或工序与不同事件的技术顺序和逻辑关系,用网络图的形式表示出来。管理人员可借此统揽全局,并能预先估计或分析出在活动进行中可能发生的各种影响进度和资源利用率的变化情况,从而进行统筹规划及合理安排,以保证预定目标的实现。所以,它又称为统筹法。

这种方法是建立图书馆系统网络化的一个重要的理论基础。

网络技术包括两个分支:一是关键路线法,二是计划协调技术。两种技术处理的对象是确定型网络,不能处理随机型事件。从六十年代开始又发展起来一种新的网络技术,那就是"随机网络模拟技术"(Stochastic Network Simulation)。这种技术是系统分析的重要工具。

第四节 运筹学在图书馆管理方面的应用

泰勒制的科学管理方法应用于图书馆管理开始于 1940 年。直到今天,图书馆管理的主要方法大多还属于泰勒制的。运筹学应用于图书馆管理,是从六十年代开始的。最初是在美国麻省理工学院和霍布金斯大学图书馆试行,后来在波多诺大学、芝加哥大学,以及英国的兰开斯特大学等单位进行实验研究。到了七十年代初,图书馆运筹学在国外已基本形成为一门独立的管理科学分支。

图书馆应用运筹学的研究,并在大学里正式讲授这门课程是从 1960 年开始的。美国运筹学学会第一任主席穆尔斯(P. M. morse)在麻省理工学院讲授了图书馆适用的部分运筹学课程,后来,他的两个学生以"麻省理工学院图书馆的经费有效性"为研究课题,写出了大学图书馆系统分析的论著。这些对于美国图书馆运筹学的研究起了先行作用。从六十年代末到七十年代初,是国外图书馆运筹学研究的高潮时期,除上述一些大学之外,还有美国的南方卫理大学计算机科学和运筹学研究中心、加利福尼亚大学、美国图书馆研究院,以及英国的伦敦大学等都相继开展了这方面的研究,并且也都取得了较好的成果。

我国运筹学的研究起步比较晚。1958 年,为了适应铁路合理调运粮食的需要,开始研究和应用运筹学的理论和方法,并总结出一套"图上作业法"。到了六十年代以后,才在全国推广了统筹法以及后来的优选法。但图书馆管理方面运筹学的运用问题,甚至在图书馆学教学中,迄今还很少见到,实际上还是一个空白,需要我们去开发。

关于图书馆管理运用运筹学的研究情况,我们参照国外有关材料,归纳成下列六个方面,予以简介。

一、关于图书馆利用效能的研究

在鉴定图书馆的具体功能方面,利用率是其主要标志。这个问题的焦点在于如何使有限的文献资源、服务、设施和人力等现有条件,发挥最大限度的预期效能,达到"令人满意"的服务效果。为使这一命题得到最佳化的答案,人们应用了一系列运筹学的理论和方法,其中主要的方法有:

1. 统计分析。这是最广泛运用的方法。凡属图书馆系统中的定量参数,都可以用这种方法处理,求出带有规律性的有效活动的模式。

2. 模型法。这是运筹学的根本方法。它能够帮助人们作出预测或提供数据,供决策之用。图书馆管理运用模型法,一般是将有效利用率的参数,综合分析,使其模型化。例如:藏书系统中老化资料和"核心"资料的扫描、鉴别、剔除、报废等,可用概率模型表示,而模型往往比实际的系统或过程更容易理解、容易改变参数值等。

二、关于发挥最佳化服务效果的研究

在国外,图书馆的本质属性就被认为是服务性,任何类型的图书馆都必须建立起图书馆的服务系统。这个系统应该包括作为服务工具的文献资料、内阅外借和参考咨询用的服务设施、服务人员及其行为和作为服务对象的用户群等几个根本要素。图书馆服务是一种动态过程,是个系统。在图书馆服务系统中如何合理地解决服务中的拥挤现象和排队现象,就是直接影响服务效果的问题。运筹学就可帮助我们找出服务设施最佳数量的决策根据。

图书馆的服务能力,包括流通、阅览、参考、检索、提供、复制等等与用户需要之间的不平衡,一般都表现为供不应求的状态。有时也表现为一个图书馆总的服务能力虽大于需要,但由于读者随机性集中仍会发生排队现象。事情很明显,如果服务能力大于需要,虽能解决一时的排队现象,但大部分时间服务台闲置,会造成人为的浪费。所以,究竟应设立多少服务台才能使供需平衡,这就既要研究等待服务给用户造成的损失,又要研究提供服务设施的成本问题,经过运算,最后决定服务设施的最佳数量。运筹学的排队论,就是研究和解决这个问题的一种管理科学技术。运筹学把这种等候服务现象称为等候系统。这个系统涉及极复杂的因素,

317

如服务对象种类不一,到馆的时间分布和间隔各不相同,服务线有多有少,服务方式、方法、时间不一致,等等。排队论在解决这个问题时基本上要从如下三个方面来考虑:

1. 从服务对象考虑。读者到达时间和占用服务时间,事先都无从确切知道,是一种典型的随机现象。如系单线等候系统,可通过统计分析建立一个随机模型。这时就可预测到单元时间系统内读者来馆人数的概率、读者在系统内平均占用的时间和服务设施闲置概率或闲置时间,从而达到改进服务的目的。

2. 从排队等候的纪律考虑。这个问题的实质意义在于如何从等候线中合理选出第二个服务对象,如大学图书馆服务对象中有教师也有学生,有时就采用优先照顾的办法。

3. 从等候服务时间考虑。这可通过运筹学中常用的泊松分布公式来计算出每一个来馆读者的平均等候时间和每一来馆读者必须等候的平均等候时间,最后求出改变到达形式、改变服务速度或增加并列服务台数的决策选择。

三、关于书库空间的合理使用问题的研究

有限的书库空间容量与藏书不断增加之间的矛盾问题,是图书馆中带有普遍性的问题。解决这个问题的运筹学方法主要有"库存论"、"资源分配论"、"模型论"等。库存论是运筹学中最早得到实际应用的方法之一。库存论研究图书馆藏书空间问题,首先是把馆藏作为一种物理的库存系统来研究的,其次是为了解决以最低限度的库存量来确保图书资料服务活动所需的各种文献资源的充分供应,把拒绝率降低到最小限度的问题。图书馆系统最佳的"库存"量,应该是确保最小限度拒绝率的最小库存量。

通过运筹学的研究,在六十年代末期,国外有人提出"密集排架的模型"、"藏书周期与老化处理的随机模型"和向管理人员提供战略性抉择的模拟及建立"保存书库"的建议等,来解决以最小

库存量确保最小拒绝率的问题。

四、关于引用文献定量的研究

这是图书情报管理工作中特有的问题。这个问题的焦点是引文合理定量问题。一篇文献引文过多,就会影响本文的情报价值,过少又会影响科学信息传递的作用。为处理这个问题,运筹学可提供出引文动态模型,使引文数量的增减模型化。此外,运筹学还研究科学工作者的通讯模式,根据引文定量的研究提供决策的模型。近年来,图书馆运筹学又提出了"书目格律"(Bibliometrics)的新概念。也有人用运筹学的统计分析去研究文献的增长规律和剔除、扫描的模型。

五、关于自动化管理系统的研究

这是图书馆实现电子计算机化以后提出的运筹学新课题。它所处理的问题有:电子计算机用于图书馆管理,要对现存业务环节计算机化的适应程度的定量性处理;为预测、控制和了解图书馆计算机化的影响提供系统分析的新技术。此外,图书馆业务活动从手工操作向自动化转变过程所需要的参数的处理,也运用了运筹学的有关方法。

六、关于行为科学在图书馆管理方面应用的研究

图书馆管理的行为科学的应用问题,实际上是指行为科学学派从心理学、社会学、社会心理学和人类学等不同角度来研究管理科学的一个重要侧面,它主要研究社会条件和人的心理因素在图书馆管理方面的应用。运筹学通过实验(如"霍桑实验")研究指出,功利主义的"经济人"理论只重视物质和技术条件而忽视社会因素和人的欲望、需要、情绪、思想和联想力等行为因素的片面性,主张决策人的品行、作用和方法有着重要影响。行为科学把决策

人划分为五种类型,例如认为第一种是理想的决策人,其特点是能充分发挥才干,富有进取心,无不良性格,而第五种类型叫作推销员型的决策人,其特点是唯利是图,投机取巧,看风使舵,办事没有一定原则。这样不同的决策人的决策效果肯定是有很大差别的。此外,行为科学认为,个人决策和集体决策也是各有利弊的。

上面是运筹学应用于图书馆管理的几个主要方面。实际上可运用于图书馆管理的运筹学理论与方法还有许多,如与图书运送路线有关的"安排路线问题的研究",与合理进行设备更新有关的"替换论",与业务流程和作业次序有关的"序列论",与建立图书馆网络系统有关的"网络技术"等等,都是有待发展的图书馆运筹学的内容。

第五节　图书馆运筹学未来的发展趋势

随着情报科学的迅速发展及其对现代社会的影响,目前,图书馆管理人员和有关的科学界对运筹学、系统分析和其它科学管理方法的研究越来越感兴趣。人们所以如此重视运筹学在图书馆管理方面的应用,还有一个很重要的原因,即由于经营成本不断高涨,他们企图通过运筹学这种管理技术,最大限度地降低成本,最大限度地提高工作效率。所以,运筹学应用于图书馆和情报工作的主要目的在于帮助管理者得到一种能够用有限的人力物力发挥最大的服务效能的手段。

现代图书馆更加关心的是服务费用,输入和输出设施,图书馆馆际合作、协作项目不断增加,网络范围不断扩大,计算机化数据库的扩大和数量的增加等问题。所有这些都需要运筹学的帮助才能取得预期的效果。所以,运筹学在图书馆的应用正方兴未艾,急待发展。不过,它的发展速度却适应不了实际的需要,这主要是由于有些实际问题尚未得到完满的解决。例如:情报服务价值和图书馆标准化,以及执行措施之间如何相互依存、相互作用的问题都没有解决。作为一种社会行为的运筹学研究是个多科性综合活动,有许多问题尚待确定,例如:哪些人要从事运筹学的研究? 采取怎样的组织形式进行研究? 由谁来组织? 谁来资助? 这些问题都有待解决。运筹学应用于图书馆是不同于应用于工商企业管理的,图书馆运筹学的研究必须紧密结合图书馆系统的特有的活动规律,而实际上这个观念还不很明确。然而,这对图书馆运筹学的发展是非常重要的。

目前,有些国家的图书馆教育和研究机构已经把图书馆系统分析和图书馆运筹学包括在他们的课程系列之中了。另外,图书馆管理人员也越来越感到了了解运筹学基本知识的重要性和迫切性。这就是图书馆运筹学未来发展的社会基础。

我国图书馆学界应该重视这种趋势。

本章主要参考文献

[1]汤玉卿编著:《运筹学浅说》,1982年。

[2]《Aeademic Library by the year 2000》,Essays H. J. Orne,1977. p. 79.

[3]《The Information Age:its development,its Impact》,1976.

第十五章　图书馆现代化技术与
文献工作标准化

第一节　概述

　　文献工作标准化是实现图书情报工作现代化的重要技术条件之一。《中华人民共和国标准化管理条例》总则第一条规定："标准化是组织现代化生产的重要手段,是科学管理的重要组成部分。在社会主义建设中推行标准化,是国家的一项重要技术经济政策。没有标准化,就没有专业化,就没有高质量、高速度。"

　　我们进行社会主义建设,不仅工业产品需要有标准规格,其它任何建设项目和社会生活都会碰到标准化问题。小至一根绣花针、一盒火柴,大至国家基本建设项目,都涉及到标准化问题。所以,人们说标准化是现代社会生活所必需,是现代人生活不可缺少的要素。有了公认的标准,才能约束人们按照一定的技术要求、规格、工艺方法从事产品生产,以满足社会成员的需求。从一般意义上说,标准化不外是对于一定对象(即标准对象)作出的不同范围内共同遵守的科学的合理的统一规范。

　　由于共同遵守的统一规范的范围不同,各国所制定的标准一般分为三种:全国范围的统一规范,为国家标准;某专业范围的统一规范,为专业标准;企业或企业群范围的统一规范,为企业标准。

各国都有标准的管理机构,如我国设有国家标准局。另外,各国为研究标准化的理论、政策和技术措施,审查制定各种标准草案,还设有专业性机构,如为了推进我国的文献工作标准化,就设有"全国文献工作标准化技术委员会"(英文缩写为 CNTCSD)。国际上还设有国际标准化组织(ISO),它是从事国际标准化工作的国际专门机构。

文献工作的现代化和生产活动一样,也迫切需要实现标准化。

从广义上说来,文献工作就是对于文献的出版、发行、装订、印制、收集、加工、整理、存贮、保管、流通等工作的总称。文献工作要求图书情报工作对各种知识载体的出版形式、外观结构、记述格式、标引方法、检索工具、管理手段,以及有关的设备用具等都要制定相应的标准化规格,这就是文献工作标准化。

文献工作标准化就其社会作用而论,乃是一种促进和实现图书情报工作现代化的重要手段和前提,是图书情报工作管理科学化的一个重要组成部分。如图书情报工作现代化的主要内容就是文献情报收集、整理、标引存贮、检索、提供、出版等业务过程的电子计算机化、缩微化、自动化、网络化。

从我国现实的图书情报工作来看,如果说传统的图书馆业务,如采购、编目、典藏和流通等工作,没有标准化尚可勉强进行工作的话,但要实现图书情报工作现代化,标准化则成为一个十分重要的,必须先行解决的问题。要实现我国图书情报工作的现代化,就必须把全部文献工作和情报工作(也包括图书馆的传统业务活动在内)作为一个完整的系统来考虑,因此,它必然要求有统一的业务规范,也就是要解决标准化问题。如果不先解决标准化问题,就无法建立全国统一编目中心和组织联合的情报检索系统,当然也就实现不了图书馆的自动化和网络化。至于文献情报资源共享的理想就更不易实现了。正因为如此,近二十年来世界各国都对文献工作标准化给予了高度的重视。目前,国际标准化活动十分活跃,研究、制定和通过了很多国际标准。这些标准对我国实现文献工作标准化都有极大的参考价值。

第二节 我国文献工作标准化的发展

我国文献工作标准化目前正处于起步阶段,和国际标准化活动的形势相比,差距很大。实际上从建国到七十年代,有关文献工作的正式国家标准只有两项:一项是 GB－788－65《图书、杂志开本及其幅面尺寸》;另一项是 GBT－73《出版印刷技术标准的规定》。这种落后状态显然是远远满足不了文献工作发展的客观需要的。

党的十一届三中全会以后,四化建设对我国的文献工作提出了更高的要求。五届人大和全国科学大会都明确指出:我国的图书情报工作,要适应四个现代化的需要,尽快地建立起为广大群众服务的图书馆网,实现图书情报工作的现代化和网络化。在这种新形势下,我国的文献工作标准化活动开始活跃起来。1979 年 12月,经国家标准总局批准,我国"全国文献工作标准化技术委员会"(下称全委会)正式成立,并正在积极开展工作。1980 年在镇江市召开的全委会第二次会议,研究讨论了北京图书馆标准化小组提出的《全国文献目录著录标准(总则)草案》和中国科技情报所提出的《文献检索刊物的文摘与题录的著录格式》(第三次修订草案),并决定为制定《全国文献目录著录标准总则(草案)》(征求意见稿)作准备。在这次会上还就文献目录著录标准的理论问题进行了学术交流。

根据全委会第一次会议的决议,已经建立起缩微工作、文字音译、专业术语、自动化、词表、分类法和标引、目录著录和出版物格式等七个分技术委员会和一个设备用品直属工作组。目前各分委会都在按照会议通过的"全国文献工作标准化技术委员会工作简则"（以下简称"工作简则"）积极开展有关图书情报、档案和出版工作等不同领域里的标准化工作。

根据"工作简则"规定，技术委员会的性质"是文献工作专业性标准化技术组织，直接受国家标准总局领导"。技术委员会的工作范围，"包括情报、图书和档案等传统的和在自动化实践中的标准化工作"。技术委员会是我国与国际标准化组织第四十六技术委员会（ISO/TC46）和第一百七十一技术委员会（ISO/TC171）相对应的标准化组织。

技术委员会的工作任务是：

（1）研究和提出文献工作标准化的方针、政策和技术措施的建议；

（2）研究和提出制定、复审、修订文献工作的国家标准和专业标准规则和计划；

（3）组织文献工作的国家标准和专业标准的制定、复审、修订和宣传推广工作，组织有关的科学研究与学术活动；

（4）审查文献工作国家标准和专业标准草案，并定期复审已发布的文献工作国家标准和专业标准，提出关于标准的修订、废止、继续有效等意见；

（5）介绍 ISO/TC46 和 ISO/TC171 的正式标准和有关资料，参与 ISO/TC46 和 ISO/TC171 的技术工作和技术活动。

技术委员会通过各分委会制定标准的一般程序：首先由有关部门或个人提出标准建议草案，经过讨论通过后，列为标准草案。而后经过一段试用，进行修改补充，经过技术委员会通过并呈报国家标准总局批准后，列为正式标准。

第三节　文献工作标准化的几个问题

目前,我国图书情报部门对标准化的要求越来越迫切,各方面对标准化工作都表现出了可贵的积极性。但也应该看到,在文献工作领域里实行标准化是一项十分艰巨的任务。我国目前文献工作要实现标准化,还会碰到很多问题。现将几个主要问题分述如下。

一、关于文献工作标准的政策问题

1979 年 7 月 31 日,国务院颁发了《中华人民共和国标准化管理条例》。在这个"条例"中,对有关标准化的政策性问题进行了全面的阐述。"条例"共六章三十七条,涉及的政策问题很多,这里不一一列举,只想就与图书情报有直接关系的一些问题加以简单的说明。

1. 关于制定文献工作标准的体制和分级问题。

文献工作的服务对象存在于各行各业及社会的各个方面,同时,文献工作本身包括各类型图书馆、科技情报部门、各档案馆,以及出版发行系统等各方面的业务,都属于全国性的。所以,文献工作标准从适应范围来说,是全国性的,属国家级的标准。

《条例》第十一条规定"标准分为国家标准、部颁标准(专业标准)、企业标准三级。"《条例》对国家标准的范围作了这样的规定:"国家标准是指对全国经济、技术发展有重大意义而必须在全国范围内统一的标准。"(第十二条)关于部标准(专业标准)主要是指全国性的各专业范围内统一的标准。"(第十四条)

2. 根据图书情报工作系统的具体情况,标准分级的原则为:凡是对全国各有关系统都有关系的而又必须在全国范围内统一的标准,应订为国家标准。现在各行政部门所属的图书情报单位,如果已在各部标准中制定了文献工作标准,应变为专业标准,也就是各部所属图书情报部门不按原属行政系统制定有关文献工作方面的部颁标准。只有这样,才能在全国范围内纵向地建立起文献工作标准体制,同时,也可避免由不同的行政系统插乱文献工作的专业标准化系统。

二、图书情报工作传统方法与标准化的关系问题

如上所述,我国文献工作需要研究制定的标准很多,但是总的看来可分为两个领域:一是传统的手工式操作领域;二是现代化、自动化领域。

目前,我国图书情报工作基本上还是以手工操作为主,所以,作为指导思想,首先要把现行的工作方式实现标准化,例如各类型文献的著录条例的统一;分类法、主题法的统一;出版物外观结构的规范化;连续出版物名称缩写的标准化等。

处理好上述两个领域的关系也就是处理好先进技术和基础工作的关系问题。从现实工作中我们可了解到,像著录格式、分类法、主题法、文献术语、文字音译等项都属于基础工作,是急待研究解决的问题。至于建立图书馆自动化系统所涉及到的现代技术的标准化问题,无疑是需要加紧研究的,不过,从先进技术与基础工作的关系来看,不先解决基础工作的问题,标准化、自动化、网络化等先进技术系统也是难以实现的。

三、关于搞好图书馆、情报部门、出版部门之间的协作关系问题

情报工作与图书馆工作之间的关系问题在一些国家里已经解决了,如美国国会图书馆就已办成了美国的图书中心、科研中心和情报中心,解决了一体化的问题。我国对此问题的基本论点都倾向

于一体化,但实际上目前只能做到协作。提高协作水平,切实收到协作的实效,也迫切需要解决标准化的问题。现在中国标准化协会(CAS)正在为各系统的文献工作的方法和制度制定统一的标准而努力。已经完成了一些标准的制订工作。这些标准的实施,将对我国文献工作的发展起重要的推进作用。标准公布后就要求有关部门单位遵照执行。而在现实的基础工作中,各单位之间实行的是不统一的方法和制度,因此,在执行统一标准时,会感到有很大的不便。对此,我们应该从长远的全局的观点考虑,应认真研究标准,严格执行标准,群策群力,争取早日实现我国文献工作的标准化。

四、关于现行工作方法和制度与统一标准规定的矛盾及如何解决的问题

各图书馆、情报单位现行的工作方法和规章制度肯定要与统一的标准产生矛盾,解决这种矛盾的原则,无疑是要服从统一标准。其具体作法应分三步走:

第一步,对统一的标准进行认真学习和研究,而且必须在思想上认识到,"标准一经批准公布,就是技术法规,各级生产、建设、科研、设计管理部门和企业、事业单位,都必须严格贯彻执行,任何单位不得擅自更改或降低标准"(《条例》第十八条)。

第二步,在具体贯彻执行统一标准之前,首先对现行的工作方法和制度进行整顿清理,查清哪些做法与标准吻合,哪些不完全吻合,哪些完全不同,以及哪些做法比统一标准更先进,经研究,确定哪些现行的方法和制度应该变动,并应将按统一标准所做的变动向读者和用户进行宣传,作出书面备忘录,以免造成混乱。

第三步,正式执行统一标准。由于文献工作不断发展,任何一种标准规定都不能永远保持它的先进性,所以,《条例》第九条规定:"标准要根据技术和经济的发展,适时进行修订。标准每隔三至五年复审一次,分别予以确认、修订或废止。"

为此,图书馆在执行统一标准时,应设专人负责监督执行,并定期检查总结执行情况,及时向领导和标准管理部门进行汇报。

五、标准化专业人员的培养问题

文献工作标准化在我国还是件新鲜事物,因此,标准化专业的人员是很缺乏的。标准化专业人员培养问题,是关系到能否贯彻执行统一标准,实现文献工作标准化的关键性措施。在国外,不仅在一个国家内定期举行标准化专业人员的各种培训活动,而且还组织了许多跨国的同语种地区的标准专业人员的训练活动。

现代标准化技术是一门具有很专深的专业知识的科技专业学科。这门学科在我国是有着广阔的发展前景的。

附表一　国际标准代码

标准与草案	代　　码	名　　　　称
标准	ISO	ISO 国际标准(IS)
	ISO/R	ISO 推荐标准
草案	DIS	ISO 国际标准草案
	DP	标准建议草案

附表二　图书馆科学与文献工作国际标准(1981 年以前)

ISO　　4 – 1972　"文献工作——期刊刊名缩写国际代码"

ISO　　8 – 1977　"文献工作——期刊编排格式"

ISO/R　9 – 1968　"斯拉夫西里尔字母的国际音译方式"

ISO/R　18 – 1956　"期刊或其它文献的简要目次"

ISO/R　30 – 1956　书目条目

ISO　　214 – 1976　文献工作——出版物、文献资料的文摘

ISO/R　215 – 1961　给期刊投稿格式

ISO/R　233 – 1961　阿拉伯字符音译的国际系统

ISO/R	259 – 1962	希伯莱字母的音译
ISO	690 – 1975	目录著录基本的和补充的项目
ISO	832 – 1975	文献工作——书目著录标准词的缩写
ISO/R	843 – 1968	希腊字母译成拉丁字母的国际音译方式
ISO	999 – 1975	出版物的索引
ISO	1086 – 1975	书籍的书名页
ISO	2108 – 1978	文献工作——国际标准书号（ISBN）
ISO	2145 – 1978	文献章节的编号
ISO	2146 – 1972	图书馆、情报和文献中心指南
ISO	2384 – 1977	文献工作——译文格式
ISO	2709 – 1973	文献工作——目录著录信息交换磁带格式
ISO	2788 – 1974	文献工作——多语种词表的研制和建立的导则
ISO	2789 – 1974	国际图书馆统计资料
ISO	3166 – 1974	国名代码
ISO	3297 – 1975	文献工作——国际连续出版物编号（ISSN）
ISO	3388 – 1977	专利文献——书目著录——基本和补充项目
ISO	5122 – 1979	文献工作——连续出版物的文摘页
ISO	5426 – 1980	文献著录用扩充的拉丁字母字符组
ISO	5428 – 1980	书目情报交换用希腊字母字顺编码组

以下为术语国际标准：

ISO/R	639 – 1967	语言、国家和权威机关的符号
ISO/R	704 – 1968	命名原则
ISO/R	860 – 1968	概念和术语的国际统一
ISO/R	919 – 1969	分类词汇表编制准则
ISO/R	1087 – 1969	术语学的词汇
ISO/R	1149 – 1969	多语种分类、词汇表的设计
ISO	1951 – 1973	用于分类词汇表的辞典编纂符号

以下为数据处理国际标准：

ISO	646 – 1973	信息处理交换用七位二进字符集

ISO	1001 – 1979	信息处理——信息交换用磁带标记和文档结构
ISO	1004 – 1977	磁墨字符识别用印刷规格
ISO	1028 – 1973	信息处理—框图符号
ISO	1073/Ⅰ – 1976	光符识别用字母数字集——第一部分,字符集 OCR – A——印刷图像的形状和尺寸
ISO	1073/Ⅱ – 1976	光符识别用字母数字集——第二部分,字符集 OCR – B——印刷图像的形状和尺寸
ISO	1113 – 1979	信息处理——关于穿孔纸带七位二进制代码字符集
ISO	1679 – 1973	信息处理——关于十二行穿孔卡片七位二进制代码字符集
ISO/R	1831 – 1971	光符识别用印刷规格
ISO	2021 – 1975	信息处理——12行穿孔卡片八位二进制型的格式
ISO	2047 – 1975	信息处理——七位代码字符集用于控制字符的图表格式
ISO	2382/Ⅰ – 1974	数据处理——词汇表,01:基本术语
ISO	2382/Ⅱ – 1976	数据处理——词汇表,02:算术和逻辑运算
ISO	2382/Ⅲ – 1976	数据处理——词汇表,03:设备工艺
ISO	2382/Ⅳ – 1974	数据处理——词汇表,04:数据的组织化
ISO	2382/Ⅴ – 1974	数据处理——词汇表,05:数据格式
ISO	2382/Ⅵ – 1974	数据处理——词汇表,06:数据制备和控制
ISO	2382/Ⅶ – 1977	数据处理——词汇表,07:数字电子计算机程序
ISO	2382/Ⅹ – 1979	数据处理——词汇表,10:操作技术和设备
ISO	2382/Ⅺ – 1976	数据处理——词汇表,11:控制、输入/输出和算法装置
ISO	2382/Ⅻ – 1978	数据处理——词汇表,12:数据载体,存贮和有关的设备
ISO	2382/ⅩⅣ – 1978	数据处理——词汇表——14:可靠性、重要性和可能性
ISO	2382/ⅩⅥ – 1978	数据处理——词汇表——16:信息理论
ISO	3307 – 1975	信息交换——日时表示法

| ISO | 4341 – 1978 | 信息处理——磁带盒标记和文档结构 |
| ISO | 4873 – 1979 | 信息处理——信息交换用八位二进代码字符集 |

以下为缩微复制方面的国际标准：

ISO/R	169 – 1960	不用光学仪器可读的照相复制品
ISO	435 – 1975	文献资料的复制——清晰度实验用的 ISO 符号
ISO	446 – 1975	缩微复制——ISONo. 1 试验符号——在文献资料照相复制中的使用方法
ISO	689 – 1975	缩微复制——ISO 缩微试验符号——在检验阅读设备时使用方法
ISO	782 – 1975	缩微复制——缩微胶卷阅读器荧光屏亮度的测定法
ISO	1116 – 1975	缩微复制——35 毫米和 16 毫米缩微胶卷卷盘和卷轴
ISO	2707 – 1973	A6 版缩微透明胶片的等分画面排列 No. 1 和 No. 2
ISO	2708 – 1973	"A6 版缩微透明胶片的不等分画面排列"A 和 B
ISO	2803 – 1974	照相——档案用银胶型缩微胶卷——处理、存贮
ISO	3272/Ⅱ – 1978	技术图纸和其它绘制图表的缩微复制——Ⅱ:质量准则和控制
ISO	3272/Ⅲ – 1975	技术图纸和其它绘制图表的缩微复制——Ⅲ:35 毫米切断缩微胶卷
ISO	3334 – 1976	缩微复制——ISO 试验图形 No. 2——在文献资料照相复制中使用法
ISO	5126 – 1978	显微照相——电子计算机输出缩微平片（COM）——缩微平片 A6
ISO	6200 – 1979	显微照相——银胶型胶卷的密度

本章主要参考文献

[1]《文献工作国际标准汇编》,1981 年版。

[2]ISO/TC46 通报 No.5《制定标准文件概况》,1981 年版。